決戰三國

決定權力分裂的三大戰役

徐楓 主編

決戰三國

目錄

三國時期並非中國唯一的亂世，卻是幾千年歷史中花火四溢的時代。一本演義，一本志，將這段時期寫得風起雲湧。在戰爭與跡饑荒中展現的華麗不僅是羅貫中或陳壽筆下的人物，還有這些人物所生活的社會環境與思維。

漢朝政治、文化結構在統治四百餘年後開始僵化，統治權威動搖後便開始變形。

此時政府組織開始改變。曹魏設中書、門下兩省，建立隋唐時期中書、門下、尚書的「三省」政治組織雛形，使漢代「三公九卿」的結構加速淘汰。改良自漢代「察舉制」的「九品中正制」以「中正品第」推翻漢代「上計考課」的官吏審查銓敘制度，而後雖形成門閥政治之惡，但加速「清議」風氣的形成，為思考由漢代所定義已經固化的儒家思想外提供更活潑的哲學，而開始重視個人價值的「玄談」，以及為佛教傳播的環境鋪路，使變形於漢代古詩賦的「五言詩」及「駢文」文學形式漸得初成。

這些軌跡是時代開始準備脫胎換骨的前兆。三國時期是毛毛蟲結繭吐出的第一條絲，將華麗包進而後兩晉、南北朝更紛亂的時代，變成隋唐時期羽化的養分。

正史《三國志》作者陳壽，為西晉的「中正」官，本職即是評人「家世」、「才能道德」、「鄉品」。陳壽在清議風氣中，依其職能，且評且記將三國時期的人物刻畫入骨，給羅貫中衍寫《三國演義》豐富多彩的章回人生。

東漢・《熹平石經》

漢興太學，設五經博士。博士傳經各以家法教授，由於長期傳抄致使經文章句甚多舛誤。漢靈帝熹平四年（公元一七五年）蔡邕、李巡等人主持訂正經籍文字，刊於碑石，立於太學講堂的東側，諸儒晚學視為正本。《熹平石經》歷九年完成。刻成後七年，董卓燒燬洛陽宮廟，洛陽太學荒廢，石經受損。

東漢末年地方行政區域圖

第一章

東漢末年的政治狀況

漢末之亂

東漢末年政治傾亂的起因來自特別的歷史現象「小皇帝」。漢和帝十歲即位，而後的皇帝都未成年。根本無力甚至不可能治國的皇帝，必須依賴母親家裡父兄輩的親戚協助理政，因此「外戚」的勢力開始膨脹專大，架空皇帝權力。

外戚梁冀掌權二十餘年，「經手」三個皇帝，漢質帝時，地方的貢品都是梁冀先品享後才能輪到質帝手中，才唸小學三年級的質帝忍不住罵他「跋扈將軍」而被梁冀毒死。

皇帝再怎麼小，只要不被毒死或者逃過瘟疫之類的意外不幸，終究會長大。在被外戚欺負的長大過程中，陪伴在身邊的宦官則是皇帝的好朋友，成為除掉外戚勢力的幫手。

被外戚欺負的第一個小皇帝，漢和帝一直依賴宦官與養母的太后娘家對抗，和帝十四歲的時候與宦官鄭眾計殺外戚竇憲。才唸初中二年級的和帝仍然年輕而沒有治國的能力，於是因功封為鄭鄉侯的鄭眾開始參政，皇權落入宦官的手中。

漢和帝死的時候只有二十七歲，他的皇子幾乎均夭折，只剩下幾月大的殤帝，殤帝不滿週歲即病死，外戚鄧氏迎立十二歲的安帝。從此東漢開始無限循環的「外戚」與「宦官」權爭。

「外戚」與「宦官」爭權後的結果是兩邊的宗族包攬地方政權，不斷擴大勢力，斂收土地財富，致使漢朝面臨政權結束的局面。

東漢・石辟邪

「辟邪」為神獸名，常與「天祿」配對。石辟邪則為墓陵前的儀仗石雕。

十常侍

東漢末年，漢靈帝建寧元年（公元一六八年），外戚竇氏迎十二歲的劉宏即位，為漢靈帝。兩年後，竇氏外戚欲除宮中宦官勢力失敗，竇氏失利，引發第二次黨錮之禍。至此，靈帝身邊的宦官權力達到巔峰，任常侍職者凡十名，以張讓、趙忠為首，稱為十常侍。

十常侍握朝廷政權，深得靈帝的信賴。靈帝來自民間，並非在外戚、宦官權爭中失敗被貶的竇氏太后所出，將外戚趕走的宦官在靈帝眼中是唯一的好人、親人。靈帝常常向外表示他與張讓、趙忠之間有如親人的關係，他說：

張常侍乃我公，趙常侍乃我母。

對於從小捲入宮廷權爭中的靈帝，不可苛責，但是靈帝寵信十常侍的態度，讓十常侍肆無忌憚地將自己的父兄族人封至各州各郡為官，這些與權力掛勾的地方官則在地方上橫徵暴斂。然而無論十常侍惡行如何，靈帝對身為皇帝的身份也不自覺。

東漢末年自桓帝起便旱、澇、瘟疫不斷，地方叛抗不止，民變幾近百次，民間流傳一句諺語：

小民髮如韭，剪復生，頭如雞，割復鳴，吏不必可畏，民不不可輕。

公元一八〇年，表是（甘肅省甘谷縣西）大地震，光和四年（公元一八一年），《後漢書》載：

是歲，帝作列肆於後宮，使諸采女販賣，更相盜竊爭鬥。帝著商估服，飲宴為樂。又於西園弄狗，著進賢冠，帶綬。又駕四驢，帝躬自操轡，驅馳周旋，京師轉相仿效。

這一年，靈帝已經二十五歲，不能拿年紀小不懂事當藉口，在宮裡玩扮家家酒。他或許想告訴所有人當皇帝並非他心中所願，但是天災人禍蘊釀的危機卻是他逃無可逃的現實。

郎中張鈞看不下十常侍的惡行，上書列舉罪狀，請靈帝處死十常侍，結果靈帝怒罵張均：

此真狂子也。十常侍固當有一人善者不？

張讓懷恨，使御史誣陷張鈞為「黃巾道」賊黨，張鈞因此下獄，死於獄中。

十常侍的作為招致朝野不滿，其中外戚何進勢力最大，但是何進還來不及消除靈帝身邊的宦官勢力，最糟糕的事就發生了。

黃巾之變

河北鉅鹿有個自稱「大賢良師」的道人張角，他四處宣揚黃老之術，以符文咒語醫病，自稱得到仙人傳授的《太平清領道》一書，並得仙人吩咐要發揚「太平道」，依此廣收弟子。張角傳道十餘年，信徒達數十萬之眾，遍及青、徐、幽、冀、荊、揚、兗、豫八州，影響力佈及漢朝大半江山。

張角影響力擴張不是祕密，不少官員上書提議要一邊招撫因天災失所的流民，一邊捕殺太平道各地的首領，並通緝張角。張角的弟子各形各式，其中不乏朝中的官員以及宮中的宦官，主張清除「太平道」的提議遭張角在朝中弟子的阻止。

其中據《後漢書·宦者列傳》載：張讓等「實多與張角交通」，與皇帝如父子的張讓，令張角總是平安。

但是靈帝有意剿滅「太平道」的想法，及官員不斷上書主張殺除張角之事，仍使張角極不安，逼到緊處，張角決定跳牆。

光和六年（公元一八三年），張角將他的全國信徒編為「三十六方」，大方人數過萬，小方及六、七千人，於各方設統帥，張角三兄弟以「天、地、人」公為將軍稱號，統領全軍。

張角在民間傳播讖言：

蒼天已死，黃天當立，歲在甲子，天下大吉。

黃巾道眾以白土在京城及各州郡官府門上寫下「甲子」二字以為起兵暗號，甲子即是次年，公元一八四年。

張角的計劃即將啟動前，中平元年（公元一八四年）河北地區的大方馬元義依計部署，招荊、揚兩州數萬人，準備在鄴城起事。

馬元義頻繁往來京師，與在宮中作內應的中常侍封諝、徐奉等人聯絡起兵事宜，馬元義最後與封諝、徐奉等人約定於三月五日舉兵。但未料，起事前，張角弟子唐周告發此事。

大將軍何進原欲對付十常侍，但此時得知全國的大規模反叛爆發在即，立刻派兵逮捕馬元義，將他五馬分屍。靈帝即刻下令捕殺張角及其信徒，上千人因此被殺。

中常侍封諝、徐奉為張角內應的身份被發現後，靈帝生氣地質問張讓等人：

汝曹常言黨人欲為不軌，皆令禁錮，或

有伏誅。今黨人更為國用，汝曹反與張角通，為可斬未？

張讓等人找了一個很棒的理由：

故中常侍王甫、侯覽所為。

人都死了，靈帝被堵得沒話說。

張角見事跡已露，立刻傳信各地，提前舉兵。傾時，各地七州二十八郡數十萬信眾以頭戴代表「土」德可剋滅漢代「火」德的黃巾為識，組成「黃巾軍」起兵，攻打各州郡官府，而官員多皆逃亡。《後漢書・皇甫嵩傳》形容：

旬日之間，天下響應，京師震動。

黃巾之變，就此爆發。

「黃巾軍」主力戰於全國。張角兄弟在河北、張曼成部在南陽、波才部出沒穎川、彭脫部攻取汝南、卜已部在東郡、戴鳳部在江淮地區。黃巾軍很快就佈兵於黃河兩岸，準備進軍洛陽。

靈帝命各州郡在洛陽外圍的八關（函谷關、大谷關、廣成關、伊闕關、轘轅關、旋門關、孟津、小平津）設防，擋住黃巾軍向洛陽的攻勢。接著，任命何進為大將軍，率左、右羽林軍屯兵都亭（洛陽附近），保衛京師，並招用地方士族豪強的勢力對抗各地的黃巾軍。

並起用涿郡豪族盧植為北中郎將於冀州，令右中郎將朱儁及左中郎將皇甫嵩防守穎川。

中平元年（公元一八四年）四月，波才部黃巾軍大敗朱儁，乘勝圍攻皇甫嵩於長社（河南省長葛縣東北）。皇甫嵩自知兵寡不足以對抗，便閉城以待援軍。波才誤把營寨紮在草木叢生之地。皇甫嵩於是在夜間趁風縱火，襲擊波才部黃巾軍，迫使其後撤。這時，騎都尉曹操和守於穎川南岸的朱儁乘機反擊，與皇甫嵩合兵追擊，黃巾軍雖數萬人慘遭屠殺。五月，波才率殘部退至陽翟（河南省禹縣），又遭到官軍追擊，終於全軍覆滅。

黃巾軍波才部被滅不久，彭脫部在西華（河南省西華縣西南）被剿。六月，張曼成率領的南陽黃巾軍，以重兵圍困河南重鎮宛城，南陽太守秦頡強抗一百餘天後張曼成戰死，張弘被推為統帥奪下宛城。靈帝調朱儁進攻南陽，與秦頡和荊州刺史徐璆合兵進圍宛城，調皇甫嵩進攻河北。

八月，皇甫嵩擊破卜已部於蒼亭，卜已陣亡，黃巾軍被屠殺七千人。至此，穎川、汝南和東郡三郡的黃巾軍，已先後被擊破。

這時，南陽黃巾軍發展到十餘萬人，從六月到八月，黃巾軍守住宛城，張弘戰死後，韓忠繼為統帥。韓忠向朱儁求降未果。朱儁猛攻宛城。黃巾軍被迫退守，朱儁於是佯作撤圍，暗中佈下伏兵。黃

黃巾軍分佈及攻勢圖

←	袁紹、皇甫嵩
←	波才
←	黑山軍
● 臨淄	古地名
曲阜	今地名
渦 水	河流
大野澤	湖泊
▲ 泰山	山脈

玉壘山
綿竹
益州
鶴鳴山
成都
犍為

中平五年（188年）六月馬相等人於綿竹起事，攻巴郡、益州、犍為。

中平元年（184年）七月張修組織「五斗米道」起兵占領巴郡。

巴郡

太原

梓潼水
涪水
湔水
潼水

霍大山

沁水

長治

上黨

丹河

中平五年（188年）二月郭大等人起兵於白波谷攻河東、太原。

白波谷

汾水

中平二年袁紹領兵，至鄴城攻黑山軍。

介山

涑水

河東

王屋山
析城山
太行山

河內

三門峽

函谷關 × 孟津 ×
河南尹
伊闕關 ×
大谷關 ×
轘轅關 ×

雒陽

中平六年（189年）十一月董卓領兵攻白波黃巾。

崤底

洛水

左馮翊

美陽

右扶風

長姕

西安

南山

藍田谷

家嶺山谷

渭水

廣成關 ×
霍陽山

伊水

中平元年四月波才擊敗駐守穎川的朱儁後，繼續攻皇甫嵩於長社。

中平元年六月起兵於汝南的張曼成戰死張弘接統帥，攻下宛城。

精山

中平元年八月張弘戰死，南陽黃巾退往精山，朱儁追擊，南陽黃巾全被覆滅。

丹水

宛城

均水

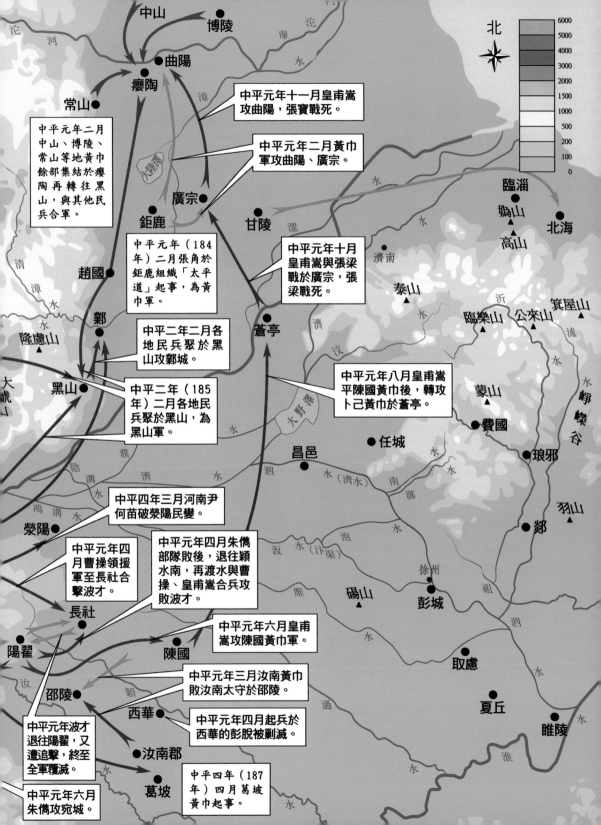

北

6000
5000
4000
3000
2000
1500
1000
500
200
100
0

中平元年十一月皇甫嵩
攻曲陽，張寶戰死。

中平元年二月黃巾
軍攻曲陽、廣宗。

中平元年二月
中山、博陵、
常山等地黃巾
餘部集結於癭
陶再轉往黑
山，與其他民
兵合軍。

中平元年十月
皇甫嵩與張梁
戰於廣宗，張
梁戰死。

中平元年（184
年）二月張角於
鉅鹿組織「太平
道」起事，為黃
巾軍。

中平二年二月各
地民兵聚於黑
山攻鄴城。

中平元年八月皇甫嵩
平陳國黃巾後，轉攻
卜己黃巾於蒼亭。

中平二年（185
年）二月各地民
兵聚於黑山，為
黑山軍。

中平四年三月河南尹
何苗破滎陽民變。

中平元年四
月曹操領援
軍至長社合
擊波才。

中平元年四月朱儁
部隊敗後，退往穎
水南，再渡水與曹
操、皇甫嵩合兵攻
敗波才。

中平元年六月皇甫
嵩攻陳國黃巾軍。

中平元年三月汝南黃巾
敗汝南太守於邵陵。

中平元年波才
退往陽翟，又
遭追擊，終至
全軍覆滅。

中平元年四月起兵於
西華的彭脫被剿滅。

中平元年六月
朱儁攻宛城。

中平四年（187
年）四月葛坡
黃巾起事。

中山　博陵　曲陽　癭陶　常山　漳水　臨淄　嶧山　高山　北海　廣宗　鉅鹿　甘陵　濟南　泰山　臨樂山　公來山　箕屋山　趙國　鄴　隆慮山　大峴山　蒼亭　蒙山　費國　琅邪　黑山　昌邑　任城　羽山　滎陽　長社　陽翟　陳國　彭城　碭山　徐州　取慮　汝南郡　西華　邵陵　葛坡　夏丘　睢陵

巾軍出城追敵，遭到伏擊，一萬餘將士在肉搏中陣亡，餘部在孫夏的率領下退守宛城。後來，由於傷亡過重，兵力銳減，孫夏撤出宛城，向精山（河南省南召縣東南）轉移。朱儁跟蹤追擊，孫夏戰死，南陽黃巾軍全軍覆滅。

由張角親自率領的河北黃巾軍，是黃巾軍各部主力中的核心。張角在鉅鹿舉事後，率領河北黃巾軍攻克廣宗（河北省威縣東南），然後命張寶占領下曲陽（河北省晉縣西）等城，控制河北腹地。盧植幾次進攻廣宗未果。靈帝因此對盧植表示不滿，將其逮捕下獄，改由東中郎將董卓指揮。董卓圍攻廣宗和下曲陽兩、三個月，仍未破城。

十月，靈帝又調皇甫嵩代董卓為帥，進攻廣宗。在這緊要關頭，張角病死，張梁繼承。皇甫嵩進攻廣宗未得，「閉營休士，以觀其變」使張梁放鬆警惕後，於夜間突襲，黃巾軍倉促應戰，張梁戰死，八萬餘人死。十一月，皇甫嵩與鉅鹿太守馮翊再攻下曲陽，張寶戰死。

黃巾軍主力雖滅，但是各地的餘部勢力未衰。

中平二年（公元一八五年）二月，張牛角和褚飛燕聯合起兵，攻打癭陶（河北省寧晉縣西南）。不久，中山（河北省定縣）、趙郡（河北省邯鄲市西南）、上黨（山西省長子縣西南）、河內（河南省武陟縣西南）等地與褚飛燕匯合，並以黑山（河南省浚縣西北）為根據地，組成「黑山軍」。黑山軍縱橫於太行山區，威脅京都洛陽。靈帝鎮壓無功，以「平難中郎將」的官職招降褚飛燕，褚飛燕投降之後，其于毒、白繞、眭固等部未降，繼續擊敗東郡太守王肱，攻占冀州首府鄴城，後為袁紹所敗。

東漢中平五年（公元一八八年）二月，郭太領山西南部的黃巾軍餘部，赴白波谷（山西省襄汾縣永固鎮）重整旗鼓，名為白波黃巾軍，活動於太原（山西省太原市西南）、河東（山西省夏縣西北）等郡，力量發展到十餘萬人。

同年五月，馬相、趙祗殺死益州刺史郗儉，進攻巴郡（四川省重慶市北）、犍為（四川省彭山縣東）等地，半月之內連克三郡，發展到數萬人。

東漢中平六年（公元一八九年），張饒領冀州地區的黃巾軍向北海（山東省昌樂縣西）進軍，大敗北海相孔融。

黃巾軍，春風吹又生。

張角與太平道

張角說他有一本仙人所傳的書：《太平清領書》。這本書是否為仙人所傳且不談，但張角一定不是唯一擁有這本仙書的人，還有一本。

《後漢書‧襄楷傳》載：「桓帝時，宦官專朝，政刑暴濫，又比失皇子，災異尤數。延熹九年，楷自家詣闕上疏。」

襄楷寫給皇帝的信講很多天下發生的異象，表示對此感到憂心後，信末提到這本書：「臣前上瑯邪宮崇受于吉神書，不合明聽。臣聞布穀鳴子孟夏，蟋蟀吟於始秋，物有微而誌信，人有賤而言忠。臣雖至賤，誠願賜清閑，極盡所言。書奏不省。」

其實被《後漢書》載為「其言以陰陽五行為家，而多巫覡雜語」的《太平清領書》應該不只一本，這本書就是現在的道教經書《太平經》。

而《太平經》說：「太平道，其文約，其國富，天之命，身之寶。」

張角所命「太平道」的名字便源於此。

《三國志‧張魯傳》注引《典略》說：太平道者，「師持九節杖為符祝，教病人叩頭思過，因以符水飲之，得病或日淺而愈者，則云此人信道，其或不愈，則為不信道。」

這種說法，聽來荒誕。不過，張角為人治病的方式乃《太平經》上所載內容。

《太平經》卷九十七：「今欲解此過，常以除日於曠野四達道上四面謝。叩頭各五行，先上視天，回下叩頭於地。」《太平經》卷一百八稱：「欲除疾病而大開道者，取訣於丹書吞字也。」

叩頭、丹書吞字都來自《太平經》所指示。丹書吞字，指吞下以朱筆寫畫的神符，《三國志‧張魯傳》中所說的符水，則是將神符燒成灰，配酒或水飲下。

《太平經》解釋咒語為「神祝」，卷五十：「天上有常神聖要語，時下授人以言，用使神吏應氣而往來也，人民得之，謂之『神祝』也，祝百中百，祝中十，其咒有可使神為除災疾，用之所向無不癒也。」又說：「天上神語也，本以召呼神也。相名字時下漏地，道人得傳之，傳以相語，故能以治病，如使行人之言，不能治愈病也。」

《太平經》以天、地、五行為主說的內容，應是受秦代陰陽家之《五德終始說》而來。西漢武帝則是更好方術。張角傳太平道以黃老為尊，東漢時期已經有不少黃老的信仰者，所以張角可以在十年餘間很快地吸收到數十萬的信徒，並有朝中宮中官員相隨。

明刊本《新刻湯學士校正古本按鑒演義全像通俗三國志傳》插圖《張角採藥遇仙傳法》

圖內故事講鉅鹿人張角入山採藥，遇老仙人得《太平要術》一書的情節。

董卓之亂

黃巾之變雖未完全被弭平，但危機大致已除，此時何進該回頭對付十常侍。

何進的異母妹妹被選入宮中之後，受靈帝寵愛，立為皇后。何進以外戚身分入朝為官，一路飛黃騰達。黃巾之變時，因發現洛陽黃巾起兵的祕密並及時鎮壓有功，被封為慎侯。何進以防禦京師為由，奏請靈帝同意設置西園禁軍八校尉，由何進領屬。

中平六年（公元一八九年），靈帝去世，何進擁立妹妹何皇后所生皇子劉辯即位，是為少帝。此時國舅何進，準備開始除掉失去靠山的十常侍。

何進命袁紹為司隸校尉，調動京中兵馬，並催促京師外地方軍領兵入京，準備進兵平樂觀（河南洛陽市內）。太后終於會怕了，「悉罷中常侍小黃門，使還里舍」，這些宦官紛紛跑到何進家謝罪。

袁紹一直催何進立刻決斷殺十常侍，但何進總是猶豫，袁紹假傳何進的意思寫信給諸州郡，使州郡逮捕各地宦官親屬。

而後，《後漢書‧何進傳》寫：

進謀積日，頗泄。

事情搞成這樣要保密真的很難，十常侍決定先發制人。

中平六年，獻帝初平元年（公元一八九年），十常侍假傳何太后意，召何進，何進入殿後，十常侍之首張讓罵何進：

天下憒憒，亦非獨我曹罪也。先帝嘗與太后不快，幾至成敗，陳留王協母王美人，何后鴆殺之，帝怒，欲廢后，宦官固請得止。我曹涕泣救解，各出家財千萬為禮，和悅上意，但欲托卿門戶耳。今乃欲滅我曹種族，不亦太甚乎？卿言省內穢濁，公卿以下忠清者為誰？

張讓話說完，尚方監渠穆拔劍斬何進。張讓等人寫詔書，任原太尉樊陵為司隸校尉，少府許相為河南尹。

何進的部眾也嚇壞了，而且氣壞，立刻引兵入宮，與虎賁中郎將袁術一起砍攻緊閉的宮門。

近日落，袁術燒南宮青瑣門，逼張讓等人出宮。十常侍挾持太后、皇帝，及皇帝的弟弟陳留王逃出宮中。袁紹關北宮門，令兵士捕殺宦官，共殺兩千餘人，包括只是沒有鬍子但其他完好的無辜者。

董卓挾獻帝

十常侍挾皇帝及陳留王公卿數十人出宮，某日半夜，到小平津（河南省孟津縣西北黃河渡口）的時候，逃亡隊伍已經離散，還弄丟了傳國璽。尚書盧植及河南中部掾閔貢追至河上。閔貢把張讓等人罵一頓，叫他們趕快去死一死，否則「吾將殺汝」，閔貢殺數人，張讓見逃不過，要皇帝自行保重後，便不負責任地跳河自殺。

閔貢帶著兩個小孩撤夜南行，準備回宮，一路借車換馬，與落隊的公卿會合，一直到北芒阪（河南省洛陽市北），遇見來迎的董卓。

小皇帝在北芒阪看到董卓將兵前來，嚇哭了。隨從的公卿告訴董卓：

有詔卻兵。

董卓差點罵髒話：

公諸人為國大臣，不能匡正王室，至使國家播蕩，何卻兵之有！

董卓不理詔令，想跟小孩親近說話，小孩什麼都講不出來。董卓轉問更小的陳留王叛亂的前後。陳留王說：

自初至終，無所遺失。

九歲大的陳留王好像有點早熟。他或許知道遺失傳國大印之事，更可能擔心哥哥因為掉了大印不再是皇帝，硬是說謊，讓董卓知道：「我哥哥是皇帝。」

董卓是否明確知道陳留王的意思，不得而知，但是董卓覺得這個小孩很聰明。而且陳留王是董太后所養，董卓盤算自己與太后同族，若是能另立陳留王為帝便可成為外戚。

公元一八九年，小皇帝光熹的年號還沒用幾個月就被董卓所廢，貶封弘農王。董卓另立陳留王為帝，是為漢獻帝。而後董卓毒殺年幼的弘農王及他的母親，生性好殺的董卓開始姦淫虜掠燒殺搜刮，天下共憤。

董卓在洛陽，起事諸將未動。及至董卓挾獻帝往長安，諸將仍然不動。曹操不滿眾人只開會不做事的態度，想領兵進駐成皋（河南滎陽西北），先取得戰利之地，結果半路在滎陽（河南滎陽東）汴水就被董卓的部下徐榮打敗，退逃酸棗（河南延津西南）。

曹操回到酸棗後。

諸軍十餘萬，日置酒高會，不圖進取。

曹操質問這些人到底在幹嘛，並說出他的想法：

諸君□能聽吾計，使渤海引河內之眾臨孟津，酸棗諸將守成皋，據敖倉，塞轘轅、太谷，全制其險，使袁將軍率南陽之軍軍

丹、析，入武關，以震三輔，皆高壘深壁，勿與戰，益為疑兵，示天下形勢，以順誅逆，可立定也。今兵以義動，持疑不進，失天下望，竊為諸君恥之！

張邈沒有理會曹操之議，已經被徐榮打得無士無卒的曹操只得與夏侯惇往揚州另募新兵，募得兵眾千人後，回河內屯軍。不久後，酸棗的糧食被吃乾抹淨，眾人竟各自解散。

討董之戰在觀望與衝突間，一日遲一日，此事當追究反董的盟主袁紹。

袁紹與何進議謀殺十常侍時，處處積極，但是當盟主後，一改過往，處處遲慢。無他，因袁紹另有心機。

初平二年（公元一九一年）眾人商量討董事宜時，把小皇帝被董卓挾持不知是死是活的問題一併考慮後，決定立幽州牧劉虞當皇帝。

曹操聽了覺得這些人太不像話：

吾等所以舉兵而遠近莫不響應者，以義故也。今幼主微弱，制於奸臣，非有昌邑亡國之釁，而一旦改易，天下其孰安之。諸君北面，我自西向。

韓馥、袁紹寫信勸說袁術：

帝非孝靈子，欲依絳、灌誅廢少主、迎立代王故事，奉大司馬虞為帝。

《資治通鑑》與《後漢書》都說袁術有不臣之心，便假託公義拒絕。《資治通鑑》載有袁術的話，他說：

室家見戮，可復北面，此卓所為，豈國家哉。懷懷赤心，志在滅卓，不識其他。

雖然曹操、袁術後來真的非常不忠，但是此時一片丹心，而且，當事人劉虞也覺得這班想另立新君的人亂來，堅持不受皇帝的尊號。但是袁紹、韓馥等人糾纏不休，弄得劉虞差點投奔匈奴以明心智。諸將間互相觀望、不動作的主因是私心。

這段時間裡，真正在打董卓的人只有孫堅。孫堅打入洛陽城內，還撿到十常侍之亂時遺失的傳國璽。

但是孫堅因為專心打董卓，反而被袁術偷打他的據地陽城（河南登封縣東），孫堅很感慨：

同舉義兵，將救社稷，逆賊垂破而各若此，吾當誰與戮力乎。

孫堅領兵返回陽城，袁術派公孫越助孫堅反攻袁紹的部眾，結果，公孫越死於流箭。

說好的討董，根本就沒有。

討董卓只是口號。

王允謀刺

關東諸將是不可靠了。司徒王允、僕射士孫瑞、司隸校尉黃琬等被困在長安的公卿官員左等右盼，不見得救，索性袖子捲一捲，自己來。

王允與眾人商議後，覺得董卓是個生性多疑的人，若要行刺只能由董卓身邊親近的人下手。眾人商議，討論到董卓的隨從：呂布。

於是，王允以宴請壯士為名，邀請呂布至家中做客，一來二往，王允跟呂布變成好朋友。

某一天，呂布又去王允家，將董卓喜歡朝他扔戟的事告訴王允，對董卓的不滿大概也順口抱怨，於是王允告訴呂布眾人計劃刺殺董卓的事，並邀呂布當內應。

呂布並未立刻答應，他還顧念著與董卓之間義父子之情。王允說：

> 君自姓呂，本非骨肉。今憂死不暇，何謂父子？擲戟之時，豈有父子情邪！

呂布突然開竅，答應王允。

初平三年（公元一九二年）夏，獻帝生病初癒，董卓上未央殿道賀。此時，呂布派親信李肅與秦誼、陳衛等十餘人偽裝宮中衛士埋伏宮門。董卓車至宮門，覺得不祥，想要回去，但經呂布一番勸慰後，依舊入宮。

董卓車馬入宮後，李肅首先發難刺殺董卓，但董卓身穿鎧甲，只刺傷他的手臂。董卓遇刺跌下馬車，慌忙找呂布保護他。

呂布沒讓董卓糊塗死，他告訴董卓，這是「有詔討賊臣」。呂布刺死董卓，拿出詔板召示軍士：

> 詔討卓耳，餘皆不問。

《後漢書·董卓傳》載，此時：

> 士卒皆稱萬歲，百姓歌舞於道。長安中士女賣其珠玉衣裝市酒肉相慶者，填滿街肆。

東漢·陪葬陶灶

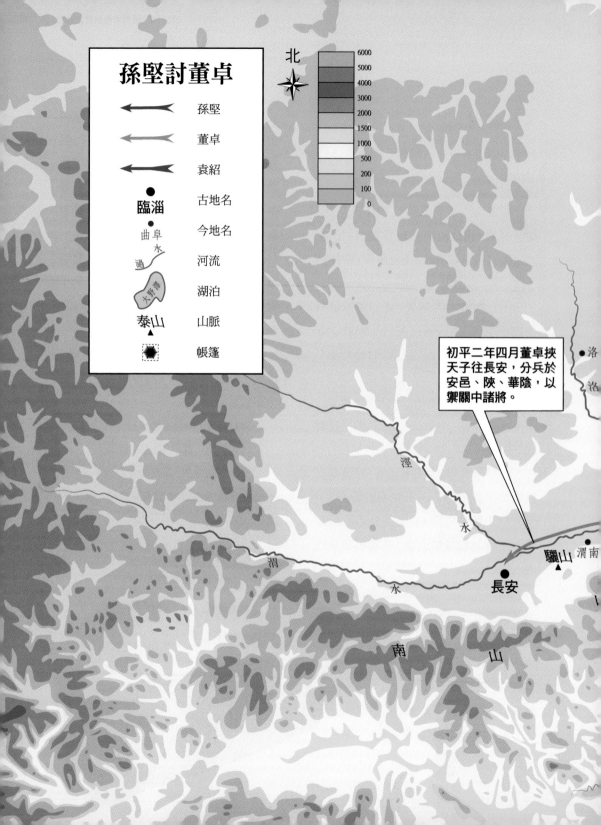

孫堅討董卓

孫堅
董卓
袁紹
● 臨淄　古地名
● 曲阜　今地名
水　河流
大野澤　湖泊
▲ 泰山　山脈
帳篷

北

6000
5000
4000
3000
2000
1500
1000
500
200
100
0

初平二年四月董卓挾
天子往長安，分兵於
安邑、陝、華陰，以
禦關中諸將。

洛
洛

涇
水

渭
水

驪山　渭南

長安

南　山

曹操與獻帝

屠徐州

呂布殺董卓後，青州黃巾軍攻入兗州，兗州刺史劉岱想迎擊，被濟北相鮑信勸阻。鮑信以為黃巾軍眾多氣盛，不宜正面交戰，當先固守城池。劉岱不聽，堅持出戰，結果被殺。

此時，跟隨曹操的陳宮以為機會來了，他跟曹操說：

州今無主，而王命斷絕，宮請說州中綱紀，明府尋往牧之，資之以收天下，此霸王之業也。

曹操覺得很棒，立刻讓陳宮出發前往兗州。

陳宮對兗州旳治中、別駕等官員說：

今天下分裂而州無主；曹東郡，命世之才也，若迎以牧州，必寧生民。

濟北相鮑信一直很看好曹操，此時更為黃巾軍圍城所苦，覺得陳宮所言有理，便派萬潛等人到東郡，接曹操來當兗州刺史。

曹操領兵到兗州後，與鮑信合兵共擊黃巾軍。曹操兵少力弱，不像四處竄戰

的黃巾軍早已熟於戰事，苦戰後，黃巾軍退走，但鮑信戰死。曹操追擊青州黃巾軍至濟北，黃巾州無可再逃後盡數投降，曹操得三十餘萬兵眾，男女百姓百萬餘人，曹操收下精銳兵眾，組成「青州兵」。

曹操自此有地盤，有兵眾。陳留毛玠這時候跟曹操說：

今天下分崩，乘輿播蕩，生民廢業，饑饉流亡，公家無經歲之儲，百姓無安固之志，難以持久。夫兵義者勝，守位以財，宜奉天子以令不臣，修耕植以畜軍資，如此，則霸王之業可成也。

此時，毛玠所說「奉天子以令不臣」、「修耕植以畜軍資」，即是為曹操指引而後的政略方向，於是曹操派人拜訪河內太守張楊，想借張楊的關係打通與朝廷來往的關節。

《資治通鑑·卷六十》載：

操納其言，遣使詣河內太守張楊，欲假途西至長安。

不過，張楊覺得曹操跟袁紹是一路人，張楊是涼州派的勢力，對曹操、袁紹之徒不具好感。此時董昭勸張楊不要為難曹操：

袁、曹雖為一家，勢不久群。曹今雖弱，

「袞雪」碑

安徽亳州三國運兵地道口曹操手書「袞雪」碑。漢獻帝建安二十四年（公元二一九年），曹操駐兵漢中褒谷口運籌國事，見褒河流洶湧而下，水花四濺，猶如滾動之雪浪，便揮筆題寫「袞雪」二字，隨從提醒：「袞字缺水三點」。曹操撫掌大笑：「一河流水，豈缺水乎！」遂成千古美談。題字原刻於褒河中的巨石上，後因水利工程開發遂將石塊鑿下收藏於漢中博物館。

然實天下之英雄也，當故結之。況今有緣，宜通其上事，並表薦之，若事有成，永為深分。

　　張楊覺得董昭的話不無道理，便上表朝廷。董昭則幫曹操寫信給李傕與郭汜。

　　曹操的使者到長安後，李傕與郭汜以為關東諸將曾想另立天子，以為曹操雖然說得滿口以奉當今天子為己任，但是心裡不一定真的這麼想，便想扣留曹操的使者。

鍾繇則覺得李傕與郭汜多心：

　　方今英雄並起，各矯命專制，唯曹兗州乃心王室，而逆其忠款，非所以副將來之望也？

　　曹操是此時唯一還在意天子的人，這次向朝廷表示奉天子以忠的心跡，收買很多人。儘管李傕、郭汜後來與馬騰等人相鬥並自相殘殺離開長安，但董昭、鍾繇後來都為曹操所用。

　　因為他們相信曹操是真心想匡復漢室的英雄。曹操因此與長安的朝中官員

來來往往。

其實打天子主意的人不只有曹操，陶謙是一直積極於此者。

李傕、郭汜等涼州兵攻入長安不久後，徐州刺史陶謙便曾推舉老臣朱儁為總帥，希望朱儁帶領大家光復長安。

且不說，此時關東各股勢力間的吞併，正是小勢力朝大股勢力整合的最亂之初，無暇理會陶謙這齣跟討董卓一樣的老梗戲，被推舉的朱儁對自己所討為何恐怕都不清楚。

初平四年（公元一九三年），下邳闕宣自稱「天子」，陶謙與闕宣合兵攻青州泰山郡的華費及任城，在曹操的地盤上來來去去，不打招呼。曹操無力抗議，便任陶謙作為。

但是，陶謙而後的行徑是則令曹操孰可忍，孰不可忍。

曹操的父親往青州琅邪郡避難，帶了很多錢，陶謙的部下看得眼睛都紅了，便在華城、費城間遭劫殺。

時值秋日，麥子長得肥飽，曹操殺進徐州報仇。

真的是報仇。曹操在徐州攻佔十餘城，與陶謙在彭城大戰，陶謙兵敗逃往郯城。彭城破後，曹操開門屠城，坑殺數十萬人，死屍堵住泗水，水不能流。

曹操再圍郯城，久攻不下，便轉攻取

應、睢陵、夏丘，繼續屠殺。《資治通鑑‧卷六十》形容當時的三城是：

雞犬亦盡，墟邑無復行人。

興平元年（公元一九四年）二月，陳留太守張邈迎呂布入主兗州。

兗州諸城反叛，只剩下鄄城、東阿、及范。

諸城反叛時，原有鄄城、東阿、范及濮陽四城，而後夏侯惇救下荀彧的鄄城，卻丟失濮陽。曹操回到兗州，立刻準備自濮陽反攻。反攻濮陽是一場惡戰。陳宮久為曹操幕僚，熟悉曹操作戰運兵的方式，處處指點呂布，讓曹操打得很辛苦。

興平元年（公元一九四年）自從四月後一直沒有下雨，米穀大缺。八月，蝗蟲起。呂布與曹操軍糧皆食盡，各自退兵。

曹操領兵退回東阿後，袁紹派人來見曹操。袁紹希望曹操將他的家眷送至鄴城。

將家眷送到鄴城是婉轉的說詞，意思是要曹操將家人送給袁紹做人質，表示自此甘心歸順袁紹。曹操失掉地盤，軍糧又吃盡，想答應袁紹，程昱阻止：

意者將軍殆臨事而懼，不然，何慮之不深也！夫袁紹有併天下之心，而智不能濟也；將軍自度能為之下乎？將軍以龍虎之威，可為之韓、彭邪！今兗州雖殘，尚有三城，能戰之士，不下萬人，以將軍之神武，與

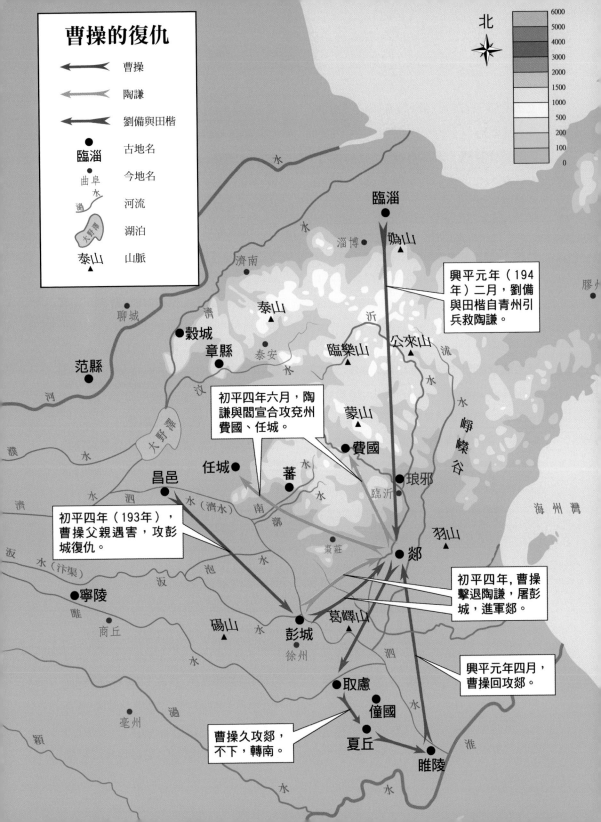

曹操的復仇

曹操
陶謙
劉備與田楷

臨淄　古地名
曲阜　今地名
漳水　河流
大野澤　湖泊
泰山　山脈

北

興平元年（194年）二月，劉備與田楷自青州引兵救陶謙。

初平四年六月，陶謙與闕宣合攻兗州費國、任城。

初平四年（193年），曹操父親遇害，攻彭城復仇。

初平四年，曹操擊退陶謙，屠彭城，進軍郯。

興平元年四月，曹操回攻郯。

曹操久攻郯，不下，轉南。

文若、昱等收而用之，霸王之業可成也，願將軍更慮之！

曹操身邊一直都有諫士，在曹操心意動搖時給他適時的安撫與信心。程昱只是其中之一。

興平二年（公元一九五年）閏四月，曹操與呂布仍在兗州相峙時。曹操得知陶謙死掉的消息，想先取下徐州，再回頭打呂布。

荀彧說：不要。

荀彧說了很多保住兗州的重要性，以及取下徐州未必能保住徐州的理由，並婉轉地提醒曹操曾經在徐州大屠殺：

前討徐州，威罰實行，其子弟念父兄之恥，必人自為守，無降心，就能破之，尚不可有也。

所以，荀彧的結論是：

夫事故有棄此取彼者，以大易小可也，以安易危可也，權一時之勢，不患本之不固可也。今三者莫利，惟將軍熟慮之。

其實，年初曹操已在定陶（山東菏澤南）打敗呂布，此時又剛破鉅野。所以荀彧獻「割麥計」：

若分兵東擊陳宮，宮必不敢西顧，以其間勒兵收熟麥，約食畜穀，一舉而布可破也。

荀彧很清楚，好不容易撐住蝗蟲飛過的大半年，任何一方都要找糧食，曹軍只要收走所有的麥子，便能得勝。

果然，曹操打消征徐州的念頭後，呂布和陳宮領一萬多人來攻，或者，來搶麥子。剛好，曹操的兵全都去割麥，營中不及千人。曹操此時將一半的部隊埋伏在軍營西邊大堤的樹林裡，另一半安排在堤外，當呂布軍隊逼近時，曹操先令輕裝士兵誘戰，當雙方交戰時，堤後伏兵全部攀上大堤一起出擊，呂布大敗，曹軍一直追殺到呂布的軍營前才返回。

呂布夜逃回定陶。曹操趁勝，攻克定陶。

曹操一點一點地收回兗州。饑荒的長安一點一點地人越死越多。

十二月，冬，窮困潦倒的小皇帝及公卿大臣終於有機會逃出天災人禍的長安，抵安邑（山西安邑東北）。

這時候的朝廷很慘，《資治通鑑·卷六十一》形容：

乘輿居棘籬中，門戶無關閉，天子與群臣會，兵士伏籬上觀，互相鎮壓以為笑。

建安元年（公元一九六年）七月，小皇帝終於回到洛陽，情況比之前更慘：

是時，宮室燒盡，百官披荊棘，依牆壁間，州郡各擁強兵，委輸不至；群僚飢乏，尚書郎以下自出採穭，或飢死牆壁間，或為兵士所殺。

書紙翻翻沒幾頁，小皇帝卻已經離

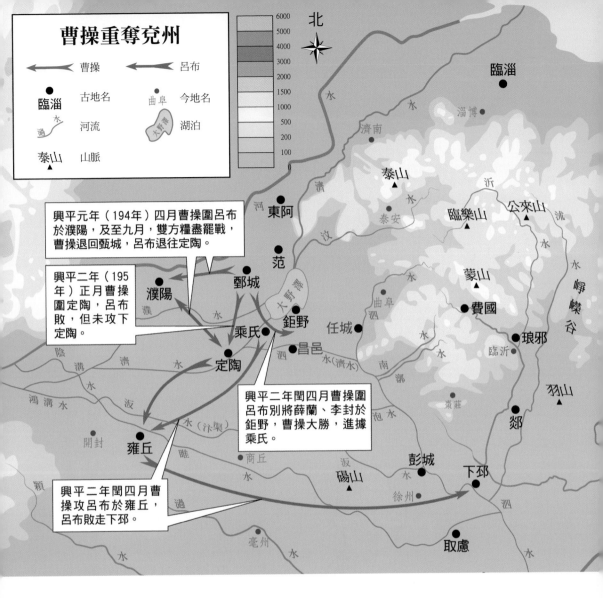

曹操重奪兗州

興平元年（194年）四月曹操圍呂布於濮陽，及至九月，雙方糧盡罷戰，曹操退回甄城，呂布退往定陶。

興平二年（195年）正月曹操圍定陶，呂布敗，但未攻下定陶。

興平二年閏四月曹操圍呂布別將薛蘭、李封於鉅野，曹操大勝，進據乘氏。

興平二年閏四月曹操攻呂布於雍丘，呂布敗走下邳。

開洛陽六年半，都長大了。

　　這時候，曹操已經收復全部的兗州。計劃迎回天子的袁紹，以為韓暹、楊奉等人救護天子出逃會自恃有功，很難制服。但是荀彧覺得韓暹、楊奉根本稱不上角色，無需顧慮，而且他的想法跟沮授一樣：

　　若不時定，使豪傑生心，後雖為慮，亦無及矣。

　　曹操未如袁紹採納多數意見，決定把大家都不要的皇帝接來許昌，漢室朝廷便自此落在曹操手中。

第二章

官渡之戰

戰前的形勢

建安元年（公元一九六年），曹操奉迎漢獻帝遷都許昌，「挾天子以令諸侯」，占據黃河以南的兗、豫、徐等州郡。而北方的最大割據勢力袁紹則擁兵數十萬，占據黃河以北的幽、冀、青、并四郡。

建安四年（公元一九九年）夏，中國北方大致形成袁紹與曹操兩大勢力。其中，袁紹地廣兵多糧足，進可攻，退可守，急欲南下征曹操，占許都，奪取政權。曹操僅有兵馬數萬，地形易攻難守，後方又有荊州劉表、江東孫策、南陽張繡

玉翁仲

翁仲，是匈奴族的祭天神像，秦、漢時期傳入關內，作為宮殿裝飾物。初為銅製，即所稱「金人」，而後漸演變為墓葬物件。

為敵。袁強曹弱，總體形勢顯然利袁不利曹，但是曹操的謀士荀彧說，用「度勝」、「謀勝」、「武勝」、「德勝」之優勢，便能打敗袁紹。

建安四年（公元一九九年）六月，袁紹率兵十餘萬南下，官渡之戰的序幕由此拉開。曹操兵少糧絀，以劣勢相拒。建安五年（公元二〇〇年），曹操乘袁軍驕傲輕敵，內部不和，兩次偷襲袁軍後方，或聲東擊西，抄襲白馬，擊斬顏良、文醜；或出奇制勝，巧施火攻，大破烏巢，焚盡袁軍糧秣。袁紹軍心震恐，士氣大跌，將士紛紛潰散投降。曹操乘機全線出擊，一舉殲滅袁軍主力。

經過一年多的對峙，官渡之戰以曹操的全面勝利而告終。曹操善擇良策，攻守相濟，屢出奇兵，以兩萬兵力擊敗十萬袁軍，是中國歷史上以少勝多、以弱勝強的典型戰例。官渡之戰也是袁、曹雙方力量轉變的關鍵性戰役。建安七年（公元二〇二年），袁紹因兵敗憂鬱而死，曹操乘機徹底擊滅袁氏勢力，建安十二年（公元二〇七年），曹操又征服烏桓，至此，戰亂多時的北方統一。

官渡戰役前的形勢

袁紹佔有冀、青、幽、并等四州後，決定攻打許都。

建安四年（公元一九九年），袁紹命軍師審配、行軍司馬逢紀留守鄴城，主持後方征送糧草、軍需等事務。並挑選精兵十萬，精騎萬匹，另加胡騎八千組成南征大軍，親自指揮，以部將顏良、文醜為前鋒，由鄴城南下，取最近路線經黎陽、白馬、延津、官渡，直進五百里外的許都。

許都諸將得聞袁紹揮軍南下的消息後甚為恐慌。不過，曹操說：

吾知紹之為人，志大而智小，色厲而膽薄，忌克而少威，兵多而分畫不明，將驕而政令不一，土地雖廣，糧食雖豐，適足以為吾奉也。

孔融也以袁紹勢強與荀彧談：

紹地廣兵強，田豐、許攸智士也，為之謀；審配、逢紀忠臣也，任其事；顏良、文醜勇將也，統其兵。殆難克乎！

荀彧反駁孔融的看法：

紹兵雖多而法不整，田豐剛而犯上，許攸貪而不治，審配專而無謀，逢紀果而自用，此數人者，勢不相容，必生內變。顏良、文醜，一夫之勇耳，可一戰而擒也。

曹操所說的話或可當成與「望梅止渴」異曲同工，但是荀彧所說的話幾乎是精準印證。當然，荀彧不曾在曹營中畫過「推背圖」，曹軍沒有因此軍心大振，而且還有人跑掉投敵——劉備。

曹操攻下徐州後並未將徐州交給劉備，而是將劉備跟他的兄弟帶回許都。這是曹操收服降將的一般手段，如收呂布下屬張遼。但是對於想經營一方的劉備來說，非其所願。當袁術將帝號送給袁紹，準備領殘部至青州投靠姪子袁譚時，曹操令劉備與朱靈截擊袁術，劉備因此找到脫離曹操的機會。

劉備領軍往南準備擊殺將經過小沛的袁術，結果袁術病死在半路上，袁術所遺部眾或四散，或投靠盧江劉勳。

未及截殺袁術收其部眾，朱靈帶兵回許都，劉備殺徐州刺史，留關羽守下邳，自己回小沛屯軍。劉備占據徐州後，徐州諸多郡縣叛曹，劉備擁眾數萬，並派人通知袁紹合兵抗曹。

這件事對曹操來說糟糕透了。曹操令劉岱將兵攻徐，不克。

八月，曹操領軍到黎陽，占走沮授告訴袁紹應屯兵於此的先機，令臧霸等人帶兵進入青州，守住東面，扼抗袁譚，又命于禁駐守黃河沿岸。九月，曹操分兵屯守許都的門戶：官渡。

十月，來了一顆定心丸。

袁紹領軍南下時，派人招張繡及劉表以應。張繡依附於劉表，劉表又與袁紹通，本應答應，但是賈詡當著張繡的面，對袁紹的來使說：「不要。」

張繡的理由是：

兄弟不能相容，而能容天下國士乎。

袁紹與袁術相爭不是第一天，賈詡勸張繡歸附劉表時，也知道劉表與袁紹通好，此時的理由，不只絕於袁紹，更表明要與劉表脫離關係。

賈詡把張繡嚇壞了，張繡問賈詡將來何去何從。賈詡說：曹操，又把張繡嚇一跳。張繡知道自己是曹操的殺子仇人，以為曹操不會接納他，而且在張繡眼中曹弱袁強，投靠曹操一事，可能也不智。

但是，賈詡給張繡三個該歸順曹操的原因：

曹公奉天子以令天下。紹強盛，我以少眾從之，必不以我為重，曹公眾弱，其得我必喜。有霸王之志者，固將釋私怨，以明德於四海。

十一月，張繡投降曹操。

第一次征張繡，大敗而回後，曹操曾經向諸將宣告：「我之所以敗於張繡，失在受張繡投降時，沒有取他的人質，你們看好，今後我不會再敗給他。」

第二、三次征張繡沒有贏也不算敗。

此時張繡再降，曹操為兒子曹均娶張繡的女兒。如果這個「媳婦」算是「人質」的話，就當曹操已達成他所宣告目標。

未予袁紹支援的人，不只張繡，劉表也是。《三國志·劉表傳》說：

表許之而不至。

劉表的態度是關中諸將的代表，《資治通鑑·卷六十三》說關中諸將「以袁、曹方爭，皆中立顧望」，袁紹所盤計的幫手，都未如意，不在計算中的劉備卻自己來投，戰前形勢改變。

此時，還發生一件大事。

曹操再屯兵官渡時，常從士徐他等人意欲謀刺曹操，被校尉許褚發現，徐他等刺客事敗喪命。曹操是否對此事深加追究，史料未載，但不久後許都爆發董承密謀誅殺曹操的事，其中有個同謀，就是劉備。

這個禍害太大了。

曹操令劉備擊殺袁術時，郭嘉等人阻止不及，曹操也後悔，此時劉備兵結袁紹，又是暗殺事件的同謀，曹操決定親征。

眾人擔心此時曹操親征劉備，將給袁紹背襲的機會，或有不宜。但郭嘉力挺曹操出兵：

紹性遲而多疑，來必不速。備新起，眾心未附，急擊之，必敗。

袁紹真的被郭嘉說中了。

得知曹操出兵攻徐州，田豐立刻跟袁紹說：打他。

曹操與劉備連兵，未可卒解。公舉軍而襲其後，可一往而定。

袁紹卻以兒子生病為由，不答應。田豐氣得：

舉杖擊地曰：嗟乎！遭難遇之時，而以嬰兒病失其會，惜哉，事去矣！

劉備也真的被郭嘉說中了。

曹操帶曹仁、夏侯淵、于禁等人東征劉備。破小沛，抓到劉備的妻子。拔下邳，擒關羽，擊破昌稀，回到官渡，前後不到一個月。果真「急擊必敗」。劉備敗走後奔青州，投袁紹。

袁紹在曹操回到官渡後，與眾人商議攻許都的事。田豐覺得先機已失，於是另有意見：

曹操既破劉備，則許下非復空虛。且操善用兵，變化無方，眾雖少，未可輕也，今不如以久持之。將軍據山河之固，擁四州之眾，外結英雄，內修農戰，然後簡其精銳，分為奇兵，乘虛迭出以擾河南，救右則擊其左，救左則擊其右，使敵疲於奔命，民不得安業，我未勞而彼已困，不及三年，可坐克也。今釋廟勝之策而決成敗於一戰，若不如志，悔無及也。

田豐的意思是叫袁紹這一戰不要打了。袁紹聽不進，田豐極力勸阻，袁紹以為田豐擾亂軍心，給田豐上了刑具。

荀彧的預測中的：田豐剛而犯上。

日本浮世繪

葛飾戴斗著《繪本通俗三國志》，畫中故事為田豐聞袁紹兵敗自刎獄中。
日本因有與三國類似的戰國時代歷史，對中國此一時期的演義甚有喜好。

白馬、延津之役

建安五年（公元二〇〇年）正月，袁紹向各州郡發佈聲討曹操的檄文。文中歷數曹操的罪惡，辱罵曹操祖宗三代，說他是「贅閹遺醜」，且「專制朝政，爵賞由心，刑戮在口」，是「貪殘虐烈無道之臣」，號召各州郡起兵反曹，並懸賞緝拿曹操的首級。

二月，袁紹率十萬大軍逼黃河北岸重鎮黎陽，同時派顏良、郭圖為前鋒，率先頭部隊渡河，圍攻白馬，為大軍南下掃除障礙。

曹操的白馬守將劉延被袁軍圍困兩個多月，城內糧食和箭支所剩無幾，情況危急，向曹操請求派兵增援。

此時荀攸為解白馬之危向曹操獻策。他認為在敵兵多、我軍少的情況下，應設法使袁紹兵力分散。他建議曹操自己領兵往位於白馬西南的延津，假裝要從延津北渡黃河抄襲袁軍後路，以此引誘袁紹分兵西來應戰，然後乘敵不備時輕裝急襲白馬，顏良便可擒獲。

曹操採納荀攸之計，四月，親率大軍北上延津。袁紹果真以為曹操將渡河偷襲後方鄴城，立刻從黎陽調一支主力前往延津迎戰。曹操得知袁紹分兵西去後，立刻親率一支幾千人的輕騎部隊，日夜兼程，奔襲白馬。

顏良發現曹軍時，只與曹軍相距十餘里。頓時大驚，倉促前來抵擋。城內劉延見援軍到，衝殺出城，與援軍內外夾擊顏良。

曹操以張遼、關羽為先鋒出戰，關羽遠見顏良的旗幟和車蓋，策馬奮勇當先，衝進袁軍之中，把顏良刺死於馬下，砍下頭顱，飛馳返回。袁軍潰散，白馬之圍遂解。曹操遷徙白馬軍民，沿河往西撤退。

官渡河

　　袁紹得知白馬被曹操攻破，急速渡河往南撲向延津，殊不知曹操在延津佯攻的隊伍早已離開。

　　袁紹撲空後，氣急敗壞，發誓要報仇。再得知曹操率軍離開白馬向西撤退時，便不顧謀臣沮授的阻攔，立即派劉備、文醜率軍向東追趕。當袁軍追到延津南，曹操在南阪停兵駐營，派人登高瞭望。哨兵報告袁軍有五、六百騎來到，接著又報騎兵逐漸增多，當步兵人數多得不可計數時，曹操吩咐不必再報告，令騎兵解鞍下馬，休息待命。

　　此時自白馬帶出來的輜重已經啟程上路，而且敵人騎兵眾多，諸將以為應當退保回營。荀攸解釋這是誘敵，不能走。

　　《三國志‧荀攸傳》載，此時曹操的表情是「目攸而笑」。

　　劉備、文醜領來的五、六千騎追至南陂，見輜重，不見敵軍，果然爭搶，軍陣即亂。曹操見時機已到，便下令埋伏於旁的騎兵出擊，殺向袁軍。文醜當場被斬殺，劉備逃跑。曹操勝利返回官渡。

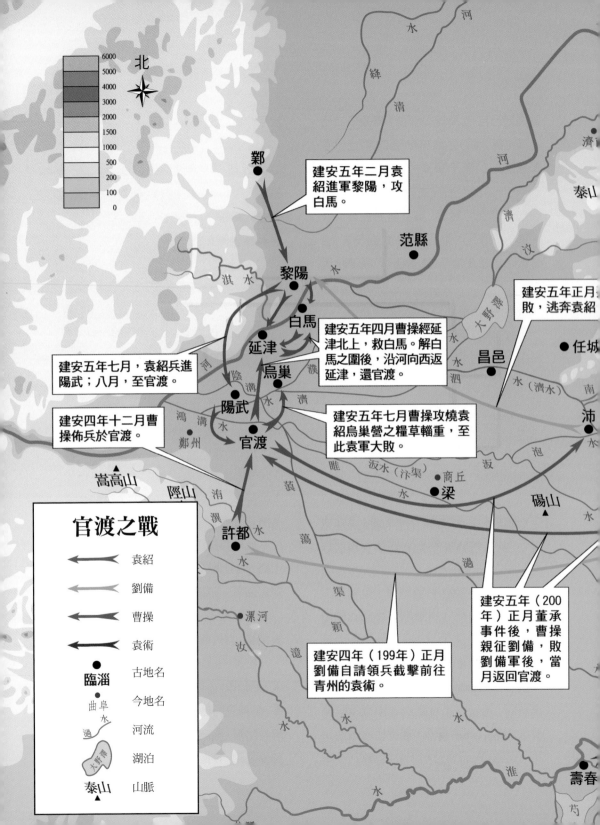

北

6000
5000
4000
3000
2000
1500
1000
500
200
100
0

鄴

建安五年二月袁紹進軍黎陽，攻白馬。

范縣

黎陽

白馬

延津

烏巢

建安五年四月曹操經延津北上，救白馬。解白馬之圍後，沿河向西返延津，還官渡。

建安五年正月□敗，逃奔袁紹

昌邑

任城

建安五年七月，袁紹兵進陽武；八月，至官渡。

陽武

陰溝水

鴻溝水

鄭州

建安四年十二月曹操佈兵於官渡。

官渡

建安五年七月曹操攻燒袁紹烏巢營之糧草輜重，至此袁軍大敗。

嵩高山

陘山

許都

商丘

梁

碭山

官渡之戰

袁紹

劉備

曹操

袁術

● 古地名

臨淄 今地名

曲阜
水 河流
渦

大野 湖泊

泰山
▲ 山脈

漯河

汝

潁

渠

蕩

建安四年（199年）正月劉備自請領兵截擊前往青州的袁術。

建安五年（200年）正月董承事件後，曹操親征劉備，敗劉備軍後，當月返回官渡。

淮

壽春

建安四年正月劉備到下邳後，未返曹營，逕占下邳及小沛。

建安四年正月袁術欲往青州投靠袁譚，至下邳，不得過，欲返回壽春，六月，病亡於江亭。

決戰官渡

決戰

　　白馬、延津兩次戰役是官渡大戰的前哨戰。儘管曹軍斬殺袁紹手下兩員戰將顏良和文醜，取得局部的勝利，但仍未根本改變「袁強曹弱」的態勢，袁軍仍有七萬兵力，而曹軍兵力只不過三、四萬。曹操果斷決定實行戰略撤退，將部隊退至官渡一線設防。

　　袁紹雖兩次受挫，但憑仗其兵多勢眾，建安五年（公元二〇〇年）七月，迫不及待地將大軍集結在官渡北面的陽武（河南原陽東南）。

　　此時，沮授為袁紹急功的心態感到憂慮，他勸袁紹：

　　我方士兵眾多，但不及曹軍勇猛。曹操的糧食、物資不如我們多，他們利在速戰，而我方利在緩博，應該用曠日持久的辦法，消耗曹操的實力，不宜急於決戰。

　　袁紹拒絕沮授的建議。八月，袁軍進逼官渡，擺開與曹操決戰的架勢，並依托沙丘立營，東、西寬約數十里。

　　九月初，曹操向袁軍發動一次試探

性的反攻，結果失敗，退回防線，堅守營壘。袁軍同樣受阻於曹軍的固守，無法前進一步。

求戰心切的袁紹見曹軍不肯出戰，便令士兵堆起土山，興築樓櫓，用箭俯射曹營。曹軍士卒只得手持盾牌而行。曹操採取相應對策，製作發石車（因發射石塊時響聲隆隆，像打雷一般，袁軍稱為霹靂車），發射飛石，擊毀袁軍所築樓櫓。一計不成，袁紹又想出一計，他令士卒深挖地道直通曹營。曹操針鋒相對地在營內挖掘長溝來截斷袁軍地道。袁、曹雙方來往攻防達三個月之久。

在對峙的過程中，袁紹未能取勝，曹操更陷於窘境。

曹軍在前線兵少糧缺，劉備又領兵到汝南騷擾曹軍背後，袁紹更多次派出小股軍隊抄掠曹軍的糧道。前線戰事不順，後方因徵收賦稅過急，引起郡縣人心不穩，有的郡縣甚至叛歸袁紹。還有汝南黃巾軍劉闢等游擊散勇掠襲許都。此時種種的不利形勢都使曹操感到極不安，他寫信給荀彧，商議退守許都。

荀彧寫了一封回信，安撫曹操：

紹悉眾聚官渡，欲與公決勝敗。公以至弱當至強，若不能制，必為所乘，是天下之大機也。且紹，布衣之雄耳，能聚人而不能用。以公之神武明哲而輔以大順，何向而不濟！今穀食雖少，未若楚、漢在滎陽、成皋間也。是時劉、項莫肯先退者，以為先退則勢屈也。公以十分居一之眾，畫地而守之，扼其喉而不得進，已半年矣。情見勢竭，必將有變。此用奇之時，不可失也。

接到荀彧的信之後，曹操決定堅守官渡。這不是荀彧第一次安撫意志動搖的曹操。

嚴守官渡的同時，曹操命負責運送糧食的典農中郎將任峻採取嚴密措施，保證糧食供應。任峻以千輛糧車為一隊，十路並行，以縮短運輸隊的前後距離，並用復陣（兩列陣）加強護衛，防止袁軍突

曹操運兵地道

襲，保證糧食如期運至前方。加之司隸校尉鍾繇又從關中送來名馬二千餘匹。

《三國志‧鍾繇傳》載，曹操回信給鍾繇：

得所送馬，甚應其急。

曹操得到補給後，開始尋找戰機，準備反攻。九月中旬，曹操接到荀攸報告，得知袁紹派韓猛監押糧草車數千輛，正在前來官渡途中。

《資治通鑑‧卷六十三》載荀攸形容韓猛是：

銳而輕敵，擊，可破也。

於是曹操依荀攸建議令徐晃、史渙率兵在官渡北面約六十里地的故市（河南滎陽東北）攔擊韓猛，放火燒掉袁紹的補給糧車數千輛。

十月，袁紹又從後方運來一大批軍糧，為防止曹軍再偷襲，特令淳于瓊等人率領一萬士卒北上迎接，並將這批糧車護送到離袁紹軍營以北四十里的烏巢（河南封丘以西）。沮授建議袁紹派蔣奇率兵守護烏巢外圍，以「絕曹操之鈔」，袁紹覺得不必要。

此時，許攸認為許都空虛，勸說袁紹留部分軍隊在官渡相持，另率兵繞道襲取許都。許攸還認為即使許都拿不下來，也可使曹操首尾疲於奔命，這樣破曹必能成功。

袁紹不從：「吾要當先取操。」

「曹操情結」讓袁紹聽不下許攸的建議，但是素與許攸不合的審配此時跑來插一腳，更讓袁紹得罪不該得罪的人。

許攸在前線打仗，他在鄴城的家人因觸法被審配全部抓起來。許攸一怒之下，投奔曹操。

許攸的到來，曹操又驚又喜，連鞋都未來得及穿上，興致勃勃地跑出來迎接。許攸向操密報：袁紹萬餘乘糧車屯集在烏巢，守備不嚴，如果派輕兵偷襲，出其不意燒毀他的糧草，不過三日，袁紹必定自敗。

曹營眾人多對許攸的獻計感到懷疑，只有荀攸、賈詡勸曹操採納。事關重大，曹操與荀、賈二謀臣商議後，果斷決定接受許攸的計謀。

曹操留下曹洪、荀攸駐守大營，親自督率張遼、樂進等人，領五千輕騎直驅烏巢。為防止敵軍發覺，曹操命士卒打著袁軍旗幟，人人口中啣枚，戰馬束住馬口，每人帶一束乾柴，連夜抄小路急行，路上遇到盤查，便稱：

袁公恐曹操抄略後軍，遣兵以益備。

曹軍就這樣一路混騙到烏巢，包圍淳于瓊軍營，點燃攜帶的乾柴。頓時淳于瓊營中大亂。此時已近天亮，淳于瓊見曹操兵少，領軍出營門抗擊，曹操急攻，逼

東漢畫像石的「糧囤」圖

淳于瓊退回營中。

　　袁紹得知曹操偷襲烏巢後，並不趕緊派出重兵去增援，反而認為這是攻下官渡，殲滅曹操的好機會。他高興地對兒子袁譚說：

　　　　就操破瓊，吾拔，彼固無所歸矣。

　　袁紹隨即命令高覽、張郃率兵去攻打曹軍大營。張郃認為這樣做很危險，便向袁紹建言應當先派兵救淳于瓊。

　　但郭圖堅決請求攻打曹營。他認為攻打曹軍營壘，曹操勢必引軍回救，淳于瓊便不救自解。袁紹點頭稱是，於是派部將蔣奇率少數騎兵去救烏巢，令張郃、高覽去攻打官渡曹營。

　　曹操未如郭圖的意，曹操得知袁軍正向官渡進發，另一支援軍即將到烏巢，更決心毀掉烏巢。曹軍衝入淳于瓊營中，與袁軍進行殊死戰，斬殺淳于瓊及督將睦元進、騎督韓莒子等人，將袁紹糧草燒燼，殺士卒千餘人，然後割下他們的鼻子，及牛馬的唇舌，送至袁軍大營示威。

　　烏巢糧草被燒、將士被殺的消息傳到袁軍大營，引起袁軍極度恐慌，瞬時崩潰。加之攻打曹營的軍隊，遭頑強抵抗，久攻不下，軍心更是動搖。郭圖因羞愧其計慘敗，便在袁紹面前說張郃因袁軍失

敗而幸災樂禍的壞話。他說：

　　郃快軍敗。

　　張郃得知此事，氣憤至極，一怒之下，與高覽焚燒全部攻營器械，投降曹軍。當時守營的曹洪見張郃來降怕其中有詐，不敢收。荀攸便說：

　　郃計畫不用，怒而來奔，君有何疑。

　　張郃自此起成為曹營中的重將。

　　曹操取得烏巢戰役的勝利在回營途中，得知張郃、高覽已投降，便與留守在官渡的曹洪、荀攸配合，前後夾擊袁紹。

袁軍此時已無鬥志，在曹軍攻擊下全線潰敗。袁紹和兒子袁譚倉惶帶領八百騎兵渡過黃河，退走河北，曹軍繼而繳獲袁軍丟下的全部輜重和珍寶、圖書、財物，並斬殺袁軍七萬多人。

　　曹操所繳獲的一批文書中，有不少部下與袁紹相通的書信。有人主張追究這些通敵的人。但是曹操認為，面對袁紹的強大，連自己都不能自保，何況其他人，便下令將這些書信全部燒毀，搖搖擺擺的往事就此一筆勾消。

現在內蒙的糧囤倉

袁紹死後

官渡兵敗後，袁紹逃回鄴城，但並不甘心失敗，短時間又聚集兵力，以期再次和曹操進行決戰。在官渡取勝的曹操，則認為剛被打敗的袁紹，不會輕舉妄動，便想南下進攻荊州牧劉表。荀彧勸止曹操南下的念頭，他認為現在袁紹戰敗，部將離心，應該利用其困境迅速發兵北上，在袁紹休養喘息前徹底消滅袁氏。曹操採納荀彧建議，決定進攻河北，統一北方。

建安六年（公元二〇一年）四月，曹操得知袁紹集兵於倉亭（山東陽谷北），以迅雷不及掩耳之勢，率軍北上，突襲倉亭袁軍，消滅袁軍數萬人馬。

袁紹再次兵敗，憂憤成疾，帶病回鄴城。次年五月，吐血而死。袁紹死後，諸子爭位。

袁紹有三子：長子袁譚，次子袁熙，幼子袁尚。「譚長而惠，尚少而美」，袁紹和後妻喜愛尚，「數稱其才」。袁紹欲以袁尚為繼承者，但未曾公開表示。他將長子譚過繼給長兄，作為嗣子，又打著「吾欲令諸子各據一州，以視其能」作為理由，命袁譚為青州刺史，袁熙為幽州刺史，外甥高幹為并州刺史，而把袁尚留在身邊。袁紹的安排顯然是為冊立袁尚而作準備。

《資治通鑑·卷六四》載，沮授曾極力勸阻袁紹。他認為長子當為嗣，「斥使居外，禍必使由此矣」，袁紹不聽。

從此，袁譚與袁尚之間的芥蒂便因立嗣之事，日漸深惡，袁紹屬下也因「擁譚」、「擁尚」而形成兩派：審配、逢紀從袁尚；而辛評、郭圖從袁譚。袁紹一死，審、逢二人假託袁紹遺命搶先擁立袁尚，並領大將軍。當袁譚從青州趕回鄴城奔喪時，只好接受既成的事實。

但袁譚心有未甘地自稱「車騎將軍」，與袁尚分庭抗禮。袁尚見袁譚不服，便以大將軍名義命他率少量部隊出駐黎陽（河南浚縣），將他趕出鄴城，更派心腹逢紀出任監軍，監視袁譚。袁譚駐黎陽後請求增兵，審配等人商議不給，袁譚大怒，殺逢紀。

建安七年（公元二〇二年）九月，曹操率軍渡過黃河，北攻黎陽，袁譚向袁尚告急。袁尚既擔心黎陽有失，又怕增兵黎陽使袁譚實力增強，便留審配守鄴城，親自率兵增援黎陽。

袁譚、袁尚在黎揚與曹操對戰數度失敗，袁尚為牽制曹操的進攻，派河東太守郭援與并州刺史高幹率數萬兵力，聯合南匈奴單于部合攻曹操所屬河東郡

（山西沁水以西，霍山以南）。

此時曹操派司隸校尉鍾繇率兵北上抵抗，在平陽（山西臨汾西南）圍攻匈奴軍，鍾繇在馬超支援下斬殺郭援，後又收降南匈奴單于呼廚泉。袁尚牽制曹操的計劃失敗無功。

建安八年（公元二〇三年）三月，曹操再次攻打黎陽，袁譚、袁尚兵敗，逃回鄴城，曹操占領黎陽，打開通往鄴城的門戶。四月，曹軍兵臨鄴城，袁譚、袁尚出城

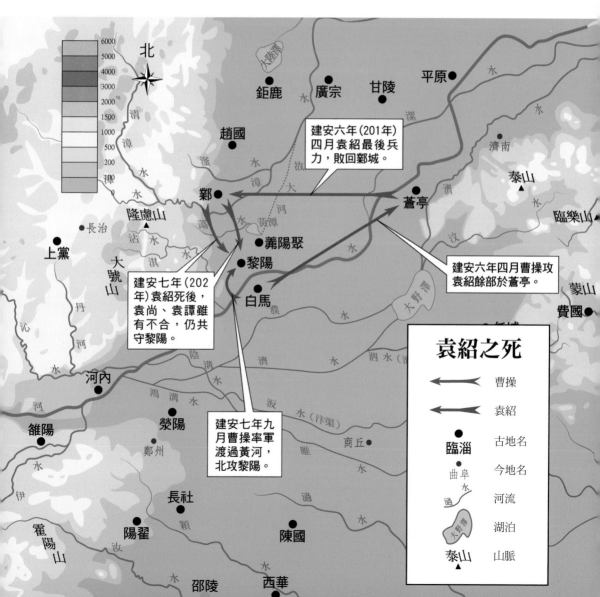

北

6000
5000
4000
3000
2000
1500
1000
500
200

鉅鹿　廣宗　甘陵　平原

趙國

濟南

泰山

臨樂山

建安六年（201年）四月袁紹最後兵力，敗回鄴城。

鄴　　　蒼亭

隆慮山　　　羲陽聚

上黨　　黎陽

長治

蒙山

費國

建安六年四月曹操攻袁紹餘部於蒼亭。

大號山

建安七年（202年）袁紹死後，袁尚、袁譚雖有不合，仍共守黎陽。

白馬

河內

雒陽　　滎陽

鄭州

建安七年九月曹操率軍渡過黃河，北攻黎陽。

霍陽山

長社

陽翟

陳國

西華

邵陵

袁紹之死

←	曹操
←	袁紹
●	古地名
臨淄	今地名
曲阜	河流
大野澤	湖泊
泰山 ▲	山脈

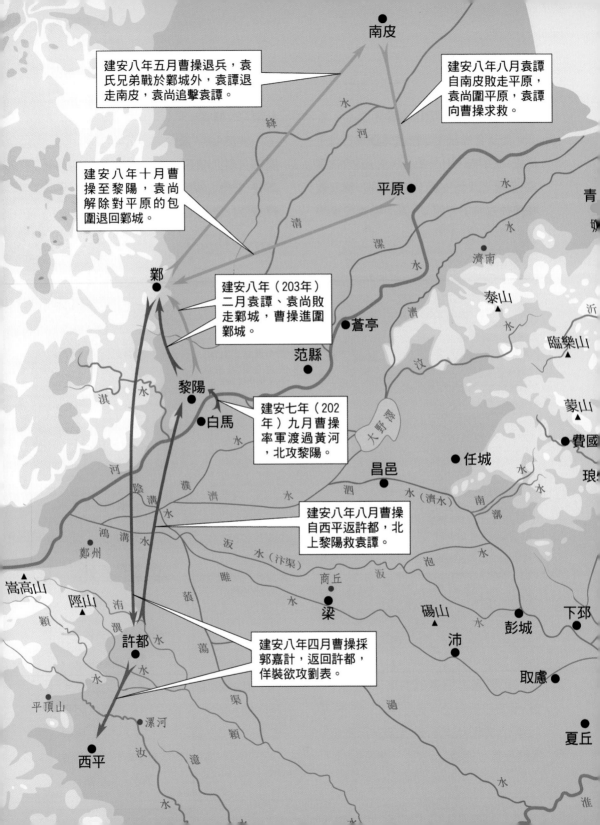

袁氏兄弟之爭

→　曹操

→　袁尚、袁譚

● 臨淄　古地名

曲阜　今地名

　水
遍　　河流

大野澤　湖泊

泰山　山脈

迎擊，打敗曹軍。

　　曹軍諸將敗後，要求繼續攻城；但郭嘉建議退兵：

　　袁紹愛此二子，莫適立也，今權力相侔，各有黨與，急之則相保，緩之則爭心生。不如南向荆州以待其變。變成而後擊之，可一舉定也。

　　曹操採納郭嘉計策。五月，留賈信留守黎陽，自己率軍返回許都。八月，進駐西平（河南西平西），假裝進攻劉表。

　　果然不出郭嘉所料，曹操退軍後，袁譚、袁尚因增兵和更換甲冑問題火拼，袁譚發兵攻打袁尚，戰於鄴城外郭城門。

　　別駕王修出兵支援袁譚，但是王修勸袁譚當與兄弟「復相親睦，以禦四方，可以橫行天下」，但袁譚不聽。

　　兄弟相攻後，袁譚敗，退保南皮（河北南皮北）。袁尚追至南皮，袁譚再急奔平原（山東平原南），袁尚又圍攻平原。

　　此時，荆州牧劉表寫信給袁氏兄弟勸和，要他們「棄捐前忿，遠思舊義」，但「譚、尚盡不從」。

　　袁譚被袁尚逼得走頭無路，於是派辛毗去許都向曹操求援。

　　曹操與荀攸、郭嘉商量當時的形勢後，決定出兵進攻鄴城，救助袁譚。十月，曹操北上黎陽，並為兒子曹整迎娶袁譚之女，聯合抗擊袁尚。袁尚聽說曹操渡

河北上，率兵撤出平原，回到鄴城。

曹軍兵臨城下，但袁尚對兄弟的仇恨似乎更大於敵人，建安九年（公元二〇四年）二月，袁尚留審配、蘇由堅守鄴城，自己發兵攻打袁譚於平原。曹操趁鄴城兵力減弱，進軍至洹水。曹軍離鄴城五十里地時，曹軍的內應蘇由準備迎曹軍攻打鄴城的計謀洩露，蘇由和審配戰於城中，蘇由戰敗，逃出城投奔曹操。

攻下鄴城一事因蘇由的失敗而變得困難，曹操只得在城外堆築土山，開挖地道，展開強攻。審配則在城中深挖壕溝，截斷曹軍坑道。

五月，曹操毀掉強攻用的土山、地道，在城外四周開鑿塹壕四十里，斷絕鄴城對外聯絡，又將溝壕擴大挖成廣深兩丈的深溝，引來鄴城西北的漳水灌入壕溝，封鎖鄴城。曹操長期圍城，使城中餓死半數以上的人。

七月，袁尚見鄴城被圍達五個月，擔心有失，便停止對袁譚的進攻，從平原返回鄴城。軍至城郊，袁尚與城中審配聯絡，約以火為信號，企圖突圍。結果曹操分兵迎擊，袁尚軍敗。

袁尚派人求降，曹操不接受，袁尚只得逃奔至中山（河北定縣），袁尚全部的輜重、印綬、節鉞及衣物均為曹軍收繳。鄴城士卒潰散，曹操生俘審配並斬殺。

攻破鄴城後，曹操自領冀州牧，治所遷往鄴城。

在曹操攻打袁尚時，袁譚乘機攻佔冀州甘陵、安平、勃海、河間等地。又攻袁尚於中山，袁尚因此被迫逃至幽州故安（河北易縣東南），投靠袁熙。袁譚兼併袁尚軍隊，還屯龍湊（山東平原東南）。

袁譚在曹操攻鄴城時攻占冀州諸城一事，令曹操極為不快，曹操寫信給袁譚，指責袁譚背約，送還其女，與袁譚斷絕姻親關係。

十二月，曹操率兵攻打袁譚，袁譚退守南皮（河北南皮北）。次年正月，曹操攻南皮，斬袁譚，得青州。

袁熙的部將焦觸得知曹操攻下南皮、斬殺袁譚後，便與張南一起反叛，攻打袁熙、袁尚，向曹操投降。袁熙、袁尚出奔，投靠遼西烏桓。

同年十月，原投降曹操的并州刺史高幹聞曹操將討伐烏桓，便劫持上黨太守，舉兵拒守壺口（山西長治東南），反叛曹操。

建安十一年（公元二〇六年）三月，曹操命曹丕守鄴城，親自率兵進攻壺關口。高幹向匈奴求救，單于不受。高幹只好帶領數名騎兵南逃，投靠荊州牧劉表，途中為上洛都尉王琰所捕殺，曹操得并州。

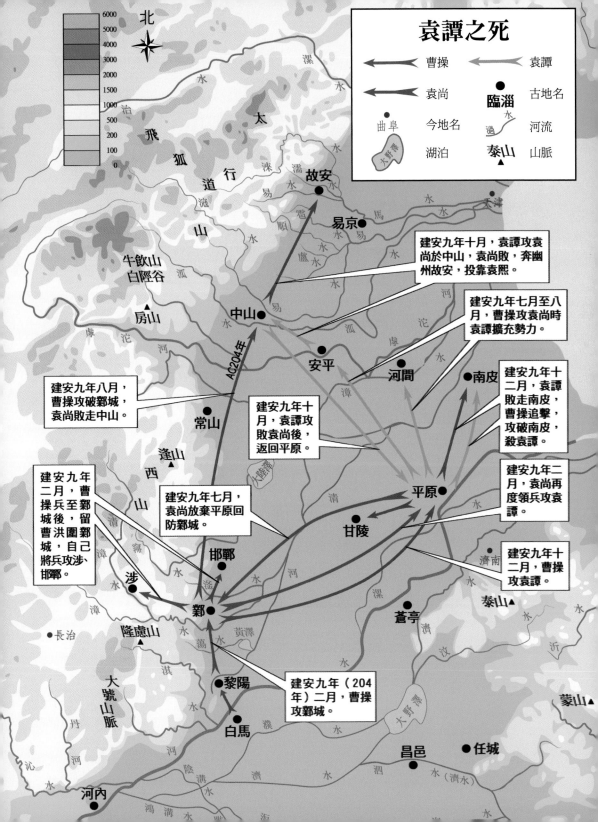

袁譚之死

建安九年十月，袁譚攻袁尚於中山，袁尚敗，奔幽州故安，投靠袁熙。

建安九年七月至八月，曹操攻袁尚時袁譚擴充勢力。

建安九年八月，曹操攻破鄴城，袁尚敗走中山。

建安九年十月，袁譚攻敗袁尚後，返回平原。

建安九年十二月，袁譚敗走南皮，曹操追擊，攻破南皮，殺袁譚。

建安九年二月，袁尚再度領兵攻袁譚。

建安九年二月，曹操兵至鄴城後，留曹洪圍鄴城，自己將兵攻涉、邯鄲。

建安九年七月，袁尚放棄平原回防鄴城。

建安九年十二月，曹操攻袁譚。

建安九年（204年）二月，曹操攻鄴城。

建安十二年（公元二〇七年）三月，曹操領兵從鄴城出發，征討烏桓。八月，曹軍在白狼山（白鹿山，遼寧喀喇沁左翼蒙古族自治縣東）大敗烏桓兵，首領蹋頓臨陣被斬。袁尚、袁熙逃奔遼東太守公孫康。

袁尚「為人有勇力，欲奪取康眾」，便與袁熙密謀殺公孫康，佔有遼東。

公孫康也有「心計」，認為「今不取熙、尚，無以為說於國家。」便利用宴請之機殺袁熙、袁尚，並將首級送給曹操。

建安十三年（公元二〇八年）正月，曹操回到鄴城。

至此，曹操取得冀、青、幽、并四州。

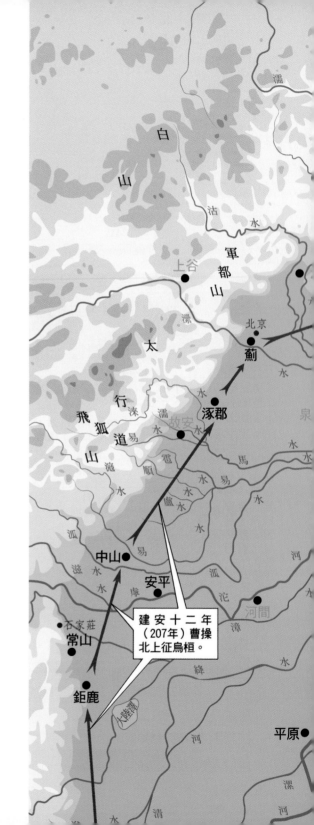

建安十二年（207年）曹操北上征烏桓。

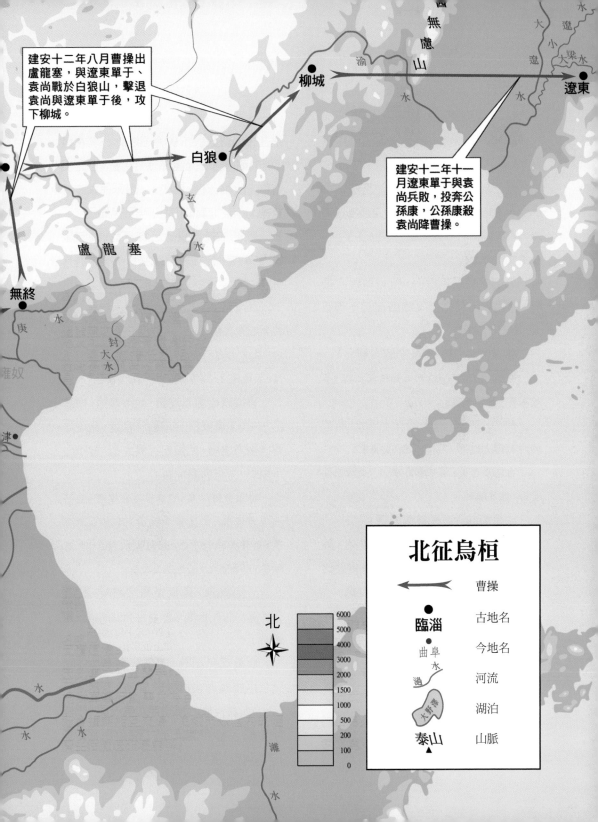

建安十二年八月曹操出盧龍塞，與遼東單于、袁尚戰於白狼山，擊退袁尚與遼東單于後，攻下柳城。

建安十二年十一月遼東單于與袁尚兵敗，投奔公孫康，公孫康殺袁尚降曹操。

無慮山

柳城

白狼

遼東

玄水

盧龍塞

無終

庚水

封大水

灤奴

津

北

6000
5000
4000
3000
2000
1500
1000
500
200
100
0

北征烏桓

曹操

臨淄　　古地名

曲阜　　今地名
水

濉　　　河流

大野澤　湖泊

泰山　　山脈
▲

郭嘉

郭嘉，字奉孝，穎州陽翟（河南禹縣）人。

《三國志‧郭嘉傳》裴松注寫他是：

少有遠量，漢末天下將亂，自弱冠匿名跡，密交結英儁，不與俗接，故寺人多莫知，唯識達者奇之。

郭嘉曾受袁紹徵辟，但短短幾次接觸，郭嘉看出袁紹優柔寡斷而且不善用人，便離開袁紹。

郭嘉曾跟辛評、審配形容袁紹：

欲效周公之下士，而未知用人之機，多端寡要，好謀無決。

此時，曹操的謀士戲志才死掉，而苦於沒有得力助手，寫信向荀彧求才：

自志才亡後，莫可與計事者，汝穎固多奇士，誰可繼之。

於是荀彧向曹操推薦郭嘉。

曹操見到郭嘉，劈頭就問袁紹。郭嘉細細地將袁紹與曹操之間的優劣評比一番後，論曹操有十項大事勝過袁紹。

此十勝為「道」、「義」、「治」、「度」、「謀」、「德」、「仁」、「明」、「文」、「武」。

對此曹操說郭嘉是：

使孤成大業者，必此人也。

拜會曹操的郭嘉也很開心：

真吾主也。

曹操自此收下郭嘉，將他安排在司空府內任職。曹操與郭嘉，兩個人自此決定努力收集冰棍，換天下。而後郭嘉跟著曹操的南征北討，最先是東征呂布。

曹軍三戰才擊破呂布，呂布逃回城內固守。當時曹軍將士疲憊，曹操想退兵重整，擇日再戰。郭嘉勸止：

昔項籍七十餘戰未嘗敗北，一朝失執而身死國亡者，恃勇無謀故也。今布每戰輒破，氣衰力盡，內外失守，布之威力不及項籍，困敗過之，若乘勝攻之，此成禽也。

曹操聽從郭嘉建議，強攻城池，擒殺呂布。再是曹操與袁紹戰於官渡，孫策見曹操後方空虛，準備起兵襲許都。曹軍上下驚恐，只有郭嘉從容：

孫策新併江東，所誅皆英豪雄傑，能得人死力者也，然策輕而無備，雖有百萬之眾，無異於獨行中原，若刺客伏起，一人之敵耳，以吾觀之，必死匹夫之手。

一語成讖。孫策果然被刺殺。荀彧有妙算，他所推薦的郭嘉也有此神技。太厲害了。

攻袁氏兄弟時，郭嘉要曹操放任兩兄弟自相殘殺後再來收拾，其審勢之準確，令人懷疑他所稱讚曹操的十勝中「公得策輒行，應變無窮」的「謀」勝，其實是在暗示自己很厲害，聽他的沒錯。

郭嘉

曹操決定北征烏桓時，諸將擔心荊州劉表和劉備會趁曹操北上，襲取許都。郭嘉又有獨道的見解：

表，坐談客耳，自知才不足以御備，重任之則恐不能制，輕任之則備不為用，雖虛國遠征，公無憂矣。

果不其然，劉備勸劉表襲取許都，而劉表不從。

郭嘉不單給曹操吃定心丸，並陳述北征烏桓的重要，堅定曹操北伐的決心。大軍行至易縣時，郭嘉又告訴曹操：

兵貴神速，今千里襲人，輜重多，難以趨利，且彼聞之，必為備。不如留輜重，引輕兵兼道以出，掩其不意。

於是曹操密出盧龍塞，兵指柳城，大破烏桓眾，斬蹋頓及名王已下。

不過，北征的途中，郭嘉就生病了。曹軍從柳城得勝歸還時，郭嘉已重病不起。曹操極關心郭嘉的病況，每日派去打探情報的信使「交錯於路」。

郭嘉在回鄴城的路上病逝，才三十八歲。曹操哭郭嘉年少，上表追功：

自從征代，十有一年。每有大議，臨敵制變，臣策未決，嘉輒成之。平定天下，謀功為高，不幸短命，事業未終。追思嘉勳，實不可忘。

第三章

赤壁之戰

東漢末年，曹操初步統一北方後，只有在長江一帶的孫權和在湖北一帶的劉備能與他對抗。

建安十三年（公元二〇八年），曹操親率大軍二十餘萬南征，欲消滅南方割據勢力，統一全國。劉備退守夏口（湖北武漢），軍中僅剩將士兩萬餘。緊要關頭，軍師諸葛亮會見孫權，針對孫權猶豫觀望、信心不足的態度，分析了敵我雙方利弊，指出：曹軍人雖眾，但其中七八萬為剛投降的荊州士兵，他們雖是水軍，是作戰的主力，但未必真心服曹；而北方的曹操士兵卻遠來疲憊，疾疫流行，不習水戰，後方又不穩定，「成敗之機，在於今日」。於是孫權決心聯劉抗曹，派大將周瑜率精兵三萬，與劉備共敵曹軍。

曹兵進到赤壁（湖北嘉魚縣東北，又一說在湖北赤壁市），小戰失利，退駐江北烏林（湖北洪湖東北），與孫劉聯軍隔江對峙。北兵不習船上生活，曹操下令用鐵索把戰船鎖在一起，以減輕風浪，便於北兵船上行走。孫劉聯軍決定「火攻」曹師。一夜，東南風起。周瑜派部下黃蓋詐降，曹操驕傲輕敵，信之。黃蓋帶著十艘蒙衝鬥艦，其上滿載薪草膏油，外用帷幕偽裝，順風向曹軍疾駛。近曹軍時，十船同時點火，火船隨風燔燒曹操戰艦，延及岸上營壘。因曹軍戰艦連鎖一起，一時難解，瞬間一片火海，曹軍人馬燒溺，死傷慘重。周瑜、劉備水陸並進，曹軍遂沿華容小道（湖北監利北），向江陵狼狽撤退。

赤壁之戰後，形勢發生變化。孫權據有江東，地位更加鞏固；劉備據有荊州大部地區，旋又取得益州；曹操退回北方，再無力南下，形成了曹、孫、劉三方鼎峙的割據局面。

三國·吳漆木木屐

安徽馬鞍山朱然墓出土。
當然，打仗穿這個不合適。

蓄勢待發

建安四年（公元一九九年），曹操與袁紹相峙於官渡之時。孫策用計誘使廬江太守劉勳進攻上繚（江西永修西北）的賊寨。

孫策跟劉勳說：

上繚宗民數斯鄙郡，欲擊之，路不便。上繚甚富貴，願君伐之，請出兵以為外援。

孫策以珠寶跟葛布討好、賄賂劉勳，百般撒嬌的意思就是要劉勳出兵打上繚。劉勳拿到孫策的好處，極樂，決定出兵攻上繚。眾人齊賀，唯獨劉曄覺得這一點也沒有好處，而且極危險：

上繚唯小，城堅池深，攻難守易，不可旬日而舉也。兵疲於外而國內虛，策乘虛襲我，則後不能獨守。是將軍進屈於敵，退無所歸，若軍必出，則禍今至矣。

劉勳如三國時代中很多變成配角的人物一樣，不聽劉曄的勸告。結果，劉勳到達海昏（江西永修）的時候，聚寨的賊聽聞劉勳到，捲了所有家當，跑光。劉勳一無所獲。

此時，孫策正領兵向西，前往皖城的路上，得知劉勳在海昏，立刻分兵八千人給孫賁，讓孫賁屯兵彭澤（江西湖口）。如劉曄的擔心，後路真的被孫策斷了。

劉勳欲領軍回皖城，至彭澤，孫賁出兵襲擊劉勳。此時黃祖派五千兵助劉勳，孫策與孫賁共擊劉勳，劉勳大敗，北走投靠曹操。

孫策收劉勳兵兩千餘人，船千艘。

攻克皖城後，孫策領周瑜、孫權、呂範、程普、黃蓋等人駐屯沙羨（武漢市西南），攻黃祖。

孫策軍借風縱火，千弩齊發，大破黃祖，斬首兩萬餘，另有萬餘人落水而死。孫策繳獲船隻六千餘艘，財物山積。黃祖家屬七人被俘，黃祖隻身逃脫。

擊敗黃祖後，孫策再下豫章、廬陵。

建安五年（公元二〇〇年），曹操與袁紹決戰於官渡時，許昌空虛。孫策出兵北上，欲偷襲許都，迎漢獻帝。

孫策北上，也準備順便清理陳登。

陳登是陳瑀的侄子，是的，就是為曹操做內應攻呂布的那個人。陳登想替陳瑀報仇，便在孫策西征黃祖時，暗中聯絡嚴白虎的餘黨攻丹陽郡，扯孫策後腿。此時，孫策正好清掃家門口。

孫策軍行至丹徒，等待後續運糧，在出獵時遭刺客的襲擊。

這三個刺客是吳郡太守許貢的賓

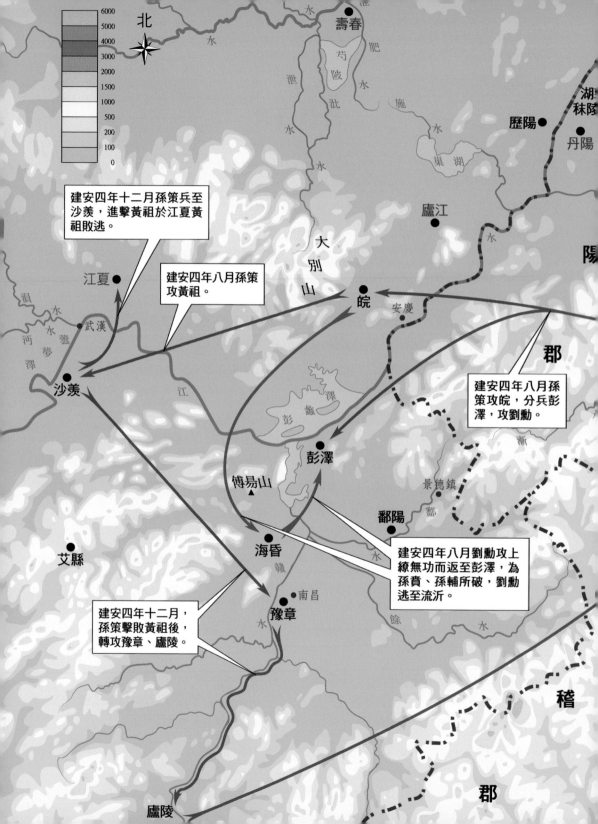

建安四年(199年)陳登欲報陳瑀之仇，謀丹陽郡。

建安五年(200年)孫策領軍北上，至丹徒，遭刺殺，身亡。

建安四年十二月孫策得豫章、廬陵後，返回會稽。

孫策攻下豫章、廬陵諸地

←	孫策
←	劉勳
● 臨淄	古地名
曲阜	今地名
水	河流
大野澤	湖泊
▲ 泰山	山脈

客，為給許貢報仇。

　　許貢曾經表奏獻帝，稱孫策就像是項羽，建議將孫策召到京城，給個高官籠絡起來，以免在地方上作亂。

　　這份上奏落到孫策手中，孫策責問許貢，許貢不承認有上表這件事，孫策卻仍然絞殺許貢。

　　孫策遇見這三個人之時曾問其來歷，三人謊稱是韓當手下的士兵。孫策說他認識韓當所有的手下，卻未曾見過這三個人，立刻張弓射死一人。其餘二人驚急舉弓反擊，射中孫策。

　　孫策攻下會稽後，會稽功曹虞翻曾經勸過孫策：

　　明府喜輕出微行，從官不暇嚴，吏卒常苦之。夫君人者不重則不威，故白龍魚服，困於豫且，白蛇自放，劉季害之。願少留意！

　　孫策曰：君言是也。

　　然不能改。

　　孫策重傷，臨死前對孫權說：

　　舉江東之眾，決機於兩陣之間，與天下爭衡，卿不如我；舉賢任能，各盡其心，以保江東，我不如卿。

　　卒年二十六歲。

　　沒有北上攻許都，沒有看到官渡之戰最後的結局。

　　此時孫權年僅二十，依靠張昭、周瑜為文武大臣，共同主持軍政。同時招攬魯

肅、諸葛瑾等重要謀士。

孫策去世，曹操本打算討伐孫權，遭到張紘勸阻，曹操乾脆化敵為友，任命孫權為討虜將軍，兼會稽郡郡守，還派張紘渡江輔佐孫權。孫權尊賢舉能，基本上穩定江東的局勢，但也有人認為孫權力量不夠，準備反叛。

孫權的堂兄孫輔就曾聯絡曹操討伐孫權，被孫權發現並迅速平定。

盧江李術收容孫權部下的叛徒，準備依靠曹操，向孫權發起挑戰。但孫權先發制人，用正式公文報告曹操，聲稱李術曾殺嚴象，是藐視曹操和國家的權威，現在孫權要為國討賊，希望曹操不要援助李術。孫權於是抓住時機，一舉消滅李術。

建安七年（公元二〇二年），曹操要求孫權送兒子到許都當官，其實要以此作為人質限制孫權的行動。周瑜竭力反對，孫權於是拒絕曹操的要求。

建安八年（公元二〇三年）和建安十二年（公元二〇七年），孫權兩次攻打江夏，攻敗黃祖後，孫權有意進伐劉表。

這裡還有一個突然不見的人：劉備。

建安六年（公元二〇一年），劉備當時的身份是曹操北征鄴城前的袁軍殘兵，曹操清剿袁軍時親征汝南，劉備在汝南兵敗，奔投劉表。

劉表聞訊，親自出襄陽城郊迎接，以上賓禮款待，劉表收容劉備後，為劉備補充部眾，屯駐新野。讓劉備替荊州看守北大門，防禦曹操。

劉備雖受劉表厚待，但不見重用，沉寂許久，一直到建安十三年（公元二〇七年），曹操遠征三郡烏桓。

曹操遠征烏桓時，曾擔心劉表偷襲許都，但是郭嘉擔保劉表不會有所動作。結果如郭嘉所料。劉備曾勸劉表趁曹操出兵北上時進兵許都，劉表不用其謀。曹操勝利班師，劉表開始擔心荊州即將成為曹操下一個目標，而後悔沒有聽從劉備的勸告。他對劉備說，不用君言，失掉一次大好機會。

劉備安慰劉表：

今天下分裂，日尋干戈，事會之來，豈有終極乎？若能應之於後者，則此未足為恨也。

不過，劉備自己另有感慨。

劉備在荊州待了六年之後，發現因中原紛亂而避難荊州的北方士人中，不乏真材實學者，劉表雖號稱「愛民養士」，但未真心使用人才，而自己轉戰半生始終依附於他人，未有據地，無非也是身邊缺乏良輔，於是，劉備想尋得能幫他謀劃天下的人。

為求得賢才，劉備親自拜訪隱居當

隆中風景區
當年，諸葛亮隱居的地方「隆中」如今已成觀光
區，觀光區內立有「臥龍處」的碑。
再有人想「隱居隆中」，大概就隱不起來了。

地的潁川人司馬徽，請教當世事務。司馬
徽是荊州名士，但他卻認為諸葛亮、龐統
才是天下俊傑。

　　不久，諸葛亮的好友徐庶到新野來
投效劉備，也向劉備推薦諸葛亮，他建
議請臥居隆中的諸葛亮出山。

　　此時劉備身邊，只有簡雍、糜竺、孫
乾之類的文士，簡雍僅為「談客，往來使
命」，糜竺「雍容敦雅，而幹翮非所長」，
孫乾也只待「以上賓之禮，未嘗有所統
御」。在徐庶的勸說下，劉備決定親自去
見諸葛亮。

隆中對

建安十二年（公元二〇七年），劉備冒著嚴冬，三次親到諸葛亮隱居的南陽郡隆中的山村（湖北襄陽西）拜訪，感動諸葛亮，使諸葛亮答應出山相輔。

這次會面，劉備屏退隨從，向諸葛亮坦露自己企圖改變「漢室傾頹，奸臣竊命，主上蒙塵」的願望，「欲信大義於天下」的志向，請教他「計將安出」。

諸葛亮告劉備他所看到的天下：

今曹操已擁百萬之眾，挾天子而令諸侯，此誠不可與爭鋒。孫權據有江東，已歷三世，國險而民附，賢能為之用，此可與為援而不可圖也。荊州並據漢、沔，利盡南海，東連吳會，西通巴、蜀，此用武之國，而其主不能守，此殆天所以資將軍也。益州險塞，沃野千里，天府之土；劉璋闇弱，張魯在北，民殷國富而不知存恤，智能之士思得明君。將軍既帝室之冑，信義著於四海，若跨有荊、益，保其巖阻，撫和戎、越，結好孫權，內修政治，外觀時變，則霸業可成，漢室可興矣。

諸葛亮的意思是要劉備先向豪強割據勢力較薄弱的地區發展，奪取荊、益二州作為基地，大力發展生產，擴充兵員，並與孫權結成同盟，共同對付曹操。待條件成熟後，奪取中原。

「隆中對」精闢地分析漢魏之際的政治、經濟形勢，預見三分天下的可行性。

隆中談話後，劉備茅塞頓開，與諸葛亮的關係漸趨親密。關羽、張飛對此十分不快，劉備解釋說，我得到諸葛亮，如同魚得到水。此後，「隆中對」成為劉備的發展方略。

但是，就當時孫吳欲伐荊州並進而占領所有長江以南的戰略方針來說，諸葛亮想三分天下的「隆中對」有點一廂情願。但隨著曹操準備揮師南下，形勢開始轉變。

曹操消滅袁氏殘餘勢力後，獨佔中原，已有天下三分之二，處於絕對優勢。當時環繞中原還有六大勢力。

北方有三：遼東公孫康，雍涼馬騰、韓遂，漢中張魯。

南方有三：益州劉璋，荊州劉表，江東孫權。其中只有江東孫權有遠略，但地處偏遠，其餘五人僅是割據自守，沒有人能與曹操抗衡。天下一統的形勢，又一次顯露出端倪。

荊州具有極重要的戰略地位，曹操想突破長江中游，順流東下，一舉盪平東

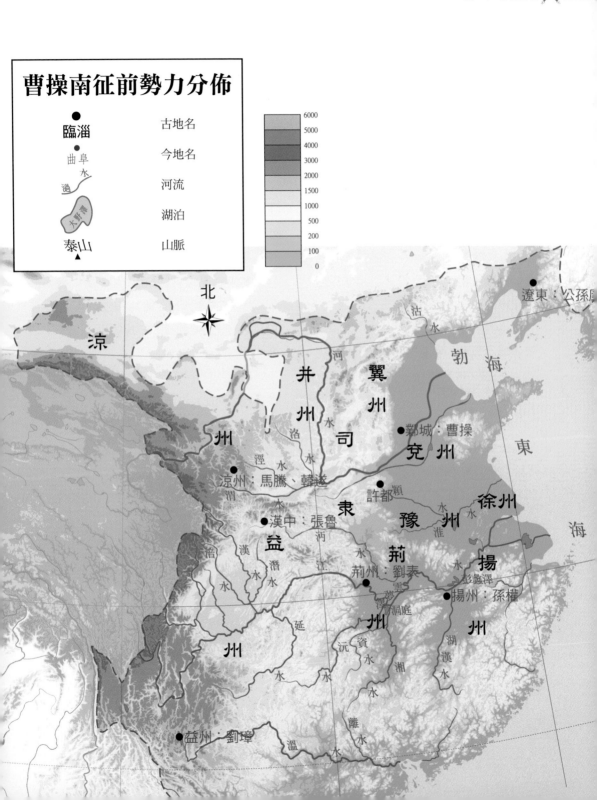

曹操南征前勢力分佈

南，使其他勢力望風歸降，於是「伐滅劉表」、「控制荊襄」成為曹操統一北方後，迫不及待想完成的事。

建安十四年（公元二〇九年）正月，曹操下令在鄴城玄武苑內開鑿玄武池，訓練水軍。同時命張遼、于禁、樂進各統一軍，加緊操練步騎。

為消除西邊的威脅，曹操以天子名義征馬騰入朝任衛尉，授馬騰長子馬超為偏將軍。

自中平四年（公元一八七年）馬騰與韓遂聯合以來，韓遂控制涼州，馬騰控制關中，關中成為韓、馬的割據領地已有三十餘年。

韓、馬雖然聯合，但又相互攻伐。後來馬騰倒向曹操，但仍留在關中。曹操怕馬騰還會與韓遂合作，為控制馬騰，曹操任命馬騰為九卿之一的衛尉，並讓時為議郎的張既去迎馬騰入朝。

張既大肆聲張，召涼州二千石以上高官迎請馬騰，馬騰不得已帶家屬入都面君，曹操將他安置在鄴城，而馬騰的大兒子此時也被授為偏將軍。

曹操也想召馬超入朝為官，遭馬超的拒絕，馬騰入朝後，關中軍隊則由馬超統領。

曹操為南征調集三十萬大軍，成為曹操用兵史上的高峰，終三國之世，是最多的一次。

出兵三十萬，加上後勤支援，在當時北方殘破的情況下，已經是全國總動員，如此大規模的用兵，朝野震動。

曹操為加強對朝廷的控制，六月，上表獻帝，罷除三公官即太尉、司徒、司空，重新設置丞相、御史大夫，曹操自己任丞相，總攬朝政。

為箝制輿論，曹操在朝廷上層以整齊風俗、破浮華狡獪之徒為名，搞一場誅殺孔融的政治運動，用暴力鎮壓反對派，斷除反對南征的輿論。

建安十四年（公元二〇九年）七月，曹操宣佈南征。

東漢・陶俑

孔融

孔融（一五三～二〇八年），字文舉，魯縣（山東曲阜）人，孔子第二十二代孫。自幼天資聰慧，四歲時即在兄弟中留下「讓梨」的故事，十餘歲時造訪當時名士河南尹李膺，自稱為李家世交後代。

李膺大奇，問他兩家究竟有何交往，孔融答：「我的遠祖孔子和你的祖上李老君，同德比義、互為師友，我們孔李兩家難道不是世交？」

機敏得體的回答博得眾人的稱讚，太中大夫陳煒不以為然，結果是：

小時了了，大未必佳。

《後漢書‧孔融傳》記載孔融的回答，很辣：「聽你所說的話，想你大概是早慧。」

十六歲時，發生「黨錮之禍」。黨人張儉找孔融哥哥孔褒以避急難。當時張褒不在家，孔融見張儉神色慌張，便收留張儉。事發後，張儉逃走，孔氏一門被捕入獄，兄弟及母親都想揹責任求其他家人安全，《後漢書‧孔融傳》形容是「一門爭死」。

最後孔褒被處死，孔融因此聲名大噪。

孔融身為漢官，對挾天子掌權的曹操數度譏刺嘲諷：曹操子曹丕將袁紹的兒媳納為妻室一事，興兵北征一事，甚至曹操在饑荒時為確保軍糧充足，下禁酒令，孔融也致書調侃：

天有酒旗之星，地列酒泉之郡，人有旨酒之德，故堯不飲千鐘，無以成其聖。且桀、紂以色亡國，今令不禁婚姻也。

孔融一而再的譏諷，曹操表面寬容，內心卻是憤怒異常。建安十三年（公元二〇八年），孔融見孫權使者，言語間誹謗曹操有之辭，曹操終於受不了，羅織罪名，將孔融處死棄市。

至此，「建安七子」折損一名。

東漢畫像石‧酒肆
曹操禁酒，要關門了。

荊州的局勢

荊州牧，劉表，並沒有看到這場在他的領土中所發生的重要戰役。

劉表，字景升，山陽高平（山東金鄉縣西）人，漢末名士八俊之一。

初平元年（公元一九〇年），孫堅殺荊州刺史王叡，劉表接任荊州刺史。此時因袁術在南陽阻劉表上任，劉表只得從間道單馬入宜城。而後劉表採納荊州名士蒯越等人的建議，誘殺宗賊渠魁五十餘人，撫用附從的地方勢力，南據江陵，北守襄陽，據有荊州，與袁術相抗。

初平三年（公元一九二年），劉表與曹操合兵趕走袁術，劉表任鎮南將軍、荊州牧。建安三年（公元一九八年），劉表擊敗遙應曹操的長沙太守張羨，使自己的轄地南接五嶺、北據漢川，地方數千里，帶甲十餘萬，成為南方最大的割據者。

但劉表無戡亂之才，只想保江漢間，觀天下之變，不介入逐鹿中原之爭。官渡之戰，他應袁紹之援而不出兵相救，也不投靠曹操，坐山觀虎鬥。

劉表謀無遠慮，不習軍事，也不知道如何利用當時因亂避於荊州的能士，反覆依靠客將駐守疆土卻又擔憂無法控制。以至於荊州危難之際，客將紛走，無謀士為其出力，荊州只好任人宰割。

劉表去世後，建安七子的王粲評價劉表：坐觀中原成敗，不圖進取，還自以為成就周文王的功業，其實只是儒生迂腐見識。

曹操南下，劉表受驚惶恐，於八月間病了。劉表死後，諸將奉劉琮繼任荊州牧，蔡氏掌握實權。

九月，曹操至新野。章陵太守蒯越、東曹掾傅巽等人對劉琮說：「曹操以天子名義征討，抵抗就是叛逆。公子剛剛繼位，內部又不穩，也無力抵抗。即使重用劉備，也未必能對抗曹操。如果劉備打退曹操，那他就要成為荊州的主人了。兩相權衡，還是投效曹操，歸命朝廷為上策。」

劉琮和蔡氏沒有別的辦法，也就同意投降，而且對劉備封鎖消息，怕他反對。

劉表臨終，曾託孤劉備輔佐。劉備從新野移屯樊城，雖與襄陽只有一水之隔。但因蔡氏及劉琮的隱瞞，及至曹軍逼近，劉備才知道劉琮還沒開打就已經投降了。

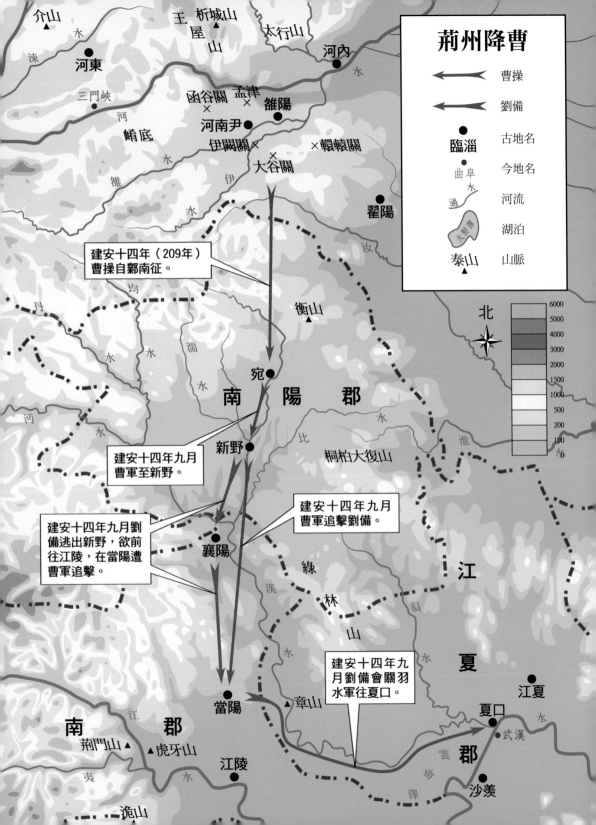

荊州降曹

介山▲

王屋山

析城山

太行山

涑水

河東

三門峽

函谷關 孟津 雒陽
×   ×

河南尹

伊闕關×

崤底

河

×轘轅關

伊水

大谷關

南

陽

郡

曹操

劉備

臨淄 古地名

曲阜 今地名

水 河流

大野澤 湖泊

泰山▲ 山脈

北

6000
5000
4000
3000
2000
1500
1000
500
200
100
0

翟陽

衡山▲

建安十四年（209年）
曹操自鄴南征。

宛

淯水

沘水

新野

建安十四年九月
曹軍至新野。

桐柏大復山

淮水

比水

建安十四年九月劉
備逃出新野，欲前
往江陵，在當陽遭
曹軍追擊。

襄陽

綠林山

建安十四年九月
曹軍追擊劉備。

溳水

江

夏

郡

漢水

章山▲

當陽

雲夢澤

建安十四年九
月劉備會關羽
水軍往夏口。

江夏

夏口
武漢

南

郡

荊門山▲

▲虎牙山

江陵

沙羨

洮山

夷水

劉備氣得怒斥:「你們辦事太荒唐,等到大禍臨頭才來告訴我,這不是太過分了嗎?」

當時諸葛亮勸劉備以扶立劉琦為名,占領襄陽。劉備不肯,往南撤逃時,路過襄陽,派人要劉琮答話,劉琮不敢見面。

於是劉備便去拜掃劉表之墓,涕泣離去。劉備哭著離開了劉表的墓,準備逃往江陵。

然而劉備真的很有號召力,劉備一逃,劉琮左右及荊州士民十幾萬的人,離鄉背井,紛紛追隨劉備,蜀漢大將魏延便是這時率部曲數百人投奔劉備。

行到當陽,追隨劉備的民眾有十餘萬,輜重幾千輛,一天只能走十幾里路。

有人向劉備建議說:「主公應該快速去保江陵,現在隊伍慢行,如果曹兵追到,拿什麼來對敵。」

劉備說:「成就大事以人為根本,如今在危險之中,民眾希望我保護,只能同甘苦共命運,怎麼能夠拋棄呢?」

得知劉備將逃往江陵,曹操擔心劉備占領這個水軍基地得到江陵豐富的軍用物資,親率領精騎五千,日夜兼程追擊,一天一夜急行三百里。

曹軍在當陽長阪追上劉備,劉備倉惶應戰,全軍覆沒。劉備與妻兒失散,只得派張飛斷後,自己與諸葛亮等數十騎脫身逃走。

張飛斷後,拆斷長阪橋,使曹軍一時無法渡河,贏得劉備南逃的時間。

《三國演義》為表現張飛之猛,說他站在長阪橋上阻斷曹軍,大喝一聲嚇死一個叫夏侯傑的人,嚇得曹操扭頭就跑,這雖是誇張與虛構。但是《三國演義》沒寫得過於離譜,因此接著描寫曹操驚懼稍定後,回頭來追,這回張飛才拆了長阪橋,回到史實。

劉備大敗之際,有人向他報告趙雲投敵,劉備不信趙雲會棄他而走,相信趙雲一定會回來。不久,趙雲懷抱劉備的兒子劉禪、保護甘夫人歸來。「趙子龍單騎救後主」。

這一段在《三國演義》中有非常精彩的演義,說趙雲懷抱阿斗,遭到曹軍包圍,本來無法逃脫,但是曹操發現趙雲英勇善戰,愛才之心頓起,下令活捉趙雲,曹軍無法傷害趙雲,讓趙雲單騎突出重圍。又說劉備看到趙雲救劉禪歸來,竟把兒子扔在地上,說:為了救你,差點害了我一員大將,讓趙雲非常感動,要肝腦塗地報答劉備。

劉備這個人,對兄弟和老百姓都有仁愛之心,比如徐庶母親這時也被曹操抓走,劉備只得放走徐庶,讓他去投歸

曹操救母。但劉備對自己的老婆孩子便不怎麼樣，一打敗仗，就把老婆孩子丟光了，以致於人們根本不知道劉備的原配夫人是誰。

劉備的妻子被呂布擄去兩次，都要回來，被曹操擄去兩次卻不曾回收，其中之一就是長阪這次。

從史料來看，可以知道劉備的兩個女兒被曹軍捉走，劉禪和甘夫人是被趙雲救出來。甘夫人，在赤壁之戰後不久去世，劉備稱帝后被追封為皇后。

至於糜夫人則毫無下落。

劉備沒有兵馬，只好放棄江陵，折向東南往漢水方向撤退，恰好遇見從水道南下的關羽水軍，於是劉備趕渡漢水，往夏口與劉琦會合。兩軍會合後，劉備收荊州殘部，得兵眾兩萬人。

劉備東走，曹操沒有追擊，他按預定的計畫南進江陵。占領江陵後，下令荊州吏民，與之更始。接著，派深孚眾望的零陵人劉巴持天子節鉞，渡過長江招納長沙、零陵和桂陽三郡。又委派京兆金旋為武陵太守。這樣，荊州七郡有六郡落入曹操手中，只有鄰接江東的江夏尚未佔有。

曹操論功行賞，封蒯越、韓嵩等十五人為侯。蒯越，字異度，劉表主要謀士。韓嵩，字德高，荊州名士。官渡之戰時，兩人都勸劉表投靠曹操，曹操恨相見之晚，當即任命蒯越為光祿勳，韓嵩為大鴻臚。

曹操又請韓嵩評薦荊州士人，凡韓嵩推薦者一律任用。傅巽則因勸說劉琮歸降有功，賜爵關內侯。

荊州的高級將領文聘當時不在襄陽，劉琮約他一起投降，遭到拒絕。直到曹操渡過漢水，文聘才晉見曹操。曹操嫌文聘來得太遲，文聘說他是為保全州郡，這樣才對得起劉表。

曹操因此對文聘特別厚待，讓他仍統領原來的部隊，並任命為江夏郡太守，不過文聘的江夏郡治所在石陽，而不是劉琦的夏口。

對於劉琮，曹操則任命他為青州刺史，劉琮請求留在荊州，表示謙讓。曹操順勢改授劉琮為清職諫議大夫，下令襃揚，稱讚劉琮效法竇融歸順。劉琮以一州之地換一項毫無實權的烏紗帽。

南下荊州，曹操兵不血刃取得一州之地，收攬本州以及外地避難荊州的大批人才，大大地增強實力。

決戰赤壁

曹操乘削平北方之餘威和初為漢丞相之居高臨下之勢，毫不遲疑地向南用兵，對劉表、劉備、孫權造成極大威懾，連諸葛亮也承認曹操擁兵百萬之眾，挾天子而令諸侯，不可與之爭鋒。

曹操正確使用了出其不意、輕騎奇襲的策略，先孫權而得荊州，並乘勝追擊，將劉備打得潰不成軍，如同喪家之犬，而東走夏口。可能因為勝利來的太容易，助長曹操驕傲。

劉表病死時，魯肅對孫權說：「荊州同我們接壤，江山險固，沃野萬里，是建立帝王之業的資本。現在曹操南下，劉表已死，二子不和，軍中諸將各懷異心。劉備是天下英雄，與曹操對立，依附於劉表。請主公允許我以弔喪為名到荊州打探虛實。如果劉備與劉表部眾同心協力，上下一致，我們就與荊州結盟，共同抗拒曹操。如果荊州內部離心離德，我們就可相機圖滅。」

孫權採納魯肅的建議，派他去荊州。

魯肅到夏口，已聽到劉琮投降的消息，他想劉備一定向江陵撤退，於是日夜兼程，在當陽長阪與劉備軍相遇。此時劉備全軍覆沒，魯肅問劉備：「現在打算到哪裡去？」

劉備回答說：「蒼梧太守吳巨是我的老朋友，打算去投靠他。」

魯肅說：「吳巨是個凡夫俗子，又地處偏遠，他自身難保，怎能去依靠他？我們孫權將軍，聰明仁惠，敬賢禮士，江東英雄都歸附他，現據有六郡之地，兵精糧足，可以成大事。劉將軍最好與孫將軍聯合，共圖大業。」

魯肅又對諸葛亮說：「我和尊兄諸葛子瑜是好朋友。」

諸葛子瑜名瑾，字子瑜，是諸葛亮的胞兄，這時在孫權身邊任長史。魯肅之意是邀諸葛亮為劉備使者，過江與孫權結盟。魯肅的建議正與劉備、諸葛亮的隆中對策吻合。劉備十分高興，於是與關羽水軍會合後，撤向夏口，並進駐樊口，向孫權靠攏。

劉備派諸葛亮隨魯肅過江，到柴桑與孫權談判。

來到柴桑，諸葛亮說：「現在天下大亂，只有劉豫州（劉備官拜豫州刺史）和孫將軍敢與曹操爭奪天下。不過曹操這次大兵南下，已破荊州，威震四海，眼看

江戶時期浮世繪

故事內容為：諸葛孔明舌戰群儒。

此畫為日本《通俗三國志》內的插圖，作者掛名葛飾戴斗。

「葛飾戴斗」是江戶時期浮世繪名畫家葛飾北齋的筆名，但據考證此書內的插圖並非葛飾北齋本人所繪，而是弟子的作品。

就要兵臨江東。將軍估量一下自己的能力，如果能夠抵敵曹操，早下決心，一刀兩斷，如果不能抵抗，也要趁早投降，要不然，大禍就要臨頭。」

孫權很不高興地反唇相譏：「那麼劉豫州為什麼不投降曹操呢？」

諸葛亮說：「楚漢相爭時，田橫不過是齊國的一個壯士，尚且寧死不肯向漢高帝稱臣。劉豫州乃是大漢宗室之後，英才蓋世，天下英雄都十分敬仰他，雖然事業不成功，力量不夠，怎能拜伏在曹操腳下稱臣呢？」

這時孫權年僅二十六歲，血氣方剛，聽了諸葛亮的話，勃然大怒，說：「你別小看我！我豈能拿全吳之地，十萬之眾，拱後送給別人，低頭稱臣呢。我決心已定，與劉豫州聯合抗曹。只是劉豫州已打了敗仗，還有力量嗎？」

諸葛亮針對孫權的疑慮，分析雙方強弱形勢。諸葛亮說：「劉豫州雖然在長阪戰敗，但還有關羽、劉琦兩部，有水陸精稅部隊兩萬多人。曹軍遠來疲憊，已成強弩之末，連一層薄綢也穿不透了。而且北方士眾不習水戰，荊州軍民迫於兵勢，

並沒有真心歸服。如果將軍能夠派猛將統兵數萬，與劉豫州同心協力，一定可以大破曹兵。」

諸葛亮還說：「曹操打了敗仗，一定退守北方，到那時，荊、吳的勢力增強，三足鼎立的局面就形成了。成敗的機會，就在今天。」

諸葛亮受任於敗軍之際，奉命於危難之間，在劉備已無立身之地的情況下，卻要說服孫權全力抗曹，用江東之眾打敗曹操，使荊州歸於劉備。

諸葛亮以荊州使者的身分與孫權談判，在談判中要孫權承認劉備是荊州的主人，這樣才能形成鼎立之勢，這任務十分艱巨。諸葛亮抓住曹操東進，孫權不肯投降這一大好時機，用激將法煽動孫權的抗曹決心，完成了簽訂鼎足三分的雙邊同盟。

孫權聽了諸葛亮的分析後，有意與劉備聯手，便決定召開軍事會議。這個時候，孫權接到曹操的來信。

此時的曹操已不費力氣佔有荊州，威震天下，達到事業的頂點，同時也使形勢急轉。這時，益州牧劉璋主動歸順，派來使者，表示歸命朝廷，接受徵兵，交納賦稅。劉備重新陷入絕境。但另一方面，江東孫權感到生存的威脅。面對此一形勢，曹操如何決策，內部展開一場辯論。

賈詡、程昱擔心孫、劉結盟。賈詡提出的建議是在政治上發展荊州戰役的聲威，阻止孫、劉結盟，徐圖進取，當荊州恢復經濟，成為前進基地後，要不了幾年可統一江東。

賈詡說：「明公先前破滅袁氏，現在又取得荊州，威名大振，兵馬精強，如果利用荊州的物資，供應軍隊，安撫百姓，那麼不用打仗江東就會歸服。」

程昱更明確地提出警告：「孫權在位不久，威名不顯著。曹公無敵於天下，又取得了荊州，江東震動，孫權有智有謀，但不能獨立抵抗曹公。劉備有英名，又有關羽、張飛猛將，孫權一定會支援劉備共同對付我們。如果出現這種情況，孫劉結盟，那就難解難分，勝負難說。」

但曹操沈浸在勝利中不能自拔，他聽不進賈詡、程昱的逆耳之言。諸將寡謀，更看不起敗軍的劉備。曹操與諸將都認為孫權不敢對抗，一定會殺劉備來降，如同公孫康取袁熙、袁尚首級一樣。曹操決心已定，下令水陸俱進，浩浩蕩蕩地進軍，並給孫權下一道誇張聲勢的戰書：

近者奉辭伐罪，旄麾南指，劉琮束手，今治水軍八十萬眾，方與將軍會獵於吳。

曹操的意思是說，他是奉天子之命討伐叛逆，大軍南下，劉琮已經投降，你孫權何去何從，早作選擇，是否要與我統

帶的八十萬水軍作一番較量呢？曹操先聲奪人，一副志驕意得之氣溢於言表。這是曹操在向孫權逼降，用現代外交辭令講，曹操的這封信其實就是最後通牒。

孫權看完曹操的信，不免猶豫。孫權將曹操的信傳閱眾臣，心情更加焦慮。

原來文武大臣看完此信，莫不驚恐失色，以張昭、秦松為首，竟是堅決主張歸順曹操。張昭認為：曹操像豺狼猛虎一樣，挾天子以令四方，直接對抗，事更不順。將軍依靠的是長江天險，現在曹操佔有荊州，水陸俱下，我們喪失了依憑天險的優勢，在力量眾寡懸殊的情況下，只有投降才是上策。

此論一出，眾臣更是紛紛附和，認為歸順曹操，江東百姓才能免受戰亂。

張昭等人的分析並非沒有道理，但孫權心有不甘，畢竟父兄經過血戰，才得來會稽、吳、丹陽、豫章、盧陵、盧江六郡，創下江東一片基業。然而江東六郡深山險阻，宗部林立，當地的山越人又不斷發生叛亂，孫權為鞏固在江東的政權，殫精竭慮，既要親賢貴士，又要扶植部曲，鎮撫山越，好不容易才有今天的局面，因為一紙文書就要化為烏有。孫權以為張昭等人要他向曹操拱手相讓，說得未免過於草率。

《歷代帝王圖》局部，孫權

圖為絹本，收藏於美國波士頓博物館。為唐代畫家閻立本所繪，共畫漢代至隋代十三位帝王。我們在課本上畫鬍子跟眼鏡的皇帝像多錄自於此。

　　孫權正在猶豫之時，發現只有魯肅並不附合，似乎還有話要說。於是孫權召魯肅單獨交談，魯肅這才發表了他的觀點：「眾人所論，全為自己打算。為什麼這樣說呢？我魯肅可以投降曹操，照樣可以當官食俸祿，但將軍卻不可投降，如果將軍投降，曹操怎麼安置你呢？希望將軍早日定下大計，不要聽眾人之議。」

　　魯肅這番話，正中孫權下懷，原來張昭等人，本來就是士族出生，無論向誰稱臣，其地位也不會改變，而孫氏以武功創業，一旦投降，無所依靠，恐怕連性命都受威脅。

　　孫權感慨地對魯肅說：「你的一席話說到我的心坎上，莫非是上天特把你派來幫助我的嗎？」魯肅見孫權心動，提出軍情緊急，應迅速召周瑜回來，商議大計。

　　周瑜回到柴桑，見過孫權後，又和魯肅交換意見，覺得很有必要請孫權再召開一次會議。

　　這次會議，張昭、秦松等人的投降主張遭到周瑜的強烈反擊，他當場駁斥：

　　「眾人所言，太沒道理，曹操名為漢相，實為漢賊。以將軍的英武雄才，秉承父兄基業，據有江東，佔地數千里，兵精糧足，英雄樂建功業，正當縱橫天下，為漢朝除奸去暴，何況曹操自來送死，怎麼可能去迎降呢？」

　　接著，周瑜詳細分析敵我情勢，提出曹操用兵江南的四

孫權決計破曹操

《三國演義》插畫
圖面畫工精緻，但未能表現孫氏兄弟喜歡砍家具的特色。

個不利因素：

一、是曹操後方並不安定，馬超、韓遂尚在關西，是他的後患。

二、是曹操用北方的騎兵到江南來，在水上與我們較量，是捨長就短。

三、現在是十月寒冬，曹軍供應不足，不能持久。

四、北方士卒不服水土，一定生病。

周瑜以為這幾個忌諱，曹操都犯了，要打敗曹操不難。

孫權聽了統兵大將周瑜的這番分析，非常激動，當即拔出寶劍，砍去奏案的一角，屬聲說：「曹操老賊早就想篡漢自立，只是害怕袁紹、袁術、呂布、劉表和我罷了。現在二袁等人都被消滅，只有我還在。今天我與老賊勢不兩立，文武官員誰還敢再說投降的話，就同這奏案一樣。」

當晚周瑜又去找孫權密談，主動請纓抗擊曹操，分析曹操的軍情。他對孫權說：「主張投降的人，只看到曹操書信上說有水陸軍八十萬，就嚇破膽，不去調查虛實，他們的主張不值得討論。據我的實際考察，曹操從北方帶來的軍隊，不過十五、六萬人，而且已經疲憊不堪。得劉表部眾，充其量七、八萬人，尚且還抱有疑懼的心理。曹操帶著疲勞的軍隊，挾著三心二意的降卒，數量雖然超過我軍，但

沒有什麼可怕的。給我精兵五萬，就足以打敗曹操，請主公放心。」

周瑜對曹操軍情的分析極可信。曹操所帶北方之兵三十萬，約半數留守荊州，所以是十五、六萬，加上荊州新附之眾七、八萬，曹操用於第一線的兵力二十餘萬。加上後勤支援，即北兵三十萬與十餘萬荊州之眾，約計四十萬。

孫權對周瑜說：「公瑾，你的分析與我的意見正相合，張昭、秦松等人貪生怕死，只顧自己。只有你與魯子敬兩人主戰，合我的心意，真是上天派你們兩人來輔助我。五萬兵一下子難以調集，兵貴神速，現在有三萬精兵待命，船糧齊備，你率領為前鋒，我隨後率大軍作後盾。」當即任命周瑜為右都督，全軍統帥，老將程普為左都督，全軍副帥，魯肅為參軍，助畫方略。

東吳猛將呂蒙、黃蓋、周泰、甘寧、淩統、呂範等，各統本部，皆隸周瑜調遣。於是周瑜率軍，和諸葛亮一起溯江西上，去會同劉備之軍共拒曹操。

駐軍樊口的劉備，得知曹操大軍順流而東，心中非常焦急，天天派人在江邊巡邏，盼望孫權援軍西上。一日，周瑜戰船溯江而來，巡兵飛報劉備。劉備喜出望外，立即派人慰勞，邀請周瑜上岸會談。

周瑜說：「軍務在身，不可離開崗

位。劉豫州若能屈駕到船上一談，非常歡迎。」

劉備對關羽、張飛說：「周瑜擺架子，現在是我們求救於江東，為了同盟，我就走一趟吧！」

劉備乘坐一艘小船去拜見周瑜，向周瑜表示了敬意。劉備說：「孫劉聯盟抗曹，是最好的策謀。周將軍帶了多少兵馬？」

周瑜說：「三萬人。」

劉備說：「可惜少了一點。」

周瑜說：「這已經足夠了，請劉豫州聽我的捷報吧！」

劉備敬服周瑜的膽氣，但還有疑慮，不大相信三萬人能打敗曹操大軍。於是他留了一手，只讓關羽、張飛帶兩千人協同周瑜作戰，將兩萬荊州兵掌握在自己手裡。然而周瑜也不想劉備分功，對此並不在意。

建安十三年（公元二○八年）冬，十月十日，孫、劉聯軍的先頭部隊與曹軍在赤壁初步交戰，曹軍先頭部隊戰敗，退至長江北岸，周瑜也率軍退守南岸，與曹軍隔岸相峙。這時，曹操軍中的士兵，很多人得病，便在烏林（赤壁對岸，湖北東北長江北岸之烏林礬）紮下水陸大營，暫時休息部隊，準備明春再戰。

這個時候，曹操下令將他的船全靠

在一起，可能是因為地方太小，不可能將船都用纜索扣在岸上，再加上長江風浪很大，只好將艚艋用鐵鏈連接起來，這樣船才不會飄搖地過於厲害，北方士兵走在連接的船上，也如履平地。不過這樣一來，使船艦喪失機動性，給孫劉聯軍攻擊的機會。

周瑜數度率軍至江北曹營挑戰，曹軍拒不出戰。這時，聯軍的先鋒都督黃蓋看到曹操部署船隊的情況後，向周瑜建議：

今寇眾我寡，難與持久。然觀操軍船艦首尾相接，可燒而走也。

周瑜採納黃蓋的建議，決定派黃蓋詐降曹操。周瑜用十艘艨艟鬥艦為引火船，船上裝滿了乾柴，澆上油脂，用帳篷蒙起來，插上約定的投降旗號，並在每艘大船後面拴一條名叫「走舸」的小船，準備放火之後運載人員返回。

為取信於曹操，黃蓋在致曹操的詐降書中說：黃蓋在江東深受孫氏厚恩，屢受將軍重任，待遇不薄，本應報效孫氏。但是，從當今天下的大勢來看，以江東六郡兵力，抗拒中原百萬大軍，實不足取，這是海內人士都清楚的簡單道理。現江東將吏，不論智愚，都不主張與你作戰，唯獨周瑜、魯肅目光短淺，不明大勢，偏執己見，他們所率之軍極易被擊破。因

此，我真心誠意歸服曹公，等到雙方交戰之日，我一定利用擔任前鋒的條件，相機而動，以求報效曹公。

曹操收到降書，本來懷疑黃蓋有詐，但看到信中所講合情合理，對送書人進行盤問，也沒有發現破綻，便相信黃蓋是真心投降，當即與送書人約定投降的時間和標誌信號，一心等著黃蓋來投降。

關於這一段火攻烏林的設計，《三國演義》鋪陳得曲折複雜。

《三國演義》說周瑜自有火攻之計後，便派龐統投曹操，然後龐統向曹操施展連環計。按這個連環計的說法，曹操之所以將船首尾相連，還是因為中了龐統的圈套。為讓曹操相信黃蓋投降的真實性，《三國演義》寫得更費周折，先是龐統連環計的下半段，說是要為曹操說服江東豪傑都來投降，再是周瑜與黃蓋施展苦肉計。這個苦肉計最後變成歇後語：「周瑜打黃蓋──一個願打，一個願挨。」

周瑜得知曹操中計，便命黃蓋擇日行動。當年十一月十三日，風和日麗，入夜後南風大作，黃蓋率領準備好的十艘大船，向曹操北岸的水營駛去。

當快要接近曹軍戰船時，黃蓋命令士卒一齊高呼：「黃蓋來投降啦！」曹軍將士紛紛登上船甲板觀看，曹操深感高興。

黃蓋的船隊距曹軍水營越來越近，黃蓋下令點火，當火勢起來後，黃蓋命士卒跳上小舸逃回。火借風勢，風助火威，頃刻之間，曹軍的水營便被大火吞沒。

由於曹軍的水營與陸軍相連，烈火又將岸上的陸營燒著。曹軍士卒本已多病疲憊，遭到突然襲擊，紛紛逃命，亂作一團，被燒死、溺死者不可勝數。

這時候周瑜與劉備的軍隊當然不可

東漢・陶船

這隻船裡塞滿乾柴，淋遍油脂……。並沒有，這是陪葬品。漢代人相信靈魂永存，做許多模仿生前日常生活的陶俑陪葬，想像死後仍有與生前相同的生活。

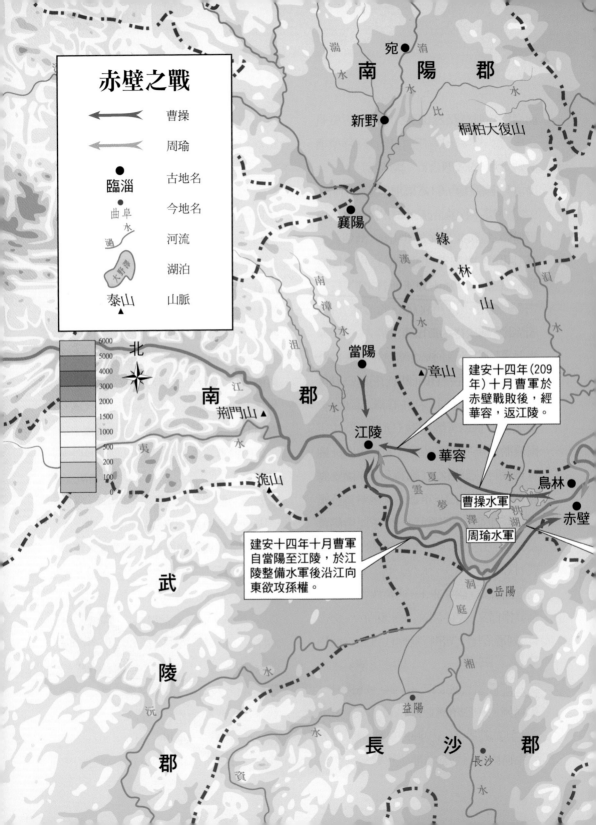

赤壁之戰

曹操
周瑜

● 臨淄　古地名
曲阜　今地名
水　河流
大野澤　湖泊
▲ 泰山　山脈

北

南 陽 郡
宛 ● ● 淯
水
新野 ●
桐柏大復山
比
水

襄陽 ●
綠
漢 林
南 山
漳 滍
水 水

南 當陽 ●
郡
▲ 章山

江 南 水
荊門山 ▲ 江 建安十四年 (209
夷 水 年) 十月曹軍於
赤壁戰敗後，經
華容，返江陵。
江陵 ●
● 華容
澭山 ▲ 夏 水
曹操水軍
雲 鳥林 ●
夢 周瑜水軍 ● 赤壁
澤

建安十四年十月曹軍
自當陽至江陵，於江
陵整備水軍後沿江向
東欲攻孫權。

武 洞
庭 ● 岳陽

陵

郡 湘
益陽 ●
水

沅 長 沙 郡
水
長沙 ●
資
水

建安十四年十月周瑜率水軍沿江向西抗禦曹軍，赤壁得勝後，進擊江陵。

能只在長江南岸歡呼雀躍，而是早做好了進攻的準備，一等火燒，周瑜立即率領精銳部隊在後面擂鼓爭進，並派一支部隊從洪湖登岸截擊曹軍。劉備也命關羽、張飛、趙雲等率水軍南去，截擊逆江而退的曹軍水軍，劉備則親率其餘部隊登岸向烏林曹軍營地進攻。

戰鬥異常激烈，黃蓋翻身落水，被吳軍救起，混亂中不知是黃蓋，被隨意放置在船艙中。當時天寒，黃蓋落水，全身濕透，很快冰凍僵直，奄奄待斃。這時韓當路過，黃蓋拚命喊叫，韓當聽得是黃蓋呼喚，連忙脫衣包裹。黃蓋沒戰死，差點凍死。

曹軍本是疲憊之卒眾，遭到突然攻擊，大火漫天，完全喪失了抵抗能力，被殺得屍橫遍野，全軍潰散。曹操見此情景，知道已無力扭轉敗局，便將剩餘船隻放火燒毀，率領部隊殘兵西走。

赤壁之戰的政治意義更大於軍事意義。此戰後，劉、孫聯軍取得勝利，曹操大敗退回北方，孫權保住江東，而劉備卻從全軍覆沒的災難中解脫出來，分得荊州半壁江山，成為他一生事業的起點，從而奠定了三分鼎立的局面。

周瑜

周瑜（一七五～二一○年），字公瑾，廬江舒縣（安徽廬江西南）人。

史載：周瑜「性度恢宏」。

程普是孫堅出生之前的老臣，而周瑜是晚輩。程普待周瑜常常盛氣凌人。但周瑜未曾與他計較。後來程普漸領悟，對周瑜也更敬重。

程普跟身邊的人形容與周瑜交往如喝美酒，會不知不覺地陶醉於他。

周瑜十四歲時結識孫策，兩人皆心懷大志，是情趣相投的摯友。而後孫策離開壽春到江東，周瑜得知，帶兵秣至歷陽迎接，資助孫策。

袁術曾因欣賞周瑜的才能，欲辟周瑜為居巢長。周瑜無心為袁術效力，便棄官投奔孫策。自此從孫策南征北討。這一年，周瑜二十四歲。

建安四年（公元一九九年）周瑜從孫策征皖城、尋陽，討江夏，平定豫章（江西南昌）、廬陵。周瑜與孫策攻克皖地，尋得當地大族喬家二女，皆國色天香。孫策娶姐姐大喬，周瑜娶妹妹小喬。

建安五年（公元二○○年），孫策遇刺，孫權繼立。周瑜率軍奔喪，與張昭等人共掌事權，全力支援並輔佐孫權。

建安七年（公元二○二年），曹操下書令孫權以其子為人質，周瑜堅決反對向曹操屈服，益獲孫權母子的信賴。

建安十三年（公元二○八年）夏口一戰，殲滅黃祖。建安十四年（公元二○九年）十二月，曹軍被迫棄南陽。為表彰周瑜之功，孫權任命他為偏將軍兼南郡太守，並將下雋等四縣作其封邑，讓他屯兵江陵。

赤壁之戰後，周瑜預料劉備必為禍害，便勸孫權將劉備留在東吳，孫策沒有接受周瑜的意見，後來劉備果然變成東吳的對手。

周瑜志在荊、益二州，多次上疏獻策。建議孫權趁曹操荊州新敗之機攻益州奪蜀地，與西涼馬超相互呼應，北方可圖。這與諸葛亮的「三分天下」相似。

建安十五年（公元二一○年），周瑜建議攻益州，進而滅張魯，得孫權同意，周瑜起程返江陵為征戰做準備，不幸舊瘡復發，卒於巴丘（湖南嶽陽）。享年三十五歲。

周瑜死，孫權痛折股肱，穿喪服舉哀：「公瑾有王佐之才，如今早死，叫我以後依賴誰呢？」

孫權稱帝後，仍念念不忘：「沒有周公瑾，我哪能稱尊稱帝呢？」

建安十五年（公元二一○年），周瑜墓建，繞以石刻欄杆，旁建木質六角「談笑亭」。周瑜有兩子一女。女配太子孫登。長子周循娶公主，官任騎都督，早死。次子周胤亦為官。

江西九江市甘棠湖的周瑜點將台

此處為東漢末年周瑜操練水軍的地方。

借荊州

孫、劉聯軍火燒烏林，曹軍立即潰散，曹操領著殘餘部隊自華容道撤退江陵。

漢朝的華容縣城，在今天湖北監利縣北邊偏西，上坊東村附近，而不是今天的華容縣。

華容道很狹窄，不便行軍，路的兩旁有數不清的湖沼與低窪泥濘地。偏偏老天不美，連降大雨，道路泥濘難行，輜重和馬匹損失殆盡，遇到實在無法通行的路段，便命士卒以柴草墊路通過。這時，張遼、許褚率領的騎兵接應部隊趕到，才解救曹操脫離困境。傳說曹操率軍通過一片松林地帶，沒有遇到孫劉聯軍的堵截，便高興地對部將說：「我知道劉備失策，若其放火燒毀松林，我們就無法脫險了。」說話之間，劉備果然命人在松林放火，但曹操已遠走了。

曹操回到江陵不敢久留，令征南將軍曹仁、橫野將軍徐晃防守江陵，以折衝將軍樂進守襄陽，自己率諸將返回許都。孫劉聯軍在擊破曹軍後，即以水軍主力逆江西上。進至巴、丘（湖南嶽陽）附近，發現曹軍的運輸船隊，便前往襲擊，曹軍長水校尉任峻見勢不妙，燒毀船隊而逃。

赤壁大敗，曹操回到北方，感歎：

　　郭奉孝在，不使孤至此。

其實赤壁大戰之前，賈詡、程昱都提醒曹操這場戰爭的風險很大，曹操一意孤行，才導致這樣的結局。曹操的感歎只是給自己找臺階下。

曹操敗退，荊州就得重新劃分。荊州有七個郡，分別是：南陽郡、南郡、江夏郡三郡在江北，零陵郡、桂陽郡、武陵郡、長沙郡四郡在江南。這七個郡中，南陽郡本來是袁術的地盤，早已落入曹操的手中。劉琮投降後，荊州名義上歸順朝廷，但曹操真正能控制地區只有劉琮所在的南郡這個地方。江夏郡為原劉琦防守，赤壁之戰後，孫權將江夏郡據為己有，任命程普為江夏太守。

周瑜西進攻打南郡的江陵，與曹仁展開大戰。江陵城池堅固，糧食充足，曹仁英勇善戰，周瑜幾次攻堅均未破城。有一次周瑜到前線視察，被流矢射傷右脅，伏鞍還營。曹仁乘勢叫陣，多次向吳軍挑戰。周瑜忍著傷痛，巡視各營，激勵將士，穩住軍心。曹仁見周瑜防衛森嚴，也領兵退入城中，閉門堅守。

周瑜無力正面突破，採納甘寧的計策，西上攻取夷陵，因此，江陵成了一座

孤懸的城池，曹仁堅守一年多，不得不放棄北撤，把戰略重鎮移到襄樊。

至此，南郡為孫、曹共有，北部重鎮襄樊由曹操占領，南部重鎮江陵由周瑜占領。劉備在赤壁之戰後，見南郡被曹操、孫權兩家平分，江夏郡被孫權占據。他也不想得罪孫權，便想了個辦法，上表獻帝，推薦劉琦做荊州刺史。

「表薦」只是一個昭告眾人的政治動作，與獻帝是否批准無關，劉備藉這個動作使荊州在名義上仍歸劉表之子劉琦管轄，減少荊州各地劉表遺部的抵擋，對於既不降曹也不附孫，心存觀望如江南四郡者，則用劉琦的名義對觀望者以武力施壓脅迫，使其歸順江南四郡太守歸附後，劉備見其中只有桂陽的太守趙范不太可靠，便叫趙雲去做桂陽太守，其餘的三個太守沒有更動，仍是劉度、金旋、韓玄。

至此，荊州的七個郡中，劉備有了四個郡：零陵、桂陽、武陵、長沙；孫權只得了一個半郡：江夏與半個南郡（以江陵為郡治）；曹操也得了一個半郡：本來的南陽郡與半個南郡（以襄陽為郡治）。

不久劉琦病死，孫權表舉劉備為荊州牧，劉備表舉孫權為徐州牧，顯然這是一種互相承認，同時暗示勢力劃分，荊州歸劉備，徐州歸孫權。

劉備領荊州牧後，以諸葛亮為軍師中郎將，使督零陵、桂陽、長沙三郡，調其賦稅，以充軍實。劉備有了立足之地，荊州士從依歸者日益增多。像龐統、黃忠、馬良、馬謖、蔣琬、費禕、董允、陳震等人，都先後投歸劉備，後來成為蜀漢政權的中堅力量。

劉備聲名遠播，廬江郡的曹軍將領雷緒率部曲數萬口歸服。孫權為加固同盟，把妹妹嫁給劉備。為政治大局，劉備同意這門親事。

孫、劉結盟打敗曹操後，形成曹、孫、劉三足鼎立之勢，這就是劉備與諸葛亮的如意算盤，也是江東魯肅的主張。魯肅從全局態勢出發，認為江東之眾，不能獨立抗拒曹操，極力主張孫劉結盟。但周瑜不這樣看，他以為孫吳當全據長江，不承認劉備是荊州的主人，並認為江東之眾可以獨立對抗曹操。所以赤壁之戰，周瑜不讓劉備全力參戰，劉備也樂得保存實力，只派關羽、張飛帶領兩千人協助周瑜作戰。赤壁戰後，周瑜西上爭江陵，讓劉備、趙雲收拾江南四郡。周瑜攻下南郡，作為西進巴蜀的基地，同時隔斷劉備與曹操的接觸，以便控制劉備，只讓他當一個配角。

此時，曹操或許發現劉、孫勢力間的潛藏衝突，便派蔣幹前往江陵遊說周

河南鄭州‧黃河澄泥雕塑

這是今人的作品，故事為「蔣幹盜書」，栩栩如生，彷若此景重現。隨著工藝技術的發達，蔣幹的冤屈越來越難洗刷。

瑜，但沒有成功。不久，曹操寫信給孫權，說赤壁之戰，因北兵有疾病，是他曹操「燒船自退，讓周瑜獲得了虛名」，用以貶低周瑜，挑撥江東的君臣關係。

《三國演義》在描寫赤壁之戰時虛構了一個細節，曹操帳下幕客蔣幹在戰前請纓，想以周瑜故交的身分前往吳營探聽虛實。但蔣幹的企圖被周瑜識破。周瑜事先偽造了一封曹魏水軍都督蔡瑁、張允私通東吳的書信，待蔣幹來後，周瑜又假裝喝醉，讓蔣幹發現偽書並將其盜回曹營。曹操輕信之下中離間之計，誤殺蔡、張二人。

歷史上蔣幹確有其人，也有蔣、周會面之事，但與小說中的描述相去甚遠。

蔣幹，字子翼，九江人，以辯才著稱，江淮一帶無人能敵，曾奉命勸說周瑜降魏，但未做過「偷書」之事。

赤壁一戰，周瑜等大破魏軍；次年又敗曹仁，據江陵。一時間，周瑜之名傳遍江北。曹操有心勸降周瑜，便派蔣幹前往江陵勸說。

蔣幹假託私行會見周瑜，周瑜聞蔣幹來訪，已猜出其來意，出帳迎接，先發制人道：

子翼良苦，遠涉江湖，為曹氏作說客邪！

蔣幹忙矢口否認。

周瑜領蔣幹遍視軍營、倉庫、軍資後設宴招待，席間，周瑜將孫權賜予的侍者、服飾、珍玩等物一一向蔣幹展示，向他表露自己的態度：

大夫處世，遇知己之主，外托君臣之義，內結骨肉之恩，言行計從，禍福共之，假使蘇、張更生，能移其意乎？

蔣幹回去後對曹操說：周瑜「雅量高致」，絕非用言辭就能離間。歷史上的蔣幹雖有負曹操之托，但終未失名士風範。

建安十五年（公元二一〇年）周瑜攻下江陵後，孫權任命他為南郡太守。

此時劉備立營公安，想把戰略要地的南郡全部拿到手，以利西進巴蜀，實現隆中對的計畫。而現在周瑜控制江陵，隆中計畫前途受阻。

於是劉備去京口（江蘇鎮江）見孫權，求借荊州，也就是周瑜剛打下的江陵。

諸葛亮苦勸劉備不要東行，認為風險太大。劉備認為，孫權在合肥作戰，接連失敗，孫權要在長江北岸建立防線，還須借重自己牽制曹操，料定有驚無險，便決意東行，以探親為名，去東吳打點。

劉備的要求遭周瑜等人的堅決反對，周瑜上疏孫權說：劉備是一個英雄，又有關羽、張飛這樣的熊虎之將為輔，不會長久屈人之下。最好把劉備軟禁在東吳，給他高官、宮室，多置美女玩好，讓他無話可說，用這個辦法把劉備與關、張分開，各處一方。這樣我周瑜就可以指揮關、張效命疆場，可以完成大業。如果割讓土地給劉備，讓他們三個人在一起，就像蛟龍得到雲雨一樣，不會安心在池中了。

呂範也上書孫權，讓他扣留劉備。但孫權詢問魯肅意見，魯肅不贊同：周瑜、呂範的計謀切不可行。孫將軍雖然英明武略，但曹操力量太強大，應當把荊州借給劉備，多一個曹操的敵人，也是給自己多一個朋友，這才是上策。

孫權從聯劉抗曹出發，未同意周瑜提出軟禁劉備的意見，但也沒答應劉備要求。周瑜見孫權沒有軟禁劉備，便到京口向孫權另獻一策，建議孫權趁曹操赤壁新敗，立即西上吞併巴蜀之地，再與馬超聯合，並占據襄陽，與曹操爭奪中原。

孫權被周瑜的雄心折服，毅然派周瑜主持西進大業，同時還給屯駐在公安的劉備寫了一封信，約劉備一道去攻益州。

益州是劉備據有荊州後要奪取的首要目標，豈肯讓孫權染指，於是乾脆向孫權求情，說益州劉璋與他劉備同為漢朝宗室，請孫權看在這個情份上，不要侵奪

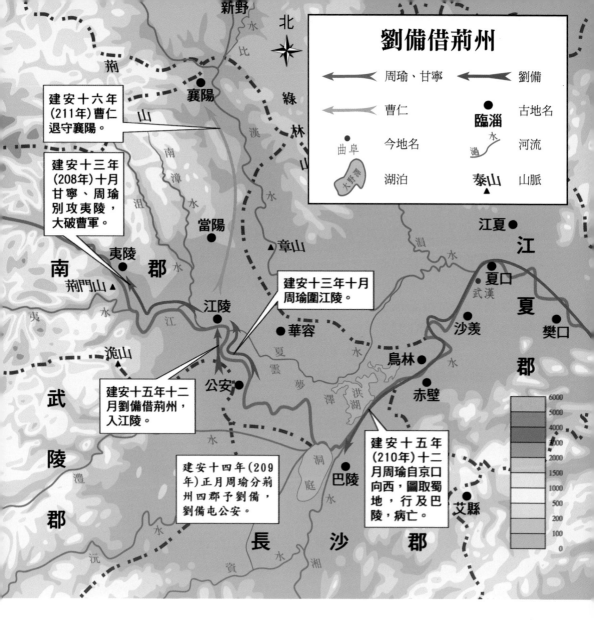

劉備借荊州

建安十六年（211年）曹仁退守襄陽。

建安十三年（208年）十月甘寧、周瑜別攻夷陵，大破曹軍。

建安十三年十月周瑜圍江陵。

建安十五年十二月劉備借荊州，入江陵。

建安十四年（209年）正月周瑜分荊州四郡予劉備，劉備屯公安。

建安十五年（210年）十二月周瑜自京口向西，圖取蜀地，行及巴陵，病亡。

益州。就在這時，正向江陵趕去的周瑜，行到巴陵，突然發病去世，孫權取益州的計畫也就沒了下文。

　　周瑜病故，孫權採納周瑜臨終建議，由魯肅到江陵接替周瑜職務。魯肅一向主張聯劉抗曹，接替周瑜後，魯肅再提聯合劉備的主張，使孫權同意將南部借給劉備。東吳由於借出荊州，魯肅由江陵改屯陸口（赤壁市西北陸溪口，陸水入江處），而周瑜死後本來由江夏太守改任南郡太守的程普，回任江夏太守。

　　劉備得到江陵這個長江邊上的戰略

據點，為他西進益州提供必要的支援基地。就在孫權借荊州給劉備的第二年，劉備忽然親統大軍入蜀，留下諸葛亮與關羽鎮守荊州。

孫權聞訊大怒，不但立即將嫁給劉備的妹妹接回去，而且在第二年，派諸葛謹入蜀，要劉備將荊州的長沙、零陵、桂陽三郡歸還東吳。

劉備不給，於是孫權派呂蒙攻取江南三郡，與關羽相拒於益陽。

這時，一貫主張聯劉拒曹的魯肅坐不住，要求與關羽「單刀俱會」，在軍陣前進行一次談判。

談判中，關羽稱劉備參與赤壁大戰，理應分得荊州之地，而魯肅稱戰前的劉備已無立錐之地，戰後是孫權同情劉備，才將荊州借給劉備作為安身之地，現在劉備奪得益州，理應將荊州歸還。

談判的最後結果是以湘水為界，東南的長沙、江夏、桂陽三郡屬吳，西面的南郡、零陵、武陵三郡歸蜀。

魯肅最早建言孫權奪取荊州，控制長江，這也是孫吳堅定不移的戰略基點。由於形勢變化，魯肅勸孫權借出荊州，表面上是後退一步，從全局戰略看實際上是前進。占領荊州符合孫吳最大利益，但在江東之眾不能獨立抗擊曹操的形勢下，借出荊州也是符合孫權的最大利益。

劉備借得荊州，就是希望繼續擴張勢力，實現隆中路線所確定的目標，橫跨有荊、益，事業的開拓出現轉機。但孫權是「借」荊州給劉備，還保留所有權，目的是實現全據長江，占據襄陽進取中原。因此荊州成為孫劉兩家又聯合又爭奪的契機，彼此戰略不能相容，矛盾在暗中潛伏。在赤壁嚐盡孫、劉聯盟苦頭的曹操也看出這一點，於是轉而挑撥孫、劉。

建安十六年（公元二一一年），曹操命文章高手阮瑀寫信給孫權，信中敘舊，提到孫曹之間的姻親關係，應該加深感情。赤壁之戰，受人挑撥，彼此忘懷。曹操希望與孫權恢復友好關係，合擊劉備，若此曹操則承認孫權擁有大江以南的全部土地。

同時，曹操又讓阮瑀代筆寫信給劉備，推心置腹地敘述交情，還給諸葛亮送去五斤丁香。曹操兩面討好，想瓦解孫劉聯盟，但當時孫權分力於鞏固江北防務，進軍淮南，而劉備才剛站穩腳步，取得生存空間，孫、劉之間的依賴仍深，此時孫權借地給劉備，則完全打破曹操挑撥離間的幻想。曹操雖然沒有達到瓦解聯盟的目的，但他極為重視孫、劉聯盟，以免重蹈赤壁覆轍。

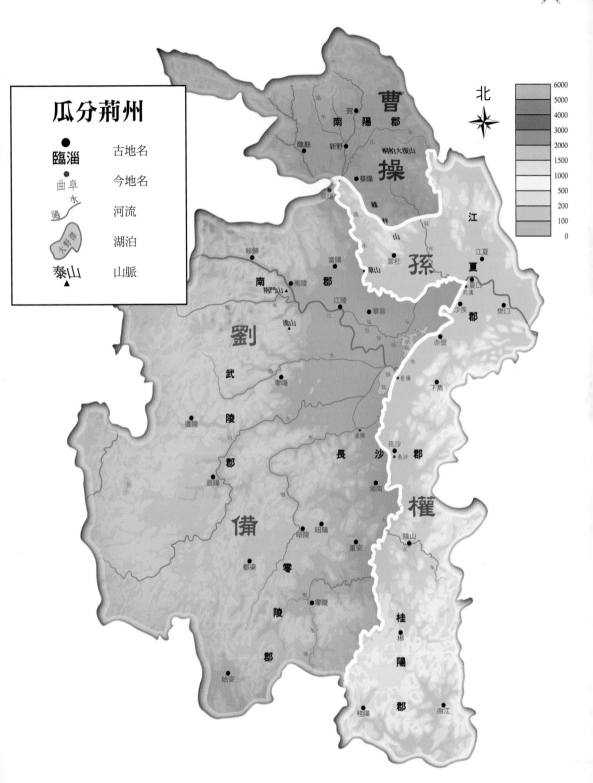

瓜分荊州

● 臨淄　古地名
● 曲阜　今地名
水　　河流
湖泊
▲ 泰山　山脈

北

6000
5000
4000
3000
2000
1500
1000
500
200
100
0

曹操

孫權

劉備

南陽郡

江夏郡

南郡

武陵郡

長沙郡

桂陽郡

零陵郡

赤壁之戰的地點

赤壁一戰，孫劉聯合大破曹軍，奠定三國鼎立的基礎，「赤壁」一名也流傳千古，歷代文人墨客對其不乏詠歎感懷的詩篇，然而對於赤壁古戰場的具體地點，歷來眾說紛紜，莫衷一是。

赤壁之戰中涉及到兩處地名，曹軍與孫劉聯軍對峙於赤壁，而聯軍設計火燒曹操則是在烏林，因此各種議論主要針對赤壁、烏林二地的位置及其關係展開。對赤壁古戰場位置的爭議早在唐代時即有，宋代以後，更多不同的說法相繼出現。二十世紀七、八十年代，在經濟大潮的衝擊下，為了搶佔旅遊資源，重新掀起了赤壁古戰場的爭論高潮。

總結一千多年來對赤壁古戰場的考證，大的分歧是赤壁在長江上還是在漢水上，而不管是在長江上、還是在漢水上，赤壁確切的地點也有諸多說法。

一、蒲圻赤壁說

蒲圻市，位於湖北省東南部，三國時，東吳在此設蒲圻縣。南朝盛弘之的《荊州記》中載：「蒲圻縣沿江一百里南岸名赤壁，周瑜此乘大艦，上破魏武兵於烏林，烏林一赤壁，其東西一百六十里。」這段話說赤壁在烏林的下游。

唐·李泰在《括地誌》中也同意這點：「今鄂州之蒲圻縣有赤壁山，即曹公敗處。」

唐代章懷太子注《後漢書》，在《劉表傳》「（曹）操後敗於赤壁」條下註明：「赤壁，山名也，在今鄂州蒲圻縣。」唐代杜佑撰《通典》，在《州郡典·古荊州》「鄂州蒲圻縣」條目下注道：「後漢建安中，吳王孫權破曹公軍於赤壁即今縣界。」唐代李吉甫的地理著作《元和郡縣誌》卷二七《鄂州·蒲圻縣》記載道：「赤壁山在縣西一百二十里，北臨大江，其北岸即烏林，與北岸相對，即周瑜用黃蓋策，焚曹公船敗走處。故諸葛亮論曹公『危於烏林』，是也。」

二、黃州赤壁說

這種說法認為赤壁在今湖北黃岡市，長江北岸、漢水入江口的下游，也稱為赤鼻山。這一說法出自《齊安拾遺》一書。西晉初年，龍驤將軍蒯恩在黃州赤壁山之南建「橫江館」，紀念三國赤壁故事。唐代大詩人杜牧即認為黃州赤壁就是三國古戰場，並曾題詩於上：「孫家兄弟晉龍驤，馳騁功名業帝王。至竟江山誰是主，苔磯空屬釣魚郎。」杜牧另一首作於黃州刺史任上的絕句《赤壁》更是明確認為黃州即是當年火燒赤壁處：「折戟沈沙鐵未銷，自將磨洗認前朝。東風不與周郎便，銅雀春深鎖二喬。」主張這一說法者依據的史料是宋代編的《太平御覽》中，引用了參加赤壁大戰的王粲所著《英雄記》：「曹操進軍至江上，欲從赤壁渡江，無舡，作竹口，使部曲乘之，從漢水來，下出大江，注浦口，未即渡，周瑜又夜密使輕舡走舸百艘燒口，操乃夜走。」這段內容指出「曹操進軍至江上，欲從赤壁渡江」，證明赤壁在江邊，且在北岸，而黃州赤壁則符合這一條件。

三、武昌赤壁說

武昌赤壁，即江夏赤壁，亦名赤磯山，位於今湖北武昌縣西金口。武昌赤壁說始見於北魏人酈道元所著的《水經注》中，根據該書的記載：「江水左逕止（上）烏林南」，「江水左逕百人山南。」酈道元解釋道：「又東逕下烏林，吳黃蓋敗魏武於烏林，即是處也」，「右逕赤壁山北，昔周瑜與黃蓋詐魏武大軍處也。」南宋人趙彥衛的《雲麓漫鈔》也認為江夏（即今武昌）為赤壁所在地，火燒曹軍在烏林，二地相距二百餘

湖北赤壁市赤壁之戰遺址

里，如此，「操師八十萬，首尾相接二百里，不足訝」。

四、嘉魚赤壁說

這種意見認為赤壁古戰場在湖北嘉魚縣東北。這一說法最早見於南宋人胡仔《苕溪漁隱叢話》引《江下辨疑》道：「江漢間赤壁有之，『予以為郡之西南者，正曹公所敗之地也。』」清代顧祖禹的地理著作《讀史方輿紀要》卷七十六也稱：「當以嘉魚之赤壁為據。」《大清一統志》更加明確：「赤壁山，在嘉魚縣東北江濱。」

還有一種認為在嘉魚西南，這實際上和前述的蒲圻赤壁說是一致的，因為唐代時蒲圻縣的西北，後來曾劃入嘉魚縣西南，所以也稱蒲圻赤壁說有時也稱嘉魚西南赤壁說。

五、漢陽赤壁說

漢陽赤壁，也叫臨嶂山。南朝宋人《荊州記》載：「臨嶂山南峰，謂之烏林峰，亦謂之赤壁，周瑜破曹處。」

六、漢川赤壁說

漢川赤壁，也稱為赤壁草市。據成書於唐代的《漢陽郡圖經》記載：「赤壁，一名烏林，郡西北二百二十里，在漢川縣西八十里，跨漢川南北。」今人馮漢江、陳中林認為赤壁之戰發生在漢水上，並考證出其具體地點在湖北漢川市赤壁街和桐豕鎮（古烏林鎮）。

七、鍾祥赤壁說

鍾祥赤壁位於長江之北、漢水東岸，今鍾祥縣西北約六十里處，具體地點在中山口南，碾盤溪西南，漢水畔的「赤壁崖」。此說由今人武漢大學歷史系石泉提出。

八、新洲赤壁說

新洲赤壁在長江北岸、漢水入江一帶，也係今人所提出。

最後這二種說法所提出的赤壁地點，和其他說法相去甚遠，所以認同的意見不多。赤壁古戰場究竟在哪裡，爭論千餘年，由於文獻記載的訛誤、缺佚，古今地理位置的變遷等因素，到目前為止尚無定論。

赤壁之戰的成敗關鍵

曹操屯軍烏林（湖北洪湖縣境），敗於火攻，因為一場東風。與聯軍隔江對峙時，曹操為減輕船艦被風浪顛簸，命令工匠把戰船連接起來，在上面鋪上木板，使這樣船身穩定，人可以在上面往來行走、甚至騎馬。

在《三國演義》中，諸葛亮書十六字：「欲破曹公，宜用火攻；萬事俱備，只欠東風」。

其實，在正史中並未記述當時天象，但這是周瑜火攻的關鍵。赤壁之戰時，長江江面盛吹東南大風，到後來曹軍敗走華容道又遇上傾盆大雨，這在天氣形勢上看來，很像是一次鋒面氣旋天氣。

鋒面氣旋在中國，春季最多，秋季較少。鋒面氣旋是低氣壓，其中心氣壓低，四周氣壓高。空氣從週邊向中心流動，呈反時針方向旋轉。

所以，處於氣旋前部（即東部）的地方，吹東南風；氣旋後部（西部），吹西北風。氣旋內部盛行輻合上升氣流，能造成大片降雨區。因此，當連續吹東南風時，往往預示天氣將要變壞。所以天氣諺語說：「東南風雨祖宗，西北風一場空」和「東風雨，西風晴」。

當一個地方受到移動的閉合的高氣壓中心影響時，風向順時針轉變。也就是說，當冷高壓開始移到海上，高氣壓後部盛行的東南風就會暫時控制長江中下游地區。由於冬季冷高壓南下過程中移動迅速，尾隨南侵的後一股冷空氣很快又到，所以東南風持續的時間很短，人們往往忽略。

東南風的突然出現，使周瑜的火攻計畫順利進行，打敗曹操。但這只是戰術運用中的一個條件的實現，並非是赤壁成敗絕對關鍵。周瑜分析曹軍必敗的四個原因，或恐才是主因。

三國演義繡像畫
《三江口周郎縱火》

瘟疫、補給與水戰戰略優勢

　　其中特別是「瘟疫」。《三國志·武紀》中載：

於是大疫，吏士多死者。

　　《太平御覽·卷十五》引《英雄記》中寫曹操給孫權的信裡也提「值有疾病」。曹軍一到江上，就發生瘟疫，軍隊的戰鬥力下降。

　　這種情況在中國古代戰爭史上經常出，像後來的宋朝與北方的金國交戰，金國輕而易舉滅亡北宋，但進攻南宋卻幾次無功而返，原因與北方軍隊不適應南方氣候、易生疾病有較大的關係。

　　另則是補給與曹操不熟水戰。

　　雖說曹軍並沒有出現供應不濟的現象，但是曹操外線作戰，戰線太長，致使曹操在考慮補給時做出的決定使自己陷入於赤壁與孫吳軍隊對峙的局面。

　　曹操取得荊州後，分兵兩路，一路南下取得南郡，另一路從襄陽沿漢水南下準備攻取夏口。而劉備的東退導致南下的水軍不能奪取夏口，曹軍必須與奪取南郡的另一支軍隊會合。沿南郡向東到陸口一帶，長江以南是雲夢大澤和洞庭湖，烏林處於兩路南下軍隊的匯聚之所，軍資也可以沿江而行，也可以走陸路，補給方便，所以曹操選擇從烏林、陸口南渡。

　　然而，曹操將兵力集中於烏林一帶，充分暴露對水戰的不熟悉。

　　其實作為防守方，想真正的防衛大江有其困難。因為軍隊如果分散，在沿江的防線上必然造成在戰術主戰場的局部空間的防衛薄弱，處於外線的敵人在渡江的方向上掌握主動權，可以集中優勢兵力突破分散在江防的防守方。所以攻擊方突破江防最常見的方法就是多路渡江，利用多路局部渡江點形成優勢，充分利用兵力多的特點，有效的形成主攻和側應的戰術。

　　可是在赤壁戰場上，曹操以單點渡江，形勢對自己非常不利，這恰恰證明曹操並不熟悉渡江作戰的特點。

　　曹操另一個戰術問題就是水路協同作戰。曹操在陸口和周瑜的水軍交鋒，大敗而回，而曹操並沒有發現水軍是這場戰爭勝負的關鍵，他的思維模式還停留在陸戰上，即局部戰場的人數和補給是勝負的關鍵。

　　周瑜熟悉防守長江的方法和戰術，當他發現曹操不熟渡江的戰爭和水路混合作戰，便果斷採用火攻，創造火燒烏林的奇跡。

赤壁之戰以前，曹操在戰爭中屢戰屢勝，赤壁之戰，曹操卻一敗塗地。孫、劉結盟的抉擇，或為曹操大敗的原因。政治上劉備奉有衣帶詔討「賊」是人們心目中的正統。曹操打出的旗號是「奉辭伐罪」，聯軍則以牙還牙，揭露曹操「託名漢相，其實漢賊」，在政治上壓倒曹操，師出有名。

軍事上，孫、劉聯盟既戰於境外，又處於內線。聯軍主力是江東士眾，所以赤壁大戰，實質是孫、曹主力決戰。對孫權來說是外線作戰，赤壁在國境之外，對聯盟來說又在內線。孫劉以小敵大，以寡敵眾，若待敵深入，戰於境內，必定人心惶惶，軍隊望風瓦解，劉備兵敗長阪，就是這一情況。

周瑜迎敵於境外，表示了勝利的信心，而又置敵軍於內線，使其孤軍深入，後勤遠離。聯軍供應線短，水上交通便利，軍資充足，不怕持久。這與官渡之戰比較，曹操地位正好相反。

官渡之戰，曹操在內線，袁紹在外線；赤壁之戰，聯軍內線，曹操外線。官渡之戰，袁紹軍供充足利於持久，曹操供應困乏，宜於速決；赤壁之戰曹操兵多補給不足，處於袁紹的地位而無袁紹的物資實力，不能持久，聯軍在內線有江東後援。所以王夫之說：聯軍「愈守則兵愈增，糧愈足，而人氣愈壯」，即使沒有火攻，「持之數月，而操亦為官渡之紹矣」。可以說，曹操發動赤壁之戰，天時地利都處於不利境地。

孫權正是洞察了這一切，所以委屈聯合劉備，在戰略上就具有以下四個方面的優勢：

其一，聯合劉備，既戰於境外，又處於內線，掌握戰場主動權，已如上述。

其二，聯合劉備，占據長江中游戰略要地。劉備重兵所駐夏口是保衛江東的西疆門戶，具有極重要的戰略地位。孫劉聯盟，周瑜才可長驅上溯，阻敵於赤壁一帶。

其三，爭取首戰勝利，奪回天塹。

其四，聯合劉備，構成縱深防線，大軍留為機動。

赤壁戰後，周瑜長驅西上爭江陵，劉備率荊州之從平定江南諸郡，孫權指向合肥。

聯軍的戰略是孫、劉聯盟造成的優勢。孫權讓步與劉備平等結盟，同意鼎立，是赤壁之戰聯軍勝利的基礎。

決策過程

　　但是，對於孫權而言，要做出這樣的決定並不容易。

　　首先荊州劉表是孫權的仇敵，在曹操南征之前，江東的戰略是解決劉表、占據荊州，割據長江以南地區，以圖天下，根本沒有想過與荊州聯合。然而面對曹操的軍隊南下，江東必須有所反應。

　　當此時，劉表病死，魯肅對此十分敏感，這個新的策略立即浮現在他腦海中——與荊州聯合以抵抗曹操，既有必要性，也有可能性。於是他向孫權提出到荊州打探虛實，並做好兩手準備。

　　如果荊州力量尚存，則聯合荊州而拒曹操。如果荊州力量徹底瓦解，則相機圖滅。

　　於是魯肅來到荊州，這時劉琮已經投降，他在長阪遇到的是剛剛打敗仗的劉備。

　　這時魯肅的判斷是荊州劉表的力量已經瓦解，但曹操來勢凶狠，必須聯合荊州，江東才有勝算。而這時可能聯合的力量，也只有劉備的敗軍，以及劉琦在夏口的水軍。

　　於是，魯肅向劉備提出孫劉聯合的建議，這一策略剛好與諸葛亮的隆中對吻合，於是諸葛亮欣然隨魯肅來到柴桑，與孫權進行談判，商談聯盟事宜。

　　曹操的恐嚇信是推動孫、劉聯盟盡速做出決定的原因。儘管許多人都認為以江東兵力無法抵禦曹軍，歸降才是上策。但魯肅與周瑜從政治及軍事兩面做出令孫權得以判斷情勢的分析。使孫權明白抗曹的必要性，以及打敗曹操的可能性。孫權於是決定與曹操開戰。

　　既然決定開戰，那麼與劉備結盟便成定局。

　　雖然很難弄清諸葛亮與孫權的談話，究竟與魯肅、周瑜主戰說何者為先。但諸葛亮的辭令除了激起孫權抗曹的決心、分析曹操的必敗理由外，另一個重要內容是強調劉備的重要性。

　　諸葛亮先說劉備的抗曹決心和政治抱負以激孫權。當孫權指出劉備軍隊新敗，無力抵擋曹軍時，諸葛亮說明劉備可調度的關羽水軍及劉琦的軍隊，並強調劉備在荊州的影響力，也讓孫權知道劉備並非諸事不能的依賴者。

魯肅與張昭

魯肅（一七二～二一七年），字子敬，臨淮東城（安徽定遠縣）人。體貌魁奇，為人輕財好施，頗有大志。初率部屬百餘人從周瑜到江南，後在周瑜的引薦下歸附孫權，為孫權所器重。

魯肅剛至江東，孫權向他問天下大計，魯肅答道：「漢室不可復興，曹操不可卒除。為將軍計，唯有鼎足江東，以觀天下之釁」，趁著北方戰亂，「竟長江所極，據而有之，然後建號帝王以圖天下。」魯肅所議與孔明的「隆中對」頗有異曲同工之妙。

建安十三年（公元二○八年），曹操率軍南下，眾人皆勸孫權投降，唯魯肅極力反對，建議孫權結劉備共抗曹操。孫權採之，與劉備軍大破曹軍於赤壁。

建安二十年（公元二一五年），劉備取益州，孫權向劉備索要荊州，劉備不應，孫權派呂蒙率軍取長沙、零陵、桂陽三郡，劉備則派關羽爭奪三郡，雙方劍拔弩張。

緊要關頭，魯肅邀請關羽見面商談，雙方「諸將軍單刀俱會」，會談後，孫權與劉備商定平分荊州，「割湘水為界，於是罷軍」，孫劉聯盟因此能繼續維持。

魯肅一手促成了孫、劉聯盟，並為之「守之終身而不易」。

但是，魯肅不為東吳老臣張昭看重，張昭認為魯肅「謙下不足」，且「年少粗疏，不可用」。其實魯肅「少有壯節，好為奇計」，又「學擊劍騎射，招聚少年，給其衣食，往來南山中射獵，陰相部勒，講武習兵」，與《三國演義》中的形象相去甚遠。建安二十二年（公元二一七年），魯肅病逝，吳、蜀皆為之舉哀。

張昭（一五六～二三六年），字子布，彭城（江蘇徐州）人，出身士族，東漢末年渡江。任孫策長史、撫軍中郎將，極得信任。

孫策死後，人心浮動；而孫權還沈浸在喪兄之痛中，張昭挺身而出，親自扶孫權上馬，率兵出城，終使人心歸定。此後，張昭傾力輔佐年僅二十幾歲孫權，孫權稱帝後，拜為輔吳將軍。

張昭性情直率，敢於犯顏諫諍。

孫權喜歡打獵，張昭勸諫他：君主應「駕御英雄，驅使群賢」，怎麼能馳逐田野、獵殺猛獸呢？孫權嗜好飲酒，在武昌釣臺飲至大醉，張昭憤而離席。

孫權召他回去，張昭正言：「從前商紂王『為糟丘酒池長夜之飲』，你和他沒有二致。」創業之初，孫權尚能從善如流，稱帝後，就對張昭冷眼相看。

赤壁之戰前張昭主和，孫權只說他

「幾誤孤大事」。孫權稱帝後大會群臣，盛讚周瑜、魯肅力主抗曹之功。張昭想舉笏致賀，未及開口，孫權當面諷刺：

如張公之計，今已乞食矣。

孫權對赤壁事，一直耿耿於懷。不過，張昭自恃位高，對孫權也是不依不饒。魏明帝青龍元年（公元二三二年），魏遼東太守公孫淵向吳稱臣，孫權派使者封賞。張昭等人竭力諫阻，認為其中有詐。孫權與張昭爭執不下，拔刀大怒，張昭搬出顧命遺言再行勸諫。孫權當時雖「擲刀致地，與昭對泣」，但仍派使者前往遼東。於是，張昭稱疾不朝，孫權痛恨，「土塞其門」，張昭也從裡面用土堵門，以示自己的決心。

不久，公孫淵果然殺吳使再叛。孫權後悔不納張昭之言，故「數慰謝昭」。

但張昭不出，孫權「過其門呼昭」，張昭仍稱病不出。孫權放火燒其門逼他出來，張昭仍不理，孫權急忙救火，久候門外。張昭終被兒子扶出，「權載以還宮，深自克責。」

張昭容貌威嚴，東吳諸臣都懼怕他，孫權也說：

孤與張公言，不敢妄也。

嘉禾五年（公元二三六年），張昭去世，年八十一歲。

徐庶與龐統

徐庶原名單福,少年時代任俠擊劍,曾因為人報仇而被追捕,得到同黨人解救後,開始發憤讀書。

中原戰亂,徐庶避難荊州,與諸葛亮相善,並與諸葛亮共同跟隨劉備。

劉琮以荊州投曹操,徐庶因母親被曹操所虜,便與劉備告別,投奔曹操。

在《三國演義》中,有一段「徐庶進曹營,一言不發」的故事。故事說曹操雖然得到徐庶,徐庶篤念劉備的情義,徐庶回到曹營之後,老母憤而自縊。徐庶故而深恨曹操,發誓不為曹操出一計謀。

依《資治通鑑》的記載,潁川文士徐庶前來投奔劉備,劉備對他十分賞識。徐庶卻說他無才,朋友諸葛亮才是個傑出的人,並告訴劉備應與諸葛亮一見。劉備原想讓徐庶請諸葛亮來相見,徐庶卻說:

此人可就見,不可屈致也,將軍宜枉駕顧之。

而後就是「三顧茅廬訪諸葛」、「三分天下隆中對」。

諸葛亮在《出師表》中說:

先帝不以臣卑鄙,猥自枉屈,三顧臣於草廬之中,咨臣以當世之事。

徐庶介紹諸葛亮,給我們留一句成語,給劉備留下一片蜀漢江山。

龐統,字士元,襄陽人,龐德公的姪兒。時人將他與諸葛亮相提並論,諸葛亮稱為臥龍,龐統則稱為鳳雛。

司馬徽曾言「伏龍、鳳雛,兩人得一,可安天下」。

龐統一生的功業,幾乎都在取西蜀。

孫權與劉備同有西取益州之意,劉備曾以劉璋有同宗之誼說孫權,以不取益州。

而後法正勸劉備攻益州,倘若劉備取川,勢必難對孫權解釋,並危及劉備多年辛苦建立起來的「仁義」形象,劉備甚為猶豫。

龐統卻不覺得這是難處。他以為戰爭時期與和平時期的仁義之道不同。他對劉備說對不仁義的統治者代而取之,其實是行湯、武之道;如果猶豫不決,則會受制於人,更不能行仁義的理想。

不管劉備心裡怎麼想,至少龐統幫他找到一個攻益州後處理公關危機的理由。

劉備於是西進,說是要打張魯。

劉備軍隊行至葭萌關後,駐守不進,就不再北上攻打張魯。白水關守將楊懷、高沛發覺情況不對,向劉璋告了狀。劉璋一時難以決定,只要楊、高二人監住劉

備，卻沒想到消息讓已投靠劉備的法正知道，法正立即通知龐統此事。

龐統立即規畫出上中下三條計策：

只今便選精兵，畫夜兼道逕襲成都。此為上計。

楊懷、高沛乃蜀中名將，各仗強兵拒守關隘；今主公佯以回荊州為名，二將聞知，必來向相送；就送行處，擒而殺之，奪關隘，先取涪城，然後卻向成都。此中計。

退還白帝，連夜回荊州，徐圖進取。此為下計。

劉備採用中策。大軍攻據涪城後，劉備飲酒作樂，龐統提醒劉備這時行樂，是非仁之舉。劉備聽了大怒，還自比周武王，把龐統氣得離席而去，直到劉備後悔，把他請回來為止。

而後，劉備圍攻雒城，遭到守將張任的反擊，無法成功。這時龐統策劃誘張任之計，並親自做餌，張任果然上當。

然而張任也非等閒之輩，他下令以箭雨還擊，雖然最後仍是被擒，卻射死龐統。

卒年三十六歲。

龐統死後，諸葛亮不得不從荊州入蜀，關羽守荊州。

後來關羽失荊州，「隆中對」再也對不上。

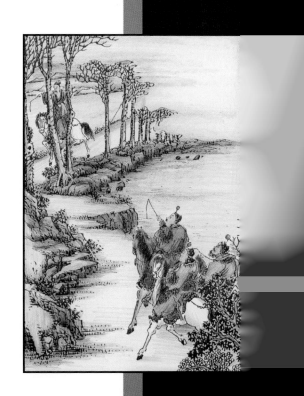

第四章

夷陵之戰

赤壁之戰後，曹操的勢力停留在北方，南方的局勢主要由孫、劉共同支配。但隨著劉備奪取荊州以後，其勢力的擴大引起孫權的恐慌，在曹操的唆惠下，孫權派呂蒙襲殺鎮守荊州的關羽，孫、劉聯盟徹底破裂。劉備為給義弟報仇，不顧手下眾大臣的勸諫，憑著一時義氣，舉兵討伐孫權，章武二年（公元二二二年），雙方決戰於夷陵。

開戰之初，劉備率領數百員戰將、十幾萬士兵打幾次勝仗。但由於劉備不諳兵法，將其軍隊從猇亭至川口排成數百里的長蛇陣，並將軍營安紮在山林茂盛之處，陣勢雖然十分壯大，但提供東吳火攻的機會。東吳主將陸遜審時度勢，只令諸將把守關隘，避開蜀軍的鋒芒，禦而不戰，待劉備兵疲意沮時，開始反攻。

陸遜火燒連營七百里、四十餘處營寨，蜀軍死傷慘重。蜀將杜路、劉甯投降，都督馮習和首領沙摩柯被殺。劉備敗退至馬鞍山，依險據守。陸遜即集中兵力，四面圍攻，又殲滅蜀軍數萬。

劉備趁夜突出重圍，後衛將軍傅彤戰死。劉備逃奔秭歸，令在險道上焚燒亂軍丟棄的鎧甲，以阻塞吳追兵道路。此時，陸遜為防曹魏乘機襲吳，僅派李異、劉珂部追蹤劉備至南山（秭歸南岸山），而未行大舉追擊，劉備才得以保全。蜀鎮北將軍黃權被吳軍截斷歸路，被迫降魏。劉備收集敗將殘兵，退回白帝城（四川奉節東），於次年四月病亡。

長江西陵峽·秭歸段

取益州

赤壁之戰後，劉備主要在巴、蜀一帶開拓疆土，孫權則致力於江東的鞏固和開發。經過一段時間的養精蓄銳後，曹操恢復兵力，再度南下，準備與劉備爭奪漢中（陝西漢中）。

建安十六年（公元二一一年）曹操西征關中，定關中馬超、韓遂等部。

曹操兵臨益州時，益州出了家賊。

益州別駕張松早就不滿於劉璋，與軍議校尉法正私議投奔劉備，張松趁曹軍進兵漢中之時誘勸劉璋借劉備之力先破張魯，以鞏固益州。劉璋聽從建議，派法正帶四千兵去見劉備。

法正向劉備獻策，議與張松裡應外合奪取益州。劉備留下諸葛亮、關羽守荊州，帶三萬餘人入益州，藉征張魯抗曹的理由屯駐葭萌縣（四川廣元市西南），但是劉備未出兵征討張魯，而是在當地收買人心。

建安十七年（公元二一二年）十月，曹操攻孫權，《資治通鑑·卷六十六》有一段講劉備寫信給劉璋討兵救荊州的目的：

備貽璋書曰：孫氏與孤本為脣齒，而關羽兵弱，今不往救，則曹操必取荊州，轉侵州界，其憂甚於張魯，魯自守之賊不足慮也。因求益萬兵及資糧。

劉備拿救關羽當理由，要劉璋給他兵糧。這時候的劉備屯葭萌，已經一年，不曾出兵攻打張魯，劉璋也就不冷不熱地只給一半。

《資治通鑑·卷六十六》還有一段寫劉備「因激怒其眾」，拿劉璋供糧不足的事激怒他的部下，劉備說：

吾為益州征強敵，師徒勤瘁，而積財吝賞，何以使士大夫死戰乎。

張松不知道劉備與諸葛亮在小草屋裡講「隆中對」，以為劉備放出去的話意是想離開益州，便著急地寫信勸留劉備。結果張松的哥哥擔心禍害要發，告發張松的陰謀，張松被劉璋處死，劉璋自此與劉備斷絕往來，並通知各地諸將，從今往後都不許與劉備交往。

劉備一怒下，殺劉璋的守將楊懷、高沛。占領涪城。

藉出兵救關羽的理由要糧，陷劉璋於不義後，再故意激怒士兵，都是為找理由殺白水關守將，以占涪城。這是劉備在龐統教他的三策中所選拐彎抹腳的中策。

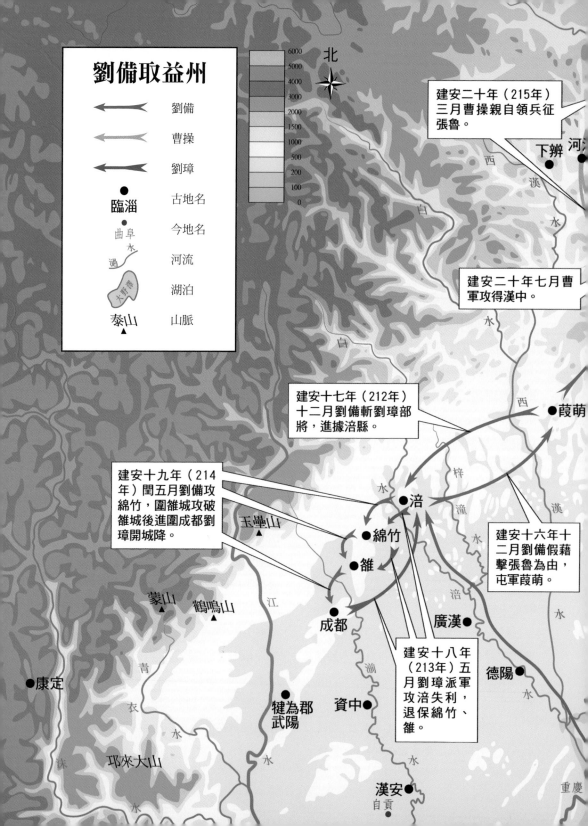

劉備取益州

劉備
曹操
劉璋
● 臨淄　　古地名
　曲阜　　今地名
　水遺　　河流
　大野澤　湖泊
▲ 泰山　　山脈

北

6000
5000
4000
3000
2000
1500
1000
500
200
100
0

建安二十年（215年）三月曹操親自領兵征張魯。

建安二十年七月曹軍攻得漢中。

建安十七年（212年）十二月劉備斬劉璋部將，進據涪縣。

建安十九年（214年）閏五月劉備攻綿竹，圍雒城攻破雒城後進圍成都劉璋開城降。

建安十六年十二月劉備假藉擊張魯為由，屯軍葭萌。

建安十八年（213年）五月劉璋派軍攻涪失利，退保綿竹、雒。

下辨　河□

西漢水

白水

西漢水

葭萌

梓潼水

漢水

涪

綿竹

雒

玉壘山

成都

廣漢 ●

德陽 ●

蒙山 ▲

鶴鳴山 ▲

江

青衣水

康定 ●

犍為郡武陽

資中 ●

涪水

沔水

邛來大山

漢安
自貢

重慶

沂水 ▲岐山 左馮翊 渭水 三門峽 弘農 崤底

陳倉 涇水 冢領山谷 盧氏

故道 斜 渭 長安 雒水 熊 耳 山

谷 太一山 西安 藍田 丹水 武關×

褒 南 山 均水 丹水

山 建安二十四年曹軍退出漢中。

箕谷

漢中 沔水 西城 錫縣 武當

旱山 安康 十堰

建安二十四年（219年）正月劉備屯兵定軍山與曹操對峙。

建安十六年（211年）十二月劉備沿江而西入益州。

宜漢 曹水 不 魚復 秭歸

江

建安十九年（公元二一四年），劉備攻陷益州要地雒城（四川廣漢市北），進圍成都。五月，簡雍入城勸說劉璋，劉璋開城投降。

進圍成都的同時，對張魯早已心懷不滿的馬超，準備投降劉備。

建安二十年（公元二一五年）三月，曹操親率大軍征討張魯，七月到達陽平（陝西勉縣西）。陽平由張魯胞弟張衛把守，但很快被攻陷。在閻圃的勸說下，張魯逃入巴中投奔當地七姓夷王朴胡。曹操占有漢中。

此時丞相主簿司馬懿建議曹操對付劉備當趁劉璋新降，蜀人未附，且與孫權遠爭江陵（湖北江陵）之時，儘快攻取西蜀。但曹操不允，只令夏侯淵、張郃、徐晃等討漢中。九月，朴胡、杜濩等率眾投降曹操。十一月，張魯出降。曹操令張部督軍守三巴（巴東、巴西、巴郡，四川閬中、綿陽、奉節一帶）。

在法正建議下，劉備率軍向漢中進發，派張飛、馬超、吳蘭駐兵下辨縣（甘肅成縣西），曹操派曹洪領兵拒守。建安二十三年（公元二一八年），曹洪準備攻打吳蘭，張飛屯駐固山（甘肅成縣西北）揚言要斷曹軍後路，曹軍陣營紛紛猜疑。

騎都尉曹休認為：「如果對方真要斷我軍後，必定悄悄伏兵，如今先張聲勢，肯定是兵力不濟。應趁其軍隊尚未立穩，迅速破吳蘭軍，吳蘭一破，張飛自然退走。」

曹洪依言進兵，大破吳蘭軍，並斬吳蘭於馬下。張飛、馬超果然退兵。

定軍山
位於今陝西勉縣

失荊州

此時劉備親自率軍屯守在陽平關，與夏侯淵、張郃、徐晃相拒。

建安二十三年（公元二一八年）七月，曹操親率軍攻打劉備，九月至長安。建安二十四年（公元二一九年）正月，劉備從陽平關南渡過漢水，紮營於定軍山（陝西沔縣東南）。

夏侯淵引兵來戰，劉備令討虜將軍黃忠居高擂鼓進攻，曹軍大敗，亂軍中夏侯淵被斬殺。三月，曹操從長安出斜谷，駐軍遮要（內蒙古清水河縣南），準備逼進漢中。

劉備集結兵馬，拒守險要之處，不與曹軍交鋒，以逸待勞。雙方相持不下，數月之中，曹魏軍中兵士逃亡不少。曹操想引兵退回，卻又不甚甘心，便出口令為「雞肋」。

主簿楊修聽見口令，便收拾行裝。眾人不解，問他何故，楊修說：

夫雞肋，棄之如可惜，食之無所得，以比漢中，知王欲還也。

五月，曹操果然撤出漢中所有兵馬，退還長安。

從此，劉備就完全佔有漢中平原，奪取益州，北可抗拒曹魏，東則毗鄰孫吳。

這對東吳來說，無疑構成威脅，並為吳、蜀反目打下伏筆。

吳、蜀並非一朝反目成仇，由來已久，相互之間潛在的利益衝突是吳、蜀聯盟破壞的根本因素，隨著孫、劉之間摩擦的日漸升級，一場決定雙方存亡的大戰就勢不可免。

劉備還在荊州時，周瑜、甘寧等屢次勸孫權攻取蜀地，孫權遣使者邀劉備共取蜀地：「劉璋沒有能力守土，如若曹操得到蜀地，荊州便會危急；如先攻劉璋，再破張魯，統一南方，則即使有十個曹操也不足為懼了。」

劉備以劉璋是宗室為由拒絕，孫權便派孫瑜率水軍進駐夏口（湖北武漢市）。劉備讓關羽駐守江陵、張飛駐守秭歸（湖北秭歸縣）、諸葛亮守南郡（湖北江陵縣），自己則前往屏陵（湖北公安縣），以阻止孫權進兵。不得已，孫權將孫瑜召回。

未料，劉備不久後便自己攻破劉璋，孫權十分憤恨：

猾虜，乃敢挾詐如此！

從此，怨隙漸大。

劉備奪取益州後，孫權派諸葛瑾向

劉備索要荊州諸郡，劉備不肯，藉口平定涼州以後再歸還東吳。

孫權看出劉備託辭，於是設長沙（湖南長沙）、零陵（湖南永州）、桂陽（湖南郴縣）三郡的長吏，卻被關羽盡數趕走。孫權大怒，派呂蒙率軍兩萬與關羽爭奪三郡。

建安二十年（公元二一五年），魯肅駐守益陽（湖南益陽），他不忍孫、劉相爭，便約關羽會談，雙方各駐兵馬百步以上，諸將均佩單刀，史書上稱之為「單刀赴會」。

經過談判，雙方言和，以湘水為界，長江、江夏（湖北新州）、桂陽以東屬孫權，南郡、零陵、武陵（湖南常德）以西屬劉備。孫、劉聯盟的危機暫時得以解決。兩年後，魯肅去世，從此，孫、劉聯盟失去一個強有力的支持者，頃刻間便面臨崩潰。

建安二十四年（公元二一九年）七月，劉備自稱漢中王，在沔陽縣（陝西沔縣東）設壇場，拜受璽綬，立太子劉禪為王太子，同時，向獻帝上表，奏稱曹操擅專國權。

為以後北伐作準備，劉備決心北上攻取襄、樊。

一直在荊州駐守的關羽拜受前將軍印綬後，留南郡太守糜芳守江陵、將軍傅士仁守公安（湖北公安縣），自己親率兵馬北上，攻打駐守在樊城（湖北襄樊市）的曹仁。曹操派左將軍于禁和立義將軍龐德統領七軍，前去支援樊城。

龐德驍勇善戰，與關羽交戰百餘回合，未分勝負。當時正值八月秋雨季節，漢水高漲，溢出堤壩，于禁軍被水吞沒者不計其數。

于禁、龐德各自登高避水。關羽乘勢率大軍乘船到來，將魏軍團團圍住。于禁投降。龐德站在堤壩上，身披盔甲，手持強弓，箭無虛發，從拂曉始，力戰半日不息。

過了中午，關羽軍的攻勢進一步加強，這時龐德的箭也已用完，雙方便短兵相接，雖然龐德越戰越勇，但終因江水大漲，魏軍又四面受敵，士兵紛紛投降。龐德想乘船回曹仁軍營，未料小舟翻沒，弓箭也丟失，只有抱著船體浮在水上，被關羽擒獲。

關羽想勸降他，但龐德不為所動，被處斬，魏軍全部覆沒。

關羽圍樊城時，呂蒙已經開始計劃偷襲關羽。呂蒙寫信給孫權。

呂蒙打算裝病，騙關羽將留在後方的預備兵力全部調往前線襄陽，使吳軍趁關羽後方空虛的時候，攻下南郡。

孫權覺得此計不錯，便召回呂蒙。呂

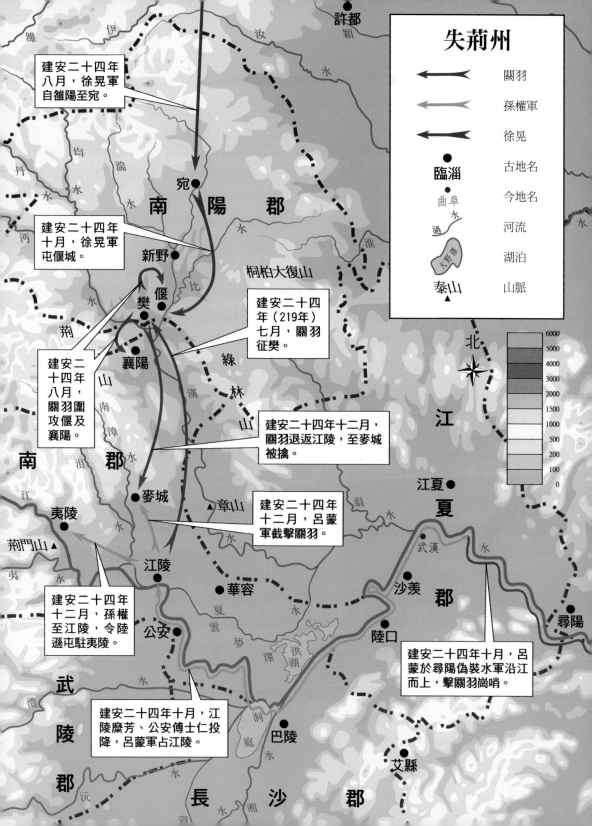

失荊州

建安二十四年八月，徐晃軍自雒陽至宛。

建安二十四年十月，徐晃軍屯偃城。

建安二十四年（219年）七月，關羽征樊。

建安二十四年八月，關羽圍攻偃及襄陽。

建安二十四年十二月，關羽退返江陵，至麥城被擒。

建安二十四年十二月，呂蒙軍截擊關羽。

建安二十四年十二月，孫權至江陵，令陸遜屯駐夷陵。

建安二十四年十月，呂蒙於尋陽偽裝水軍沿江而上，擊關羽崗哨。

建安二十四年十月，江陵糜芳、公安傅士仁投降，呂蒙軍占江陵。

桐柏大復山

關羽
孫權軍
徐晃
臨淄　　古地名
曲阜　　今地名
過水　　河流
大野澤　湖泊
泰山　　山脈

宛
南　陽　郡
新野
偃
樊
襄陽
荊　　山　　南　漳　水
綠林山
漢水
麥城
章山
夷陵
荊門山
夷
南　郡
江陵
華容
公安
武陵郡
澧水
沅水
洞庭
巴陵
長　沙　郡
湘水
資水
夏雲夢澤
洪湖
武漢
沙羨
陸口
江夏郡
尋陽
艾縣
江
北
許都
潁水
汝水
淮水
伊水
雒
均水
淅水
丹水
沔水
比水
荊水
沮水
溳水

6000
5000
4000
3000
2000
1500
1000
500
200
100
0

蒙到蕪湖的時候，見到陸遜。陸遜問呂蒙怎可在此時離開陸口，呂蒙將自己的計劃告訴陸遜，並在見到孫權時，推薦陸遜代呂蒙接守陸口。

陸遜到陸口之後，記得呂蒙曾經交待他不可外露鋒芒，才能騙過關羽，於是寫信拍關羽馬屁，託給關羽一片忠心。關羽果然中計，漸漸將後備兵力抽往襄陽，陸遜則將消息一一傳回。

關羽的麻煩不只有呂蒙與陸遜的欺騙，在樊城接收于禁的十幾萬降兵，才是大麻煩。

吃飯的嘴太多，糧食不繼，關羽擅自取用孫權貯於湘關的米糧。孫權得知湘關的米被搶，有了發兵的理由，就派呂蒙為大都督，命令他迅速襲擊關羽的後方。

呂蒙到尋陽（湖北黃梅西南），把所有的戰船都改裝成商船，選一批精銳的士兵躲藏在船艙內，令船上搖櫓的兵士扮作商人，一律穿上商人穿的白色衣服。船到北岸，守防的蜀軍兵士一看都是穿白衣的商人，便允許他們把船停在江邊。就這樣，一列又一列載有東吳兵士的「商船船隊」向北岸進發。

晚上，船艙裡的兵士悄悄摸進江邊的崗樓，將蜀軍將士全部抓住，占領崗樓。

呂蒙軍隊神不知鬼不覺地占領北岸後，又向公安進軍。

駐守該地的傅士仁和駐守江陵的糜芳，向來被關羽輕視，兩人對此十分不滿。關羽出兵以後，他們只供給軍資，但從不出兵相助，關羽揚言「還當治之」，使糜芳、傅士仁惶懼不安。

呂蒙到公安後派人稍加勸說，兩人便投降東吳，呂蒙兵不血刃占領公安、江陵二處荊州要地。

呂蒙進江陵城，派人慰問關羽及蜀軍將士家屬，並且命令東吳將士嚴守紀律，不許侵犯百姓絲毫。有一個東吳士兵是呂蒙的同鄉，因下雨拿百姓家的一頂斗笠遮蓋鎧甲。呂蒙發現後，認為這個士兵違犯軍令，雖說是同鄉人，但犯軍令不能不辦。為嚴肅軍紀，呂蒙殺掉這個士兵，全軍將士震撼。

這時候，曹將徐晃率領的援軍已到靠近樊城前線。徐晃把孫權答應曹操夾攻關羽的信抄寫許多份，用箭射進關羽營寨裡。

關羽得知呂蒙正在襲擊後方的消息，覺得江陵、公安可以堅守，孫權不會輕易得手，而樊城被水包圍，城牆已有多處崩塌，很快便可攻破，如若就此退去，將前功盡棄。

就在關羽捨不得吐出樊城這塊肉的

日本浮世繪

葛飾戴斗《繪本通俗三國志》，畫中的故事即是「白衣過江」。

時候，徐晃發動進攻，用計擊敗關羽，使關羽不得不撤去對樊城的包圍。

關羽撤下包圍樊城的兵力後，派使者到江陵去探聽情況。使者一到江陵，呂蒙派人殷勤招待，還叫使者到蜀軍將士家中挨家挨戶去探望，這些家屬都說東吳的人待他們不錯，有人還要求使者替他們帶信回營，轉交營中親人。

使者回到軍營後，士兵們紛紛私下向他詢問各自家中情況，得知東吳對他們的家人甚好時，關羽手下的將士都沒了鬥志，有些士兵甚至偷偷地逃回江陵，關羽軍力大潰。

到這時，關羽才知道自己對東吳的防備太大意，可是已經來不及了，他只好帶人馬奔往麥城（湖北當陽東南）。

孫權進軍麥城，派人勸關羽投降。關羽詐降，在城上佈幾面旗幟，自己帶著兵馬逃走，途中兵士紛紛逃散，最後只剩下十幾個騎兵跟隨。

孫權早已派兵埋伏在小道上，十二月，東吳將軍潘璋、馬忠將關羽及隨行的十幾個騎兵截在章鄉（湖北荊門市西），活捉關羽父子。關羽不肯投降，孫權還想留下關羽，以抵擋劉備、曹操，左右大臣都勸諫：

狼子不可養，定為後患。

當年曹操沒有除掉關羽，招致大禍，於是孫權下令殺關羽父子。

火燒連營

建安二十五年（公元二二○年）十月，漢獻帝禪位於曹丕，改元為黃初。

第二年，蜀中傳言獻帝被害，眾大臣都勸漢中王劉備稱尊號，前部司馬費詩上疏請求稱帝，劉備不高興，將費詩貶為永昌從事。但在當年四月，劉備在成都即皇帝位，國號漢，改年號為蜀漢章武，以諸葛亮為丞相，許靖為司徒。

江陵一戰，呂蒙據有荊州，隨即關羽又為東吳襲殺，劉備一心為義弟報仇，置宿敵曹魏於不顧，執意要出兵攻打孫權。

眾大臣紛紛勸諫，翊軍將軍趙雲首先進諫：「國賊是曹操，而不是孫權。如果先滅魏國，孫權便會自動歸順。如今曹操雖然死，但其子曹丕篡位。目前應當團結人心，早日進軍關中，占據黃河、渭河上游以討伐逆賊，關東的義士必定會前來迎接我軍；而不應該將魏國置於一旁，先與東吳交戰。一旦開戰，肯定不會很快收兵，這決非上策。」

趙雲的主張是在新的形勢下放棄兩路出兵，依靠益州，一心攻魏，劉備不聽，反而將趙雲派往江州（四川重慶市北）。

又有廣漢的隱士秦宓上言，認為天時不利於蜀漢，結果被劉備下獄幽閉，雖然後來劉備放出秦宓，但處置趙雲及秦宓的態度，已使眾人不敢再諫，正在氣頭上的劉備絲毫也聽不進這些意見。

此時龐統和法正都已經去世，除了諸葛亮，蜀國軍師群中已經沒有人可以說服劉備。

這樣的情況讓諸葛亮極為難。

諸葛亮「隆中對」的基本方針是聯合東吳、固守益、漢，自然不贊成攻吳。但是他身居相位，必須要保持與劉備的一致，便不能去勸說劉備。此時，其兄諸葛瑾來信講和，如果此時大力反對攻吳，則有通吳的嫌疑。因此，在是否攻吳的問題上，諸葛亮失去反對的立場，只能閉口不談。

部署東征孫吳時，為爭取外交上的援助，劉備嘗試與曹魏改善關係。

劉備首先開通前往魏國的道路，派人帶信去弔唁曹操，而後因為曹丕稱帝，劉備不能接受他取代漢室，所以與曹魏的和解失敗。

選擇東征的將領時，劉備也犯難。

關羽戰死，張飛被帳下親兵殺害，

其餘的宿將中，馬超病死，黃忠也於兩年前戰死，魏延鎮守漢中無法脫身，趙雲、黃權反對征東吳、自然無法指揮作戰，所以劉備只得起用馮習、張南等一批勇敢、忠心，但能力較弱的將領，並親自掛帥出征。

蜀漢章武元年（公元二二一年）七月，劉備率領十多萬蜀漢軍隊，以水陸兩軍，分頭並進，對東吳發動大規模的戰爭。

孫權派南郡太守諸葛瑾向蜀漢求和，諸葛瑾上書劉備，陳述利害：「聽聞兵馬來到白帝時，有人建議我，吳王奪取荊州，殺害關羽，怨恨很深，不應求和。他只看到小處，而沒有留意大處。我試為陛下分析輕重、大小。陛下以關羽和先帝相比，哪個更親？荊州與整個天下相比，哪個為大？魏、吳都是仇恨，哪個為先呢？如果明白這些道理，那麼就容易定計策。」

劉備對諸葛瑾的遊說同樣置之不理，孫權此時向曹魏稱臣，並送還魏將于禁，與之修好，以防止兩面受敵，並使陸遜為鎮西將軍，率李異水軍、劉阿步兵，負責整個西邊的防禦。

劉備先派將軍吳班、馮習領軍四萬人，奪取三峽峽口，攻入東吳境地，擊敗駐守在巫縣（四川巫縣東北）的吳軍將

李異和劉阿，進而占領秭歸，在秭歸逗留五個月。

隨後，劉備派侍中馬良到武陵地區以金錦賜與「五谿諸夷」，並授以官爵，試圖說服當地的部落出兵參戰。

蜀漢章武二年（公元二二二年）初，劉備準備從秭歸起兵進攻東吳，治中從事黃權進諫，請求讓自己為先鋒。劉備不依，只令黃權為鎮北將軍，統領江北諸軍，以防範曹魏從北面襲擊。

劉備親率部眾渡過長江，以馮習為大督，張南為前部督，沿長江南岸的山地進軍。

長江・巫峽

面對劉備準備開拔的大軍和即將爆發的戰爭，孫權確定只以防禦來確保荊州。

首先，孫權團結自己內部的力量。當諸葛瑾代表東吳向劉備求和之時，有人傳言諸葛瑾另派親信與漢主劉備暗中相通。孫權聽後，說道：「我和子瑜（諸葛瑾字）曾經發誓互相效忠，子瑜不會負我，就像我不會負子瑜一樣。」

其次，孫權大力爭取荊州民心，重用歸降東吳的劉備荊州舊部。例如：孫權讓人把稱疾不出的潘濬用床抬來，任他為治中、輔軍中郎將。「五谿諸夷」叛亂不服，孫權令潘濬率軍討平。在納降政策下，荊州人心逐漸歸附，奠定防禦戰的基礎。

在軍事上，孫權具體的部署是：

一、反毗鄰蜀國的巫縣、秭歸從宜都郡劃出，另設固陵郡，以潘璋為太守

二、以領宜都太守陸遜為鎮西將軍，統率水軍，負責整個西方邊境的防禦。

三、魏黃初二年（公元二二一年）四月，孫權遷都湖北鄂城（湖北鄂城市），改名武昌，兼顧荊、揚二地。

長江・瞿塘峽

東吳主帥陸遜是孫權麾下的著名將領，出身江東大族，早年在平定山越中立有大功，年紀雖輕，卻深得孫權的器重。

關於雙方兵力的對比，史書上有不少記載，但很零碎。根據張大可先生《三國史研究》，交戰之初：

蜀軍總兵力估計有十萬之眾，但真正進入夷陵的只有八萬。

東吳方面的兵力分佈較為分散，投入第一線作戰的部隊由陸遜督領，總共約五萬人，這也是與蜀軍直接交鋒的兵力，另外尚有部署在公安、武昌的第二線部隊，總數加起來估計有十五、六萬之多。

當蜀漢大軍攻入吳地後，孫權又任命鎮西將軍陸遜為大都督，率領朱然、潘璋、宋謙、韓當、徐盛、鮮于丹、孫桓等諸將共五萬人前去抵擋。

由於蜀軍銳氣正盛，並且三峽陸路崎嶇、水路驚險，該地的地形不利於防禦和後勤供應，陸遜決定退兵，讓出三峽。

吳黃武元年（公元二二二年）二月，東吳軍隊退卻五、六百里，蜀漢大軍則一路挺進，前鋒很快便到達夷道（湖北枝城）的猇亭（湖北枝城市北長江東岸），並在自巫峽至夷陵（湖北宜昌市東南）之間的幾百里間布下幾十座營寨，與東吳相拒。

夷陵是東吳的關隘，一旦失守，東吳便會面臨再次丟失荊州的危險，陸遜令部將宋謙在夷陵道攻破蜀軍五座營寨，又派孫桓阻擊蜀軍先鋒，雙方便對峙在夷陵一帶。

一開始，東吳諸將都想立即迎戰蜀軍，但主將陸遜不准，認為劉備軍隊：銳氣正盛，而且占據高地、守住險要，難以攻下。即使攻下幾個營寨，也不能全部攻克。倘若有所失利，則會損我軍的大勢，決非小事。目前暫且獎勵將士，廣施方略，靜觀其變。如果這裡是平原曠野，倒可能會有發生大戰後奔波顛沛、交錯追逐的憂慮；如今劉備沿著山麓行軍，其優勢施展不開，自然會困於山林木石之間而疲憊不堪。我軍則可從容不迫地打擊其弱點。

但東吳將領沒有領會陸遜的意思，以為陸遜害怕，各自心中憤恨不平。

這些將軍多數是孫權長兄孫策時的舊部，有些還是王公貴戚，十分保守，如果不鎮住這些人，陸遜將很難實現他的作戰意圖，陸遜拔劍對諸將說：劉備是天下知名的人物，連曹操都對他忌憚三分，如今他就在我邊境上，這是個強勁的對手。諸位將軍都深受國恩，應當互相和睦共處，共同翦除敵人，以報答主上的厚恩，如今卻互不服從，這是為何？

夷陵之戰

劉備於夷陵大敗後，退至秭歸，自陸路返回白帝城。

吳黃武元年（222年）二月，劉備於巫峽至夷陵沿岸設營。

吳黃武元年二月陸遜自「西陵峽」退至「夷陵」。

蜀漢章武元年（221年）七月劉備西征孫吳。

吳黃武元年二月劉備攻夷道，失利。

吳黃武元年閏六月陸遜火攻劉備連營。

劉備 →
陸遜 →
● 臨淄　古地名
曲阜　今地名
水　河流
大野澤　湖泊
泰山　山脈
▲
帳篷

6000 5000 4000 3000 2000 1500 1000 500 200 100 0

我雖然只是一介書生，但受命於主上，主上之所以委屈諸位將軍聽命於我，是因為我尚有所長處可以稱道、能夠忍辱負重。各人有各人該負責的事情，怎麼能再加以推辭呢！軍中自有法度，決不可以觸犯。

東吳安東中郎將孫桓是孫權的姪子，自率領部將與蜀軍先鋒張南交戰，被張南圍困在夷道。孫桓向陸遜求救，陸遜不肯，諸將紛紛要求出兵相救，陸遜說：

「孫桓很得手下士兵之心，城牆牢固、糧食充足，不用擔憂。等我的計謀得以施展，即使不用去救安東，他也會自然得救。」

陸遜堅決拒絕諸將分兵援助夷道的建議，避免分散和過早地消耗兵力。

蜀漢軍隊連營數百里，與東吳相持五個多月，至六月份還未見勝負。劉備沒有耐心再等下去，想設計誘東吳出戰。

劉備令吳班帶幾千人在平原地區設營，每日於東吳營前漫罵叫陣，同時另設八千伏兵於附近山谷，只等陸遜出兵，一舉破敵。

東吳將領更是急不可待地想出戰，陸遜卻只觀望，不出兵。

劉備見陸遜許久沒有動靜，知計謀暴露，只得撤出谷中的伏兵。陸遜對手下說道：「我之所以沒有聽從你們出兵攻打吳班，是因為猜想其中必定有什麼緣故。」這時東吳的將領才領略到陸遜的謀略。

陸遜堅守不戰，破壞劉備倚恃優勢兵力企求速戰速決的戰略意圖，在無限期的等待中，蜀軍將士鬥志逐漸鬆懈渙散，失去主動的優勢地位。

六月酷暑，長江兩岸尤其炎熱，蜀軍不勝苦熱，駐守在長江上的水軍，白天更是酷熱難當，怨言四起。

劉備無計可施，只得讓水軍捨棄舟船，轉移到岸上，並將軍營設於深山密林處，依傍溪澗，屯兵休整，準備等待到秋後再發動進攻。

陸遜看到劉備的佈署，便寫一封信給孫權：

夷陵要害，國之關限，雖為易得，亦復易失。失之非徒損一郡之地，荊州可憂。今日爭之，當令必諧。備干天常，不守窟穴，而敢自送。臣雖不材，憑奉威靈，以順討逆，破壞在近。尋備前後行軍，多敗少成。推此論之，不足為戚。臣初嫌之，水陸俱進，今反捨船就步，處處結營，察其佈置，必無他變。伏願至尊高枕，不以為念也。

陸遜知道劉備輸定了。

閏六月，蜀軍深處吳境兩、三百里的崎嶇山道上，遠離後方，後勤難以保障，劉備數百里連營，兵力分散，且天氣炎熱，蜀軍士氣低下。陸遜立刻著手準備進攻劉備。

眾將不明白陸遜的想法，他們認為攻打劉備應該趁早，現在都已經進入吳境五、六百里，相持七、八個月，各處要害都已固守，這時攻打肯定不利。

陸遜解釋：劉備生性狡猾，經歷過的事情又多，當其軍隊剛剛開始集結時，考慮一定十分周詳縝密，不可妄自進攻。如今屯軍時間已久，沒有占到一分便宜，

兵疲意沮，再也無計可施。夾擊敵人，就在今日。

進行大規模反攻的前夕，陸遜先派遣一支小部隊進行試探性的進攻，這次進攻被蜀軍擊退，眾將都報怨白拿士兵送死，但陸遜卻由此想到破敵之法：火攻蜀軍連營。

因為當時江南正是炎夏季節，氣候悶熱，而蜀軍的營寨都是由木柵所築成，兵營周圍又全是茂密的樹林、草叢，一旦起火，就會燒成一片。

決戰當晚，陸遜命令吳軍士卒每人手持一把茅草，火攻蜀營，待火勢蔓延開後，全軍便發起全面反攻。

東吳軍隊悄悄出發，乘著夜色突襲蜀軍營寨，順風放火。一時之間火勢凶猛，蜀軍措不及防，頓時亂作一團。此時陸遜坐鎮猇亭，指揮決戰。

吳將朱然率軍五千人首先突破蜀軍前鋒，猛進蜀軍後方，再與韓當一部進圍蜀軍於涿鄉（湖北宜昌西），切斷蜀軍的退路。

潘璋率部攻蜀軍馮習部眾，大敗蜀軍。諸葛瑾、駱統、周胤諸部配合陸遜的主力在猇亭向蜀軍發起攻擊。守禦夷道被圍的孫桓部也主動出擊。

吳軍進展迅速，很快就攻破蜀軍營寨四十餘座，並且用水軍截斷蜀軍長江兩岸的聯絡，同時主動逆水攻打蜀軍水軍。

混戰中，蜀軍將領張南、馮習以及蠻夷土著部族首領沙摩柯等陣亡，杜路、劉寧等卸甲投降。劉備見全線崩潰，只得逃往夷陵西北的馬鞍山（湖北宜昌市西北），命蜀軍環山據險自衛。

陸遜集中兵力，四面圍攻，很快又殲滅蜀軍數萬之眾。

至此，蜀軍潰不成軍，大部分將士死傷、逃散，車、船和其他軍用物資喪失殆盡，長江上屍積成山。

劉備仰天長歎：「吾竟然被陸遜小兒羞辱，難道這是天意嗎！」

劉備乘夜色突圍逃遁，後衛將軍傅彤殿後，力戰不敵被擒，東吳派人勸降，傅彤不從，罵道：「吳狗，哪裡有投降的漢將軍！」結果被殺，所部將士盡數陣亡。從事祭酒程畿順江而退，部下都勸他逃走：「追兵快要到，趕緊乘小船離去。」

湖北巴東‧神農溪古棧道
史載劉備夷陵戰敗後，逃向石門山，其地點於今日湖北巴東東北。這裡有很美的神農溪。

陸遜

陸遜（一八三～二四五年），字伯言，本名陸議，吳郡吳縣華亭（上海松江）人，出身江南大族，孫策女婿。

陸遜二十一歲應召成為孫權幕僚，歷任東、西曹令史，後任海昌（鹽官縣）屯田都尉，並領縣事。因平定會稽（紹興）山賊有功，拜為定威校尉。

東吳歷史上，陸遜是唯一出將入相的名臣，在軍事和政治上都頗有建樹。陸遜年少有為，謀略過人。在東吳創業階段，會稽、丹陽有很多山賊出沒，陸遜根據「方今英雄棋跱，豺狼窺望」的形勢，提出「腹心未平，難以圖遠」，主張以武力進攻威脅其統治的山賊與山越。他先是出兵平定了會稽山賊潘臨的叛亂，不久又平定鄱陽山賊尤突。而後丹陽山賊費棧接受曹操的印綬，搧動山越作亂，內應曹操。孫權任陸遜為帳下右部督，出兵討伐費棧。費棧手下眾多，陸遜施計，以鼓角為號，於夜間破襲費棧兵眾，最後收服精兵數萬人。

雖然在早期活動中陸遜初露鋒芒，但並不甚為人所重，直到建安末年的吳、蜀爭奪荊州之戰，他才終於脫穎而出。

建安二十四年（公元二一九年），蜀漢荊州守將關羽出兵進攻曹操的樊城。

在呂蒙的推薦下，陸遜被任為偏將軍右部督，進駐陸口，接替呂蒙統率孫吳西線軍隊。赴任後，陸遜先用計降低關羽的心防，後抓住時機，暗中派兵襲擊關羽的後方，大破蜀軍，關羽領兵退守麥城，最後全軍覆滅，父子二人被東吳所殺。夷陵一役，陸遜任大都督，面對來勢凶猛的劉備大軍，他堅持按兵不動，避開蜀軍的銳氣，不與蜀軍決戰，冷靜地等待戰機。而後用火攻，以數萬之眾破劉備十萬大軍，聲名大噪。

不久，陸遜又率部大敗曹休於夾石。

在政治上，陸遜主張實行德政，緩刑罰，寬賦調。在海昌縣任內時，連年旱災，陸遜開倉放糧，救濟貧民。他還經常督促農民種田養蠶，百姓因此受到不少恩惠。

吳嘉禾六年（公元二三七年），中郎將周祗奏請在鄱陽召募郡民為兵，孫權以之問陸遜，陸遜認為此郡百姓易動難安，不能召兵，周祗固執己見，果然引起鄱陽、豫章、廬陵三郡的動亂。陸遜發兵討伐，才平定了這場動亂。此外，陸遜曾經建議擴大軍屯，增廣諸將屯田面積，以彌補糧食不足，甚得孫權的讚賞。

夷陵戰後，吳、蜀重新結盟，孫權經常讓陸遜與諸葛亮議論時事，又專門刻個印章放在陸遜處，每次，孫權與劉備和

諸葛亮的來往信件，都給陸遜看過，並徵詢陸遜的意見，待依陸遜的建議修改後，才加封用印。

吳黃龍元年（公元二二九年），孫權稱帝，拜陸遜為上大將軍、右都護。孫權東巡建業，命陸遜輔佐太子，並掌管荊州以及豫、章二郡之事，總督軍國大事。

吳赤烏七年（公元二四四年），陸遜繼顧雍之後任丞相。

陸遜雖擔任丞相，但仍然駐守武昌。這時，太子孫和與魯王孫霸不睦，孫權有廢黜太子之意。陸遜一再上疏規諫，他說：「太子正統，應有磐石之固，而魯王為藩臣，他們在尊卑俸秩上當高下有差，這樣才能使他們彼此得所，也使上下安定。」

他還要求到建業當面申述自己的意見。

太子太傅吾粲、太常顧譚也多次上疏辨嫡庶之義，反對廢嫡立庶。但是，孫權既不許陸遜還都，又以親附太子的罪名處陸遜外甥顧譚、顧承、姚信等流徙。

太傅吾粲因幾次與陸遜通信，竟被下獄處死。接著，孫權「累譴中使責讓」陸遜。吳赤烏八年（公元二四五年）陸遜憂憤而死，時年六十三歲。

程畿道：「我在軍中，從來沒有學過如何在敵人來時逃走。」終因不肯逃跑而被殺。

退到秭歸後，劉備收集殘兵，命令燒毀船隻，全部改從陸路撤退。早在進兵夷陵時，劉備即沿途設置驛站，一直通到白帝城（四川奉節縣東白帝山上）。在撤退過程中，驛站人員自動收集潰兵所棄的盔甲，將其焚燒以堵塞山道斷後，才稍稍滯緩追兵，使劉備能逃脫。

但行至石門山（湖北巴東東北）時，李異、劉阿追上來，孫桓也殺上夔道，阻擊劉備。劉備幾乎被擒，只得下馬翻越山路，才倖免於難。

這時，趙雲奉諸葛亮之命率軍到達白帝城，馬忠也領五千人前來接應，用錦挽車將劉備接入白帝城。

夷陵一戰，劉備所領八萬人馬可以說盡數折損，全軍覆沒。沙摩柯、張南、馮習、傅肜、程畿等戰死，杜路、劉甯、黃權等投降魏軍，原本就已不濟的蜀軍將群更顯凋零，蜀軍元氣大傷。

三國・吳・ 重列神獸銅鏡

劉備託孤

夷陵慘敗後，劉備倉皇往西奔逃。退回白帝城後，劉備覺得無顏見蜀中父老，決心不回成都，準備在白帝城重振旗鼓、東山再起，並將白帝城改名為永安。

吳軍勝戰，吳將潘璋、徐盛等人都主張乘勝追擊。

孫權詢問陸遜，陸遜顧忌曹魏方面會乘機混水摸魚、襲擊後方，便與朱然、駱統上奏吳王：「曹丕聚集大量的兵士，明裡說是助我國討伐劉備，內心其實藏有奸心，應該立即下令馬上撤軍回吳。」

於是東吳停止對劉備的追擊，主動撤兵。

不出陸遜所料，曹丕藉口孫權不接受對其子的封賜，進兵伐吳。

劉曄勸諫，曹丕不聽，黃初三年（公元二二二年）九月，曹丕派曹休、張遼、臧霸向洞口（安徽鳳陽縣東）出發，曹仁向濡須出發，曹真、夏侯尚、張郃、徐晃則包圍南郡。

東吳派呂範督五軍，以水軍抵擋曹休等人。諸葛瑾、潘璋、楊粲出兵救南郡。裨將軍朱桓督守濡須，率軍抵擋曹仁。

十一月，曹丕從許昌至宛城，曹休駐紮在洞口，向曹丕請戰，曹丕未先答應，而後又猶豫是否應該開戰。

當天恰有暴風吹斷東吳呂範等船隻的纜繩，直衝曹休營地，吳軍被殺被擒數千人，曹丕即催促魏軍渡江，但未等魏軍行動，東吳救兵收軍回返江南。

曹休令臧霸追擊，無功而返，將軍尹盧也戰死。東吳又派孫盛、朱然率萬人據江陵中洲作為南郡的外援。

第二年正月，曹仁令張部破吳軍，奪取江陵中洲，孫權使諸葛瑾前往解圍，諸葛瑾被夏侯尚擊退。江陵城受圍，內外斷絕，城內士兵多得浮腫病，有戰鬥力的只有五千人。

曹真等築土山，挖地道，在靠近城邊處立起樓臺，向城內放箭，矢如雨下。東吳將士們大驚失色。此時朱然鎮定自若，一邊鼓勵戰士，一邊伺機攻破魏軍兩座營寨。

對峙中，吳軍姚泰怕拒守不成，想作為內應開北門而出，被朱然發現斬首。

二月，曹仁領步兵數萬向濡須進發，但揚言要攻打羨溪（安徽無為縣東北，西去濡須三十里），吳軍朱桓分兵赴羨溪，曹仁等朱桓軍出發後，進軍濡須，朱桓急

忙召回軍隊，朱桓只有五千人馬，眾寡懸殊，眾將都有懼心。

朱桓設計，偃旗息鼓，誘敵深入。

曹仁中計，以為朱桓勢弱，派其子曹泰領將軍常雕、王雙乘油船進襲中洲。朱桓令別將抵擋常雕，自己率軍拒曹泰，最後曹泰被迫燒營退兵，常雕被斬，王雙被生擒，魏軍死傷千餘人。

當時長江水淺，魏軍夏侯尚想作浮橋南北往來，將步兵以船載入中洲安屯，董昭上疏勸諫不可，曹丕急令夏侯尚退兵。不幾日，江水上漲，因疫病發生，曹丕只得下令全部撤兵，無功而返。

夷陵一戰，孫、劉聯盟徹底破裂，而後曹魏三道伐吳，在夷陵戰中形成的吳、魏聯合攻蜀的格局也被打破，魏、蜀、吳處於短暫的互不結盟的狀態。

但是這一形勢對魏國有利，對吳、蜀不利，二國處於曹魏的壓力之下，只能各自單獨抗魏，彼此不合無法支援，還得互相戒備。

為擺脫這種不利的局面，雙方都作了努力。

曹魏大軍逼近東吳時，孫權先派太中大夫鄭泉向蜀漢下聘求和，劉備也派太中大夫宗瑋回聘，雙方開始有了來往。

當劉備得知曹魏派重兵攻吳，便修書給陸遜以作試探：賊軍如今已經臨近江、漢，我將再次向東進兵，將軍認為我能成功嗎？

陸遜回答：「只怕是你的軍隊新近打了敗仗，損失尚未完全復原，準備通書修好吧；況且現在應當補給自己的軍隊，沒有空暇窮兵黷武。如果不細細推敲思量，想以敗軍之將再次跋涉千里送上門來，就再也無處逃命。」

劉備又修書給孫權，表達了想與東吳再次聯盟的願望。

擊退曹魏的進攻後，當時蜀國內部在夷陵戰後滋生反吳情緒逐漸高漲。一向主張聯盟的丞相諸葛亮竟一下子找不到出使東吳的人選。最後發現尚書鄧芝在這一問題與自己不謀而合。

魏黃初三年（公元二二二年）十月，蜀漢派鄧芝出使東吳說服孫權。

鄧芝到達東吳後，孫權避而不見，鄧芝一再請求相見，並說此次之行不僅是為蜀國，也是為東吳而來，孫權這才見鄧芝，但又託辭稱蜀主幼弱，恐怕不能自保。

鄧芝回答：「吳、蜀二國，擁有四州之地。大王是當世的英才，諸葛亮也是一時豪傑。蜀國有重關險阻的堅固防守，吳國有三江相彙的阻隔。將此二方長處合在一起，互為唇齒。進，可以吞併天下；

退，可以成鼎足之勢。這才符合天下大勢所趨。大王如今如果放人質於魏國，魏國必定或者要求大王之入朝晉見，或者要求太子入魏國做內侍，如果不聽從魏國之令，就會以此為藉口討伐叛逆，蜀國也會乘此機會順流而下再次進兵，這樣一來，江南之地就不再為大王所有。」

孫權沉默良久，終於答應與曹魏斷絕關係，重新與蜀漢聯盟，並派輔義中郎將張溫入蜀下聘。

從此，三國之間形成相對固定的格局，由短暫的不結盟狀態過渡到穩定的兩弱同抗一強的局面。

夷陵慘敗，劉備終日憤恨，終於一病不起。

諸葛亮連夜從成都趕至白帝城，劉備令丞相孔明輔佐太子劉禪，以尚書令李嚴為副手，在病榻之前託孤於諸葛亮：「你的才幹勝過曹丕十倍，必定能治國安邦，最終成就大事。如若我兒子可以輔佐，那就請你輔佐他；如果他不成器，你便可取而代之。」

蜀漢建興元年（公元二二三年）四月，劉備死於白帝城，時年六十三歲，被謚為「昭烈」。丞相諸葛亮奉柩回成都，以李嚴為中都護，留守永安。當年五月，太子劉禪即位，年僅十七歲，改元建興。諸葛亮封武鄉侯，總理國事。

白帝城

三峽大壩工程後，白帝城已是孤島一座。

法正與黃權

法正（一七六～二二○年），字孝直，扶風郿縣（陝西郿縣）人。初依附於劉璋，既不受重用又遭人毀謗，很不得志。

後奉命邀劉備入蜀拒張魯，他暗中獻策劉備，勸其乘機取蜀。劉備依計行事，轉兵南下取劉璋。劉璋與劉備相持不下時，謀臣鄭度獻計劉璋堅壁移民以對付劉備，劉備很擔心，法正認為劉璋不用此謀。他估計正確，安了劉備的心。

劉璋部下官僚許靖，在劉備攻成都時，準備逾城投降，沒有成功。劉備進入成都後，看不起他。法正卻勸劉備重用他，說此人雖無其實卻有虛名，如果不禮待他，傳出去人們會以為你「賤賢」。劉備依從，厚待許靖，安定蜀民之心。不久，法正被任為蜀郡太守、揚武將軍。

建安二十二年（公元二一七年），法正認為益州根據地已經鞏固，足以攻取漢中，主張劉備取漢中。建安二十四年（公元二一九年），劉備採用法正計策，攻殺曹操大將夏侯淵，奪取漢中。曹操聽說斬夏侯淵是法正的計謀，說：

吾故知劉玄德不辦有此，必為人所教也。

劉備自立為漢中王，任法正為尚書令、護軍將軍。第二年法正去世，時年四十五歲，諡號翼侯。

法正為人頗有計謀，深得劉備的信任。劉備有時候很任性，不聽人勸，但法正卻有辦法說服他。在漢中時，劉備與曹操戰，劉備處於不利地位，應退兵。但他偏不後退，對方矢下如雨，部下無人敢勸。法正卻走到劉備面前替他擋箭。

劉備說：「孝直避箭。」

法正卻說：「明公親當矢石，況小人乎。」於是劉備率兵退去。

法正去世，劉備為之痛哭數日。諸葛亮也稱法正有「智術」。

劉備為替關羽復仇，不聽群臣勸諫，一意攻吳，最後大敗而歸，諸葛亮慨歎道：「法孝直若在，則能制主上，使不東行，就複東行，必不傾危矣。」

不過法正心胸狹窄，一旦得志，一餐之德，睚眦之怨，無不報復。

黃權（？～二四○年），字公衡，巴西閬中（四川閬中）人，初為劉璋部下，任主簿，曾經力諫劉璋不要請劉備入益州拒張魯，劉璋不聽，反而將他貶官。

歸降劉備之後，任偏將軍。建安二十年（公元二一五年），曹操率軍攻破張魯，黃權諫議劉備聯結張魯，伺機奪取漢中要地。劉備採納其計策，以黃權為護軍，率領諸將進軍漢中，但張魯已降曹操。黃權乘機攻破杜濩、朴胡、任約等巴

蜀原住民部落。

　　劉備伐吳時，黃權請求出任先鋒先行探查吳軍虛實，劉備不聽，只以黃權為鎮北將軍，督統江北諸軍。後劉備失敗，黃權投降魏國，被任為鎮南將軍，封育陽侯，加任侍中。

　　魏景初三年（公元二三九年），升任車騎將軍、儀同三司，第二年卒，諡號為「景侯」。黃權雖先後降蜀、魏，但史書上仍稱其忠義高節。

　　當初劉備襲取益州時，益州各郡縣望風而降，只有黃權仍堅守城池，直到劉璋降服，黃權才出城投降劉備。夷陵之戰，劉備被東吳打敗，黃權被隔在長江北岸，無法脫身，只得率部向曹魏投降。

　　魏文帝問他：「你歸順我軍，是想效仿陳（平）、韓（信）去楚歸漢嗎？」

　　魏文帝自比劉邦，將劉備看作項羽。黃權雖為降兵，但回答依然不亢不卑：「我受過劉備的恩遇，不能投降東吳，但是歸蜀又無路，只得歸順魏軍。敗軍之將，不死已是萬幸，哪裡還敢效仿古人。」

　　黃權降魏後，留在蜀國的妻及子，按法應當囚入監牢，劉備卻說：「孤負黃權，權不負孤也。」待之如初，黃權在魏國任官，其子則仍在蜀為官。

夷陵之戰的成敗關鍵

夷陵兵敗對蜀漢國力的影響可謂至深至遠。

諸葛亮隆中對的目的是「興復漢室，還於舊都」，其軍事策略分為二步：第一步奪取荊、益，形成鼎足之勢，以建立兩路北伐的基地。第二步是荊、益兩路軍分別從宛洛、秦川直取中原，一統天下。夷陵之戰，劉備失去荊州要地，隆中對的策略便失去至為重要的基礎。三分天下雖成，但北伐中原的目的已幾乎不可能。

日後，諸葛亮雖然堅持北伐，但始終沒有實現當年隆中對所提出的目標。可以說，夷陵之戰蜀國兵敗也為以後諸葛亮的北伐增加困難。

一般都認為，劉備執意出兵東征孫吳最主要的原因是為給其義弟關羽報仇。因為劉備征戰南北，據川蜀。關、張二人立下赫赫戰功，在劉備心目中，他們二人的地位無人能出其右，失去關羽，猶如失去劉備的左臂右膀。

但是，劉備死後，蜀國大臣廖立對李邵、蔣琬說：

（先帝）後至漢中，使關侯身死無子遺，上庸覆敗，徒失一方。

廖立的意思是：劉備使關羽孤獨死去。依史查，廖立的話不無道理。

關羽在襄、樊一帶激戰之時，劉備始終未發一兵一卒進行支援。關羽大破于禁七軍後圍攻曹仁駐守的樊城，從八月圍至十月，劉備也沒有任何動靜，直至曹操派徐晃前來接應，解樊城之圍，以致關羽前功盡棄。

而且，關羽所接收的于禁人馬劉備也沒有派人接應，以至糧食補給不足，關羽不得不擅自搶取東吳湘關所藏的米糧，終於鬧出事端，一發不可收拾。

關羽圍攻襄、樊之時，劉備曾讓劉封和孟達發兵相助，但兩人以上庸剛剛依附，不能出兵為由拒絕，劉封是劉備的養子，這一做法似乎很難認為是劉封自己的主意。

關羽敗走麥城、「孤窮」之際，始終未見有人前來相助，史書上也從未有關羽危急之時劉備出兵的記載。

劉備什麼都沒做，出兵孫吳若真有復仇之意，恐怕償贖之心更多。

復仇，姑且不論。在現實上，劉備必須奪回荊州。

荊州之地北據漢水、沔水，直通南海，東連吳，西通巴蜀，是個可守可攻之

甘肅・禮縣・祁山堡山門

祁山堡，建於西漢，位於西漢水北岸。諸葛亮揮師北上進攻曹魏必經之處。

處。關羽死後，荊州則完全落入孫權之手，「隆中對」無從執行。

但此時蜀漢名將凋零，新生代的將領未臻成熟。劉備只得親自披掛上陣，率軍攻吳。相對於劉備人力上的困乏，東吳的將營則強盛驃悍。夷陵一戰，許多孫吳年輕將領嶄露頭角。

夷陵之戰中，論兵力，蜀漢的力量遠勝於東吳軍隊，但最後蜀軍仍然大敗，當歸因於劉備在軍事上所犯的錯誤。

戰略上，劉備置最主要的敵人——魏國不顧，與東吳開戰，以至孫權數次向魏稱臣，將東吳逼向曹魏一方，蜀漢自己則陷入既要攻吳、又要防魏的孤立境地。

戰術上，雖然蜀漢水陸並進，但卻沒有利用蜀軍勢盛之時和上游優勢速戰速決，先是擊敗吳將李異、劉阿後，在秭歸停留數月才向夷陵進發。在夷陵時阻於山林木石之間，無法展開蜀軍大規模的優勢，以致在初期創造的主動逐漸喪失，最終陷於被動。

另外，劉備將軍隊拉成長達數百里的長蛇陣，既無法集中優勢兵力出擊，也使得後勤保障出現困難。曹丕初得知劉備的佈局時便說：

豈有七百里營可以拒敵者乎，「苞原隰險阻而為軍者為敵所擒」，此兵忌也。

因天氣酷熱的情況下，劉備放棄水軍，「捨船就步」，全部轉移到山林茂盛之處，雖然蔭涼，卻給東吳火攻的機會。

其實，劉備用兵的能力一直不理想。以往任何一次打仗，都是依靠軍師才能獲勝。破劉璋時龐德用計，得漢中時法正出謀，當龐德、法正先後去世、諸葛亮又沒有隨軍而行，夷陵之戰就只能這樣。

曹丕說：「備不曉兵。」

關羽死後，魏國君臣十分關注吳、蜀之間的形勢，就在夷陵之戰前夕，魏文帝讓群臣討論劉備是否會為關羽出兵東吳一事。

多數意見認為，蜀漢是個小國，名將只有關羽一人，關羽死了，國內自己懼怕，不會再出兵。

而侍中劉曄卻有不同的看法：「蜀國雖然弱小，但劉備想以威武來壯大聲勢，必定會以人多來顯示。況且關羽與劉備，名義上是君臣，實際上恩情猶如父子，關羽死，如不能為他報仇，於名分上也說不過去。」

吳、蜀交兵，魏國處於極為有利的地位，但同樣需要正確的判斷和決策，才能保持優勢。

當孫權與蜀議和失敗，第二次派使者向魏稱臣時，很多魏國大臣不清楚內情，紛紛祝賀曹丕，同時也有不同的意

見，歸納起來主要有三種：

第一種意見以劉曄為代表，主張聯蜀伐吳，孫曄分析：「孫權無故求降，內部必有緊急之事。孫權之前襲殺關羽，劉備肯定大舉興兵。外有強敵，內部人心不安，又怕我中原乘機出兵，所以割地求降，一來可以使中原不出兵，二來可以借助中原的勢力，疑惑敵人。天下三分，中原佔有十分之八，吳、蜀各佔一州，依山靠水，有急事需互相求救，這才是小國的利害所在；如今還要自相殘殺，真是天亡他們，我軍應該大舉進兵，渡江襲擊。蜀國攻外，我軍攻內，東吳滅亡之日定不出十天。東吳滅亡，蜀漢便會孤立，即便分東吳一半的地方給蜀漢，蜀國也不會撐多久，更何況蜀國只得到表面上的好處，而我們得到的則是實際的利益。」

第二種意見以魏文帝曹丕為代表，主張聯吳攻蜀，他認為：「東吳已經降我還要討伐人家，會使想來投奔的人生疑心，不如先接受東吳的投降，再襲蜀漢。」

劉曄反對道：「蜀漢遠、東吳近，又聽到我中原討伐便回兵，無法制止。如今劉備已然發怒，興兵討吳，如聽說我軍也要伐吳，知道東吳必定滅亡，肯定會很高興，並且與我軍爭割東吳屬地，不會抑制憤怒改救東吳。」

但曹丕最終還是沒有聽從劉曄的意見，接受東吳的稱臣。

第三種意見以司空王朗為代表，主張軍事上不介入：「天子的軍隊重於華山、泰山，應該安坐以耀天威，如山脈般巍然不動。假如孫權與蜀軍相持，戰鬥曠日持久，勢均力敵，不能速戰速決，需要我興兵以助其勢時，再選老成持重的將領，抓住敵人的要害，選擇合適的時機和地勢，一舉成功。如今孫權軍隊未動，我軍不宜先行。況且現在雨水正盛，不是興師動眾的好時機。」

最後，王朗的建議被採納，因此在夷陵之戰中，曹魏一直採取挑動吳、蜀交兵，坐待兩斃以收漁人之利的態度。

劉備威脅東吳時，孫權考慮到利益，兩次向曹魏稱臣。

第一次，起因於襲殺關羽。此時劉備尚未起兵攻吳，孫權即遣校尉梁寓進貢，又送被擒的魏將朱光等歸魏，並進一步上書曹操接受天命稱帝，自己向曹操稱臣。

曹操將孫權的上書給臣下看：「孫權是想將我放在爐火上。」

侍中陳群等也都進言，勸曹操稱帝，曹操卻說：「如果天命在我，那我就做周文王。」

曹操將稱帝問題留給下一代。

第二次，在黃初二年（公元二二一年）八月，劉備興兵攻吳，孫權再遣使稱臣，言辭十分卑謙，並送還被關羽俘獲的魏將于禁。

八月十九日，魏文帝曹丕派太常邢貞去東吳封拜孫權為吳王，加九錫，孫權接受封號。

群臣議論，認為應該稱「上將軍九州伯」，不應當接受魏國的賜封。

孫權說道：「九州伯這個稱號從古到今都不曾聽說過，昔日沛公劉邦也曾接受項羽的賜封，拜為漢王，這都是為形勢所需，又有什麼損失？」

擊退曹魏三路出兵以後，孫權又解釋道：「往年我因為劉玄德在東吳西境，所以派陸遜率眾抗擊。聽聞北方曹魏想助我國，我雖然知道其內心想借此要脅，但如不接受，將辱他顏面，而促使其發兵與蜀漢共進，則我軍會二面受敵，加劇禍害，所以忍耐接受封王。」

中郎將徐盛：「我等不能奮力為國家收併許、洛，吞沒巴、蜀，即讓我等君主接受魏國的賜封，這是莫大的恥辱。」

孫權接受封號後，曹丕便派使者前來索要雀頭香、大貝、明珠、象牙、犀角、玳瑁、孔雀、翡翠等珍寶，東吳眾臣認為：「荊、揚二州，進貢都有規定，魏國所求的這此珍玩不符合禮數，不能給。」

孫權講惠施願意兒子被打頭的故事給大家聽，比喻曹丕所求不過瓦石，比不上江東百姓來得重要，並在嘲笑曹丕仍在喪中，竟索要寶物，實在不知禮後，一一照付。

東吳破劉備軍於夷陵後，孫權即派使臣入魏，將所獲印綬、首級、土地都交給曹丕，並上表要求加爵賞賜將吏。曹丕將鼺子裘、明光鎧、騑馬以及自己以前所寫的《典論》和詩賦送給孫權。

孫權雖然對外稱臣於魏，內心卻另有打算，並且由外交辭令中向曹魏表明終不屈服的決心。

東吳中大夫趙咨奉命出使魏國答謝時，曹丕問：「吳主是怎麼樣的人？」

趙咨說：「聰明、仁智，有雄略之人。」

曹丕問其詳情，趙咨又答：「從低品官中招納魯肅是他的聰，將呂蒙從普通將領中選拔出來是他的明，擒獲于禁而不殺害是他的仁，取荊州而兵不血刃是他的智，據三州之地想統一天下是他的雄，屈尊於陛下您是他的略。」

曹丕要封孫權之子孫登為萬戶侯，孫權以登年幼為藉口不接受，但又派沈珩入魏答謝，藉故拖延。孫權保持與魏國的聯合，贏得夷陵之戰獲勝的時間。

非漢民族

蜀漢與東吳境內都有非漢族的原住民，這些人被稱為「蠻夷」或「蠻族」。蜀漢有巴蜀土著、秭歸大姓，東吳內有「山越」或稱「揚越」。

東吳佔有荊、揚、交三州之地，主要的少數民族有荊州西部的「武陵蠻」、交州的「南越」和揚州的「山越」，夷陵戰前，山越的叛亂是東吳主要的內亂。平山越是東吳早期的主要軍事行動之一。

《三國志》載有許多次東吳平山越之事。

孫策與周瑜合力攻破秣陵，擊走劉繇，擁眾數萬，孫策對周瑜說：「吾以此眾取吳會平山越已足。」

呂蒙年少時為孫策部將，曾經「數討山越」。

黃蓋勇武，「諸山越不賓，有寇難之縣，輒用蓋為守長」。

韓當隨孫策東渡，「領樂安長，山越畏服」。

「山越」是指半漢化的越人後裔，以農耕生活為主，「俗好武習戰，高尚氣力，其升山赴險，抵突叢棘，若魚之走淵，猿狖之騰木」。東吳對山越的一直採取高壓政策，驅使他們服兵役和墾田，因而山越人不斷反抗、起義。

蜀國的統治以四川盆地為中心，少數民族較多。集中在荊州西部武陵郡內的原住民，被稱為「武陵蠻」。巴、蜀以西以北有氐、羌。南中青羌、叟、僰、僚等民族總稱「西南夷」。

面對複雜的民族問題，諸葛亮的策略是「西和諸戎，南撫夷越」。

蜀漢建興元年（公元二二三年），越巂郡夷王高定和牂柯郡太守朱褒、夷王孟獲等，趁蜀漢立國不穩，聯合叛亂，諸葛亮著手平定。

經過兩年的準備，蜀漢建興三年（公元二二五年），諸葛亮親率大軍南征，七擒七縱孟獲，平定南中。

然而，爭奪位於中間地帶的原住民，「武陵蠻」，則直接關係吳、蜀兩國的利益。

「武陵蠻」屬於荊州地區，開始歸屬蜀漢，後來荊州被孫權奪走，成為東吳統治下的民族。

東吳統治剛開始時，「武陵蠻」反叛，攻占城邑，東吳以黃蓋領武陵郡太守，平定叛亂。當時郡中只有五百兵士，黃蓋使計，打開城門，讓進攻的原住民

入內，等到一半人進去後，便領兵出擊，斬首數百人，其餘四散逃走，城邑得以收復。黃蓋殺了為首者，其餘的都予以赦免。東吳以半年時間鎮壓，使巴、醴、由、誕等邑的首領都來請服。

夷陵之戰中，蜀漢積極攏絡「武陵蠻」。劉備進軍夷陵，到達秭歸後，令侍中馬良以金錦、官爵招納「五谿諸蠻夷」，原住民首領都接受蜀國的官印和封號。「武陵蠻」的歸附，增強蜀漢的軍力，牽制東吳步騭的一萬兵力。

關羽死後，荊州中南郡已經攻克，另有武陵、建平、宜都三郡未服，特別是樊胄還在誘導各部落的原住民，企圖使武陵郡繼續歸順劉備。

於是孫權任命呂蒙為南郡太守，陸遜為宜都太守，令荊州降官潘浚率五千人征討武陵郡，陸遜攻宜都和建平，潘浚殺樊胄，討平武陵。十一月，劉備所命的宜都太守樊友丟下該郡逃走，各城長吏及「蠻夷君長」向陸遜投降，陸遜請孫權以金銀銅印賜與歸降者。

在劉備進軍夷陵的同時，秭歸大姓文布、鄧凱等領「蠻夷兵」幾千人起兵響應劉備，陸遜率軍攻破文、鄧，文布率眾投降，前後斬首擒獲投降者約有幾萬人之多。

劉備兵敗夷陵，馬良被殺，「武陵蠻」起事也最後平定。夷陵之戰後，東吳加緊解決「武陵蠻」的問題。劉備敗後，零陵、桂陽等郡的原住民仍在阻擋、襲擊東吳軍隊，步騭來回征討鎮壓，一年後始平。

西南諸地，主要聚落為巴郡的七姓夷王，建安二十年（公元二一五年）七月曹操征張魯，巴郡七姓夷王朴胡、賨邑侯杜濩率巴、賨之民前去依附曹操，曹操將巴郡分為巴東和巴西，讓朴胡為巴東太守，杜濩為巴西太守，都封為列侯。

蜀漢建興元年（公元二二三年），蜀漢南中四郡叛，諸葛亮入南中，先鎮壓「越巂夷」首領高定，後又七擒七縱另一首領孟獲，四郡被平。

少數民族問題在三國時期的歷史中也占有不輕的份量，《三國志》中記載不少有名有姓的異族人物，這些人物或叛或附，影響當時三國的內政和外交。

北方地區相繼控制在袁紹、曹魏手中，主要有影響的部族有匈奴、烏丸、氐族和鮮卑族等。

初平二年（公元一九一年）三月，曹操在內黃縣擊敗匈奴於夫羅。

於夫羅是匈奴南單于的兒子。中平年間，匈奴發兵，於夫羅率眾助漢。此時，匈奴國內叛亂，南單于被殺，於夫羅便將他的部眾留在中原。

董卓擅權，群雄四起、天下紛亂之時，於夫羅又與西河白波人會合，破太原、河內，劫掠周邊諸郡。

魏黃初元年（公元二二〇年）十一月，魏文帝曹丕授匈奴南單于呼廚泉印綬，又賜給青蓋車、乘輿、寶劍、玉塊等。魏青龍元年（公元二三三年）九月，安定的匈奴大人胡薄居姿職等叛亂，被司馬宣王祕將軍胡遵等擊敗，投降。

三郡烏丸在當時也是一股強大的勢力，趁亂攻破幽州，占有漢民約十餘萬戶。袁紹與之結好，將他們的酋長都尊為單于，將別人家的孩子作為自己的女兒，嫁給烏丸首領。

在各個單于中，遼西的單于蹋頓勢力尤為強大，袁紹特別厚待，所以後來袁紹敗亡後，他的兒子袁熙、袁尚兄弟都歸服他。

建安十二年（公元二〇七年），曹操決定北征烏丸，率軍出盧龍塞，由於塞外道路不通，於是鑿山五百餘里為道，但沒走兩百里時，烏丸已經知曉。

於是袁尚、袁熙與蹋頓、遼西單于樓班、右北平單于能臣抵之等領騎兵數萬前來迎敵。

兩軍相遇時，曹操軍隊的輜重還在後頭，且著盔甲的士兵不多，大家都開始害怕。

三國時期青銅印

印字內有中原漢族政權授予少數民族首領的政治名號，由上而下分別為「漢叟邑長」、「魏率善氏仟長」、「魏烏丸率善邑長」。

曹操看到對方的佇列不整，都是烏合之眾，於是讓張遼為先鋒，自率兵衝擊敵陣。

烏丸迎敵後陣腳大亂，蹋頓及其名王被斬於馬下，遼東單于速僕丸和遼西、北平等單于棄眾逃跑，與袁尚等人直奔遼東。此役只有幾千人逃出，投降的有二十餘萬人。

當年十一月，代郡的烏丸單于普富盧、上郡的烏丸單于那樓帶其名王前來歸附。

建安二十三年（公元二一八年）四月，代郡、上谷烏丸無臣氐等再反，曹操派曹彰討平。魏景初元年（公元二三七年）七月，孫權派幽州刺史毌丘儉率眾準備襲遼東公孫淵。烏丸單于寇婁敦、遼西烏丸都督王護留等率眾歸附。

建安十八年（公元二一三年）時，羌人作亂，氐族首領千萬叛亂回應馬超，曹操讓夏侯淵興兵討伐。建安十九年（公元二一四年）破馬超，馬超投奔漢中，韓遂與氐王千萬率羌胡萬餘騎兵與夏侯淵戰，大敗，逃入西平。

建安二十年（公元二一五年）三月，曹操西征張魯，至陳倉後準備進入氐族人的境內，氐人塞道，曹操先派張郃、朱靈攻破。四月，曹操出散關到河池，氐王竇茂率眾萬餘人，守著關險不服，曹操又派人擊退。

漢獻帝延康元年（公元二二○年）七月，武都氐族首領楊僕率眾來降，居漢陽郡。蜀漢建興十四年（公元二三六年），蜀漢將武都氐首領及其氐民四百餘戶遷於廣都。

魏黃初五年（公元二二四年），鮮卑軻比能誘使步度根兄長殺他，步度根由此怨恨軻比能，互相攻戰，步度根部落勢力稍弱，率眾萬餘人退保太原、雁門，並向魏進貢。

而軻比能部眾逐漸強大，出兵攻打東部鮮卑大人素利，護烏丸校尉田豫乘機襲擊其後部，軻比能讓其將瑣奴抵抗，被擊敗。軻比能從此叛魏，經常擄掠幽州、并州等邊地。

魏黃初六年（公元二二五年）二月，軻比能為并州刺史梁習所敗。魏太和五年（公元二三一年）四月，鮮卑族附義王軻比能率其部族及丁零大人兒禪前往幽州

進貢名馬。諸葛亮出祁山，軻比能應蜀所招，率眾至北地石城回應諸葛亮。

魏青龍元年（公元二三三年）六月，軻比能又誘使步度根與其私通，并州刺史畢軌上表，要求出兵威鎮，魏明帝道：「步度根為軻比能所引誘，尚有疑心。如今畢軌出兵，恰好使二個部落合而為一，如何威鎮？」

敕令畢軌不得越過邊塞至句注。等詔書到，畢軌已屯兵陰館，派將軍蘇尚、董弼追擊鮮卑。軻比能派其子率一千餘騎兵迎接步度根部，剛好與蘇、董二人相遇，在樓煩展開戰鬥，結果魏國二將陣亡，步度根全部叛逃出塞，和軻比能會合，遊邊境，而後驍騎將軍秦朗討伐，才遠走漠北。

同年十月，步度根部落的大人戴胡阿狼泥等至并州投降，秦朗引兵回朝。

大凌河
古稱白狼水，流經柳城，即今遼寧朝陽市。

魏國武將

張遼

張遼（一六九年～二二二年），字文遠。雁門馬邑（山西朔縣）人。

張遼原是聶壹的後代，為躲避仇人而改姓，年輕時任郡吏。

東漢末年時，并州刺史丁原欣賞張遼武力過人，徵召他為兵曹從事，令張遼率兵去京都。

張遼入京後被何進派赴河北徵兵，得千餘人，返回京都。何進被殺，張遼領募得的兵卒歸附董卓。而後董卓死於呂布之手，張遼再附呂布，並升騎都尉。

建安三年（公元一九八年），曹操破呂布於下邳後，張遼率眾降曹，曹操拜張遼為中郎將，賜爵關內侯。又因屢立戰功，升為裨將軍。

官渡之戰中，張遼與關羽合擊袁紹部將顏良，解白馬圍。官渡之戰後，張遼奉曹操令率軍平定魯國諸縣。

建安六年（公元二○一年）張遼與夏侯淵圍昌豨於東海（山東郯城北），幾個月後，曹軍糧食用盡，商議退軍時，張遼對夏侯淵說：

數日已來，每行諸圍，豨輒屬目視遼，又其射矢更稀。此必豨計猶豫，故不力戰。遼欲挑與語，儻可誘也。

此議定後，曹軍派人告訴昌豨，曹操有令要張遼代傳。昌豨果然下城與張遼談，張遼說了一堆曹操的好話，使昌豨答

應投降。張遼一個人上三公山，見過昌豨的家人後，引軍還，並領昌豨去見曹操。

這件事並沒有得到曹操的讚許。曹操令昌豨返回東海，將張遼罵一頓：

此非大將法也。

《三國志‧張遼傳》說，張遼答謝曹操的指正：

以明公威信著於四海，遼奉聖旨，豨必不敢害故也。

曹操愛才。擔心張遼輕易犯險的心疼。

袁紹死後，張遼一路跟著曹操清剿袁氏兄弟，從黎陽，到鄴城，再到柳城，破單于蹋頓於白狼山（遼寧個喀喇沁左翼蒙古族自治縣東）。

建安十四年（公元二〇九年），陳蘭、梅成據守灊縣、六安縣叛曹操。張遼與于禁、張郃率軍攻討，在灊山（安徽霍縣之霍山）斬殺蘭、成。

曹操在評論諸將功勞時說：「登天山，履峻險，以取蘭、成，這都是蕩寇將軍的功勞。」隨即給遼增加食邑，授予假節職銜。

建安二十年（公元二一五年），曹操征伐孫權返回後，派張遼、樂進、李典率七千人駐紮合肥。

當曹操西征張魯時，為防備孫權趁機反攻，便給護軍薛悌留下密令，並指出該密令只能在遭孫權進攻時才打開。

不久，孫權率十萬人圍合肥。他們打開密令，得知曹操令張遼、李典出戰孫權，樂進守城，薛悌不得出戰，諸將都很疑惑。張遼看完密令後，對他們解讀密令的涵義，樂進、李典等人極力贊同，隨即遼率軍出擊吳軍，直至衝入孫權指揮所。

孫權大驚，眾多將領不知所措，急忙登上高土堆，用長戟守衛孫權，孫權趁機逃脫。張遼率軍追擊，孫權幾乎再次被俘獲。曹操嘉獎張遼，任他為征東將軍。

曹丕即位後，一樣重用張遼，並甚禮遇。孫權再次向魏稱臣，張遼還軍駐紮雍丘（河南杞縣）。這時候，張遼生病了。

黃初三年（公元二二二年）九月，帶病與大將軍曹休等諸州郡二十餘軍大破吳將呂範於洞口（安徽和縣南），而後因病重，逝世於江都（江蘇江都縣西南）。

曹丕得到消息後大哭，並在追念張遼功勞時說：

合肥之役，遼、典以步卒八百，破賊十萬，自古用兵，未之有也。使賊至今奪氣，可謂國之爪牙矣。

樂進（？～公元二一八年），字文謙，陽平衛國人（河南清豐）。

《三國志·樂進傳》形容樂進：

容貌短小，以膽烈從太祖。

樂進從曹操打天下起，便是曹操身邊的屬官。曹操起兵，派樂進回家鄉募兵，樂進領千餘人回來，曹操任他為軍假司馬、陷陳都尉。

樂進隨曹操南征北討。曹操險失兗州時，樂進一直在身邊。征張超、橋蕤時皆以先登報捷，很符合他的個性，曹操將他封為廣昌亭侯。

而後樂進隨曹操征討張繡、呂布、劉備，屢立戰功，被任命為討寇校尉。

官渡之戰時，曹操偷襲烏巢，砍死淳于瓊的人便是樂進。攻袁氏兄弟於黎陽時，樂進又斬殺對方大將嚴敬。

建安九年（公元二〇四年）曹操圍袁譚於南皮，樂進率眾攻城，又是第一個登上城樓，攻下南皮東門。袁譚敗走後，與張郃一起別攻雍奴（天津武清東北）。

樂進勇猛，但不是能點兵遣將的指揮者。建安十年（公元二〇五年）征高幹時，樂進包抄敵後，高幹回守壺關，樂進雖連斬敵將數人，卻一直未能攻下壺關，及至曹操親征，才擊破壺關。

建安十一年（公元二〇六年），曹操上表獻帝，稱讚樂進：

武力既弘，計略周備，質忠性一，守執節義，每臨戰攻，常為督率，奮強突固，無堅不陷，自援枹鼓，手不知倦。又遣別征，統御師旅，撫眾則和，奉令無犯，當敵制決，靡有遺失。論功紀用，宜各顯寵。

依此，樂進被封為折衝將軍。同年，八月，樂進與李典共討東海管承。

赤壁之戰，曹軍敗後，樂進與曹仁、徐晃屯守襄陽

曹操知道樂進的性才。所以，建安二十年（公元二一五年）征張魯時，要樂進守合肥，不許他出戰。

其時樂進、李典、張遼共同拒守合肥，這個指示對樂進、李典來說很難理解。尤其總是「先登」的樂進被指示當「守護軍」，樂進自己也不懂。

張遼明白曹操「教之守，不教之戰」的用意。《三國志‧張遼傳》記有張遼的解釋：

公遠征在外，比救至，彼破我必矣。是以教指及其未合逆擊之，折其盛勢，以安眾心，然後可守也。

曹操要眾人趁孫權兵將尚未完全部署前，快戰一場，下孫權馬威，挫其士氣後，回城固守。

張遼雖解得曹操的意思，但仍感不安。《資治通鑑‧卷六十五》解釋，自建安十一年（公元二〇六年）時：

遼在長社，於禁頓潁陰，樂進屯陽翟，三將任氣，多共不協。操使司空主薄趙儼並參三軍，每事訓諭，遂相親睦。

曹操雖然努力周旋武將間各感情，但數年後武將間仍然沒有一團和睦，《三國志‧李典傳》載：

進、典、遼皆素不睦，遼恐其不從，典慨然曰：此國家大事，顧君計何如耳，吾可以私憾而忘公義乎！

張遼、李典等人在此役中確實因合作達成曹操的囑咐，不過史料上未說樂進當時如何表態。甚或說歷史中的樂進，其實不曾開口說過一句話。

合肥一役，是樂進的最後一場仗，史料上並未提及樂進是否後來回到鄴城。

歷史中，短小剛烈不講話的樂進，病逝於建安二十三年（公元二一八年）。

于禁，字文則，泰山鉅平人（山東泰安）。

黃巾起事時，鮑信招眾，于禁投在鮑信的部眾之中，而後鮑信戰死，于禁成為曹操的屬下，從此後，于禁軍功不斷。

曹營的眾將中，于禁是冷靜沉著的將領。

在第一次征張繡時，張繡先降後叛，曹軍驚慌混亂，大潰，唯獨于禁率領著數百士兵，且戰且退，雖有死傷，卻不混亂離散。

于禁領軍眾回大營，在路上遇見十餘名帶傷裸身的人，于禁問其原因，這些人說是遭青州兵行搶。

青州兵是曹操招收的黃巾軍餘眾，因籍青州，號為青州兵。此時于禁得知青州兵竟然行搶，勃然大怒：

青州兵同屬曹公，而還為賊乎。

于禁帶兵討剿搶劫的青州兵。被打屁股的青州兵便跟曹操告狀。

于禁回到大營後，先立營布兵，並未立刻去見曹操。有人跟于禁說青州兵已經向曹操告狀，建議他該先去跟曹操解釋。于禁不以為然：

今賊在後，追至無時，不先為備，何以待敵。且公聰明，譖訴何緣。

于禁從從容容地作完安營的工事後才去見曹操，說明事情原委。

曹操覺得于禁真的不錯，他說：

渭水之難，吾其急也。將軍在亂能整，討暴堅壘，有不可動之節。

曹操在驚慌逃命中損子折將，于禁能如此沉著，曹操應是極佩服。

建安四年（公元一九九年）八月，曹操進軍黎陽，于禁自請為先鋒，曹操撥兩千步騎給于禁讓他駐守延津。董承密謀殺曹操的事爆發後，曹操領軍東征劉備。袁紹於此時攻延津，于禁固守延津，袁紹未能如意。

于禁再與樂進領步騎五千人，進擊袁紹別營，從延津沿河至汲，獲、嘉兩縣。燒三十餘屯聚，殺虜數千人，收降袁紹諸將二十餘人。于禁再屯原武，擊袁紹杜氏津處的別營。

官渡一戰，于禁沒有放煙花。

建安十一年（公元二〇六年），被張遼說服降曹的昌豨再次反節，曹操令于禁征昌豨。昌豨擋不住于禁的急攻，想自己跟于禁有些交情，便要投降。

諸將以為既然昌豨已降，當送交曹操處理，不料于禁不這麼想：

諸君不知公常令乎，圍而後降者，不赦，夫奉法行令，事上之節也，豨雖舊友，禁可失節乎。

于禁哭送昌豨上斷頭台。

當時曹操兵屯淳于，聽到這件事後，只能嘆昌豨想投降沒想到找他，卻去找于禁，是昌豨命不好。

于禁一直是嚴厲的人，治軍尤其嚴格，在軍中的名聲令人忌怕。

朱靈一直是不服管教的傢伙，曹操想收回他治下的兵，便將這件事交給于禁處理。于禁領數十騎，前往朱靈的兵營收繳兵眾，朱靈與其部眾哼都不敢哼，乖乖受命，成為于禁麾下一部。

于禁一生戎馬，戰功無數，曹操甚重于禁，但是曹操並沒有保留下于禁可以珍惜自己的空間。建安二十四年（公元二一九年），關羽攻樊城，秋時降大雨，大水氾濫數丈，于禁受困投降關羽。

曹操得知于禁投降，一時不敢相信，待確認于禁真的投降，是一句哀嘆：

吾知禁三十年，何意臨危處難，反不如龐德耶。

曹丕對于禁的三十年貢獻，更無感謝。

孫權殺關羽後，于禁得救，在東吳一段時間。曹丕稱帝後，孫權將于禁遣還曹魏。此時的于禁已是滿頭白髮的老人，曹丕帶他去拜曹操的陵墓，讓于禁看他命人畫在陵屋內樊城一役的戰況：龐德憤怒、于禁降伏。

于禁因此「慚恚發病」而死。

曹丕連一句謝謝也沒有替曹操說。

張郃（？～ 公元二三一年），三國時魏將領。字俊乂，河間鄚縣（河北任丘北）人。東漢末應募討黃巾，任為軍司馬，屬韓馥統率。

韓馥失敗後，率兵歸順袁紹，袁紹任其為校尉，派他率兵抵禦公孫瓚。公孫瓚敗後，張郃因征公孫瓚有功，袁紹升他為寧國中郎將。

建安五年（公元二〇〇年），於官渡之戰因救烏巢事被郭圖誣害，投降曹軍。張郃投降是官渡之戰的大轉折。

《三國志・張郃傳》裴松注寫：

是則緣郃等降，而後紹軍壞也。

張郃雖是降將，但曹操甚是禮遇，將張郃拜為偏將軍，封都亭侯，並說：

昔子胥不早寤，自使身危。豈若微子去殷，韓信歸漢邪。

而後張郃跟曹操一起打鄴城，於渤海攻袁譚，另外率軍征討雍奴，大獲全勝，再隨曹操圍柳城，一路追打前老闆袁氏的勢力，不曾手軟。征柳城時，更與張遼、于禁等將同為先鋒，因功升平狄將軍。

張郃自降曹軍後，戎馬未停。征海賊管承，與張遼一同討破陳蘭、梅成的叛亂。隨曹操在渭水之南，打敗馬超、韓遂，圍安定，擊敗楊秋。

建安二十年（公元二一五年），曹操

征張魯，張郃一直是替曹操開路往關中的先鋒。

先是討興和氏王竇茂，及曹操自散關中後，又令張郃領五千步兵，清通進軍陽平的行軍路線。張魯投降後，張郃奉命與夏侯淵同守漢中。

同年，張郃另督帥諸軍，降服巴東、巴西二郡，將兩郡百姓遷徙漢中。

建安二十四年（公元二一九年），劉備屯陽平，張郃屯軍廣石，劉備將精兵萬餘人分為十部急攻張郃，張郃、竹月山率兵與劉備搏戰，劉備未攻下廣石，敗走馬谷時，縱火燒都團，同守漢中的夏侯淵因救火，在旁路與劉備遭遇，而戰死。

夏侯淵死得太突然，《三國志·張郃傳》說當時「三軍皆失色」。夏侯淵的司馬郭淮立刻推舉張郃統領軍眾。於是：

郃出，勒兵安陣，諸將悉受郃節度，眾心乃定。

此時曹操在長安，立刻派人交令給張郃，替他正名。而後曹操領兵入漢中，劉備據地不戰，曹操嫌雞胸骨沒肉退出漢中後，留張郃屯兵陳倉。

曹丕繼承王位後，命張郃為左將軍，進爵都鄉侯。曹丕登上帝位時，進封為鄭侯。

張郃待關中許多年，他通曉事物的變化發展，善於設置營陣，預測戰爭形勢和地形條件，連諸葛亮都畏懼他。

魏太和二年（公元二二八年），諸葛亮出兵祁山時，魏明帝給予張郃特進的加官，遣督諸軍，戰蜀將馬謖於街亭（甘肅莊浪東南）。張郃以斷絕蜀軍引水渠道之法，圍困馬謖於南山上，後出兵攻擊，大敗蜀軍。

這年冬天，諸葛亮再次率軍出祁山，圍攻陳倉（陝西寶雞市東）。張郃奉命晨夜進至南鄭，亮糧盡退軍，張郃奉詔還京都，拜征西車騎將軍。

太和五年（公元二三一年），諸葛亮第四次出兵祁山，張郃奉命督帥諸將西至略陽，亮還軍駐守祁山，郃追至木門（天水西南）與亮軍交戰，遇伏兵飛矢中右膝。

張郃是武將，不過《三國志·張郃傳》說他：

愛樂儒士，嘗薦同卿卑湛經明行修。

張郃死後諡「壯侯」，魏明帝封張郃四子列侯，賜張郃最小的兒子為關內侯。

徐晃，字公明，河東楊縣人（山西洪洞）。原是隨楊奉討黃巾軍的屬下，因有功被任為騎都尉。

李傕、郭汜亂長安時，與楊奉護送漢獻帝回洛陽，徐晃便是其一。回到洛陽後，朝廷仍不安定，徐晃又勸楊奉投靠曹操，楊奉本已同意，又後悔，結果終引曹操舉兵相對。

楊奉戰敗後，投奔袁術，徐晃則投於曹軍之中。而後曹操出征的腳印旁邊都有徐晃。

建安九年（公元二○四年）曹操圍鄴城，攻破邯鄲，袁氏勢力，如危卵。易陽令韓範假意投降後拒守城中，曹操令徐晃攻城。

徐晃寫下局勢成敗，以箭射入城中，勸韓範投降。韓範果然後悔不該欺騙，於是向徐晃投降。徐晃收下降城後，跟曹操說：

二袁未破，諸城未下者傾耳而聽，今日滅易陽，明日皆以死守，恐河北無定時也。願公降易陽以示諸城，則莫不望風。

曹操聽過後，不斬不屠，賜韓範為關內侯。

赤壁之戰敗後，徐晃與曹仁共守江陵。而後與周瑜在江陵對峙年餘，建安十四年（公元二○九年）才回到鄴城。

建安十六年（公元二一一年）徐晃隨

征馬超、韓遂。大軍到潼關之後，與馬超在潼關對峙，曹操問徐晃怎麼辦。徐晃說：

公盛兵於此，而賊不得別守蒲阪，知其無謀也，今假臣精兵渡蒲阪津，為軍先置，以截其裡，賊可擒也。

於是徐晃帶步騎四千人，渡過蒲阪津，在河西立營做工事。工事未成，梁興領五千步騎攻徐晃。徐晃擊退梁興，守住領曹軍渡過渭河的據點。

蒲阪津渡渭水搶得河西據點，徐晃像下棋般在地理要點上落子。征漢中時，徐晃也在整盤棋中看到劉備下子的手路，拔掉劉備的佈局。

建安二十三年（公元二一八年）曹操留徐晃及夏侯淵守陽平。劉備令陳式等十餘營兵駐斷馬鳴道，徐晃即遣將兵攻破陳式等人。曹操得知這件事後，非常高興：

此閣道，漢中之險要咽喉也，劉備卻斷絕外內，以取漢中，將軍一舉克奪賊計，善之善者也。

徐晃下得最漂亮的一手棋在樊城之役。關羽圍樊城、襄陽，徐晃受命領軍往救曹仁。徐晃軍至陽陵坡，關羽派兵紮守於偃城。徐晃在小道上挖溝作塹，以欲斷其後騙關羽兵。關羽兵立刻燒屯撤軍，徐晃將偃城騙到手，得兩面連營之勢。

而後曹操遣派的營兵陸續而至，徐晃與困守城中的曹仁箭書來往消息，又騙攻關羽四座屯營，關羽自將步騎五千人與徐晃戰，關羽敗走，徐晃追擊，追進關羽的包圍圈中，擊殺關羽手下傅方、胡下等人，關羽撤圍退走。

徐晃在襄、樊城外，幫曹仁撐過最難熬的時間。曹操得知徐晃追攻關羽一事後，說：

賊圍塹鹿角十重，將軍致戰全勝，遂陷賊圍，多斬首虜，吾用兵三十餘年，及所聞古之善用兵者，未有長驅徑入敵圍者也，且樊、襄之在圍，過於莒、即墨。將軍之功，踰孫武穰苴。

襄、樊之危解除後，徐晃領兵回鄴，曹操特別出城七里迎接徐晃，擺酒接風。宴中，曹操說：

全樊、襄陽，將軍之功也。

徐晃隨曹操，及曹丕、曹睿，一步一步地見證曹家漸成的天下。徐晃一生行事謹慎，用度簡樸，少爭封賞，交友慎重。他常說：

古人患不遭明君，今幸遇之，當以功自效，何用私譽為。

魏太和元年（公元二二七年），徐晃病逝。

甘寧，字興霸，巴郡臨江人。

《三國志·甘寧傳》說他：

少有氣力，好游俠。招合輕薄少年，為
之渠帥，群聚相隨，挾持弓弩，負毦帶鈴，民
聞鈴聲，即知是寧。

這種情況無論是用現在或兩千年前
的眼光看甘寧，這個人都是「危害鄉里」
的「惡霸」。

再讓裴松補注過之後，這個人，更
糟：

其出入，步則陳車騎，水則連輕舟，侍
從被文繡，所如光道路，住止常以繒錦維
舟，去或割棄，以示奢也。

甘寧看起來像是十足惡勢的敗家
子。甘寧帶著他的小弟，四處遊走。《三
國志·甘寧傳》說：

接待隆厚者乃與交歡；不爾，即放所將
奪其資貨。

甘寧一直混到二十幾歲，才帶八百名
小弟投奔劉表。然而劉表對於治軍事，一
直興趣缺缺，甘寧覺得任劉表手下終不
成事，而且他還擔心萬一劉表的勢力土
崩瓦解，必至禍害。

此時的甘寧想往東投靠孫家，但黃
祖堵在夏口，一班人浩浩盪盪不得過，便
留在黃祖手下。

孫權打黃祖的時候，甘寧射死凌操，
黃祖因此得以逃脫，但黃祖並未因此重

用甘寧。黃祖的都督蘇飛幾次推薦甘寧，都不得黃祖理睬，最後蘇飛說服黃祖讓甘寧出任一縣，甘寧才得以脫離黃祖。

甘寧如願投靠孫權後，第一件事就是叫孫權打黃祖。他跟孫權說劉表是肯定要完蛋的一方，孫權若有心吃下荊州，必該先攻下其實已經衰弱不堪的黃祖。張昭覺得甘寧的說法太過草率，但黃祖跟孫家本來就有殺父之仇，孫權得甘寧之議，舉酒與甘寧換誓攻黃祖，還叫他不要理張昭。

而後孫權攻破夏口，做兩個盒子宣告要裝黃祖與蘇飛的人頭。蘇飛寫信給甘寧求救，甘寧將蘇飛待他的情義告訴孫權，請孫權同意收降蘇飛。孫權擔心蘇飛降後復叛，甘寧立刻為蘇飛背書：

飛免分裂之禍，受更生之恩，逐之尚必不走，豈當圖亡哉！若爾，寧頭當代入函。

及至赤壁之戰、江陵攻防，甘寧如此時的江東諸將一樣，均是兵雖少仍得戰功。

建安二十年（公元二一五年）劉備背信取益州，孫權向劉備討還荊州地時，甘寧隨魯肅鎮益陽，拒關羽。

當時關羽欲自投縣上游夜渡淺瀨，甘寧跟魯肅說：給我加五千兵，我來對付關羽，保管關羽聽到我的名字就嚇得打嗝，不敢渡水，他若是敢渡水，就是擒中物。

魯肅播一千兵給甘寧，甘寧連夜進軍。關羽得知後，真的沒有渡水，而是就地立營。

陳壽在《三國志·甘寧傳》考證當年關羽立營之處：

今遂名此處為關羽瀨。

《三國志·甘寧傳》說甘寧：

雖粗猛好殺，然開爽有計略，輕財敬士，能厚養健兒，健兒亦樂為用命。

但甘寧看待戰事，似乎多像遊戲。

建安十七年（公元二一二年）曹操出濡須，甘寧領三千人為前部督，甘寧選手下百人，偷襲曹操軍營，拔下營防鹿角，潛入營中殺數十人，曹營中發現此事，驚駭鼓譟時，甘寧已經回到自己營中，擊鼓吹樂。

甘寧卒年未明，死因未明。《三國志》中只說遊戲人生的甘寧死時，孫權甚為痛惜。

黃蓋

黃蓋，字公覆，零陵泉陵人。

黃蓋是黃巾之變孫堅起兵時，便跟孫堅一起征戰的老將，而後助孫策、孫權四處征討，從討董卓到赤壁，黃蓋經歷的事幾乎跟三國史一樣長。

不過黃蓋對東吳的貢獻除了在赤壁被周瑜打一頓之外，更多的是郡縣的治理，而非戰功。

越地各族原住民時降時叛，一直是孫吳治掌江東的麻煩事。《三國志·黃蓋傳》說：

諸山越不賓，有寇難之縣，輒用蓋為守長。

《三國志·黃蓋傳》裡記一段黃蓋當官的事。

石城，為當時縣吏最難控御的地方，黃蓋理石城，分設兩個掾屬官，處理各曹之事，黃蓋跟這兩個掾屬說：

令長不德，徒以武功為官，不以文吏為稱。今賊寇未平，有軍旅之務，一以文書委付兩掾，當檢攝諸曹，糾擿謬誤。兩掾所署，事入諾出，若有奸欺，終不加以鞭杖，宜各盡心，無為眾先。

黃蓋謙虛自己是個武人，不懂文官事，所以將公文書件等政務事委託給這兩個人，並保證自己不會打人，要他們好好盡心做。

這兩個人一開始懼於黃蓋，兢兢業

業,日子一久,兩人發現黃蓋真的不看公文,便開始依自己的方便辦事。

黃蓋發現政事漸有懈怠,又得知兩掾屬不法事數件,便請他們喝酒,將不對頭的事一一細問,最後這兩個人被問到答不出來,只得認罪。黃蓋便對跟這兩個人說:

前已相敕,終不以鞭杖相加,非相欺也。

於是黃蓋把這兩個人砍了,縣中震慄。而後黃蓋轉赴九縣,均一一治平。

建安十三年(公元二〇八年),赤壁之戰,東吳幾乎調動所有可戰的武將抗曹,黃蓋當然也在動員之中。這是史料上黃蓋唯一一次與「外國人」交戰的記錄,也是孫權擊敗曹軍最大的轉折。

《三國志·周瑜傳》記孫權與曹操大軍相峙時:

瑜部將黃蓋曰:今寇眾我寡,難與持久,然觀操軍方連船艦首尾相接,可燒而走也。

《三國志·周瑜傳》引《江表傳》注,寫黃蓋當時送給曹操的信:

蓋受孫氏厚恩,常為將帥,見遇不薄。然顧天下事有大勢,用江東六郡山越之人,以當中國百萬之眾,眾寡不敵,海內所共見也。東方將吏,無有愚智,皆知其不可,惟周瑜、魯肅偏懷淺戇,意未解耳。今日歸命,

是其實計。瑜所督領,自易摧破。交鋒之日,蓋為前部,當因事變化,效命在近。

曹操在戰時收降將為用,已是常事。而且官渡之戰時,許攸與張郃陣前倒戈,便讓曹操攻袁紹軍如摧枯拉朽。此時的曹軍為疫疾所困,或許曹操相信自己總有些運氣,更或許急著打贏這場仗,曹操比過往更輕信黃蓋的詐降,甚至因為不識水戰而未料及黃蓋會帶來災難。

赤壁之戰後,「五陵蠻」叛,黃蓋又回他的本行去治郡討賊。

當時黃蓋手上只有五百名郡兵,黃蓋自知不及敵力,便開城門誘敵。在敵人半入城時,領兵擊殺。斬首數百人後,敵兵逃走,黃蓋繼續追討「五陵蠻」主將,收敕從附的投降者。

黃蓋用半年的時間,鎮壓「五陵蠻」,使巴、醴、由、誕各邑的原住民首領降附。而後山賊攻長沙益陽縣,又是黃蓋領兵討定。

黃蓋一生幾乎都在剿討降降叛叛的各地部落,病卒於任官時。

凌統

凌統，字公績，吳郡餘杭人。

凌統的父親凌操在征黃祖時，死於甘寧的箭下。當時凌統十五歲，眾人對凌統頗多稱讚，孫權便讓凌統領父親所將兵眾。

而後凌統隨孫權攻山賊，凌統因父親事砍死當時的督祭酒陳勤。

陳勤是個壞脾氣的人。攻山賊屯時，陳勤與諸人喝酒，不講規矩，欺負在坐的人，凌統討厭陳勤態度輕慢，當下與陳勤起衝突。陳勤因此怒罵凌統，連凌操都罵進去。凌統少年，委屈悶在肚子裡哭，一場酒喝成這樣，也不再有興緻，眾人罷席離開。

即使席散，陳勤仍然不放過凌統，借酒發瘋，繼續罵到路上，凌統終於忍不住，舉刀砍陳勤。數日後，陳勤死了。

發兵攻山賊屯的時候，凌統知道自己殺陳勤，罪過大了，便豁出死般地以命拼攻。《三國志・凌統傳》形容是：

乃率屬士卒，身當矢石，所攻一面，應時披壞。

攻破山賊屯後，凌統自行領罪，孫權沒計較這件事，讓凌統以功贖罪。

建安十三年（公元二〇八年）春，孫權第二次征黃祖，以凌統為先鋒。這一仗對凌統來說應是為父報仇，可是當年射死父親的仇人，甘寧，此時卻是同僚。

《三國志·甘寧傳》引《吳書》注：

凌統怨寧殺其父操，寧常備統，不與相見。權亦命統不得讎之。嘗於呂蒙舍會，酒酣，統乃以刀舞。寧起曰：寧能雙戟舞。蒙曰：寧雖能，未若蒙之巧也。因操刀持楯，以身分之。後權知統意，因令寧將兵，遂徙屯於半州。

孫權知道將凌統與甘寧放在一起終會出事，早早讓甘寧屯兵於外。

建安二十年（公元二一五年）孫權攻合肥十餘日未下，撤軍。兵眾都上路後，孫權與諸將仍在逍遙津北，張遼遠望發現，即刻領步騎掩襲孫權。

凌統率三百兵保護孫權逃出陣中，再回戰張遼軍。凌統計算孫權應該已經逃遠，才回還本軍，但凌統身邊的人戰死殆盡。

凌統在戰中受傷甚重，逃到河邊，橋板均毀，只得披甲潛游回孫權的船上。

受傷的凌統見到孫權，大哭他的親兵沒有一個回來。孫權提袖子給凌統擦眼淚，安慰他：

公績，亡者已矣，茍使卿在，何患無人。

孫權這種安慰人的方法，真不安慰。不過，當時凌統傷重，孫權大概也沒有心情細細化解凌統的傷心。《三國志·凌統傳》引《吳書》注：

統創甚，權遂留統於舟，盡易其衣服。其創賴得卓氏良藥，故得不死。

自此後，孫權加一倍的兵給凌統。

凌統與甘寧有仇，未對甘寧有任何報復，只能藉酒席舞一場刀，發悶氣。殺陳勤後自己憋得以命搏敵，凌統做的事都像是沉厚的老實人。

凌統一直深受孫權所重，《三國志·凌統傳》內寫：

凡統所求，皆先給後聞。

凌統病逝後，孫權哀不能自止，吃不下飯，講到凌統就掉眼淚。

凌統留下的兩個兒子，年紀都很小，孫權將這兩個小孩留在身邊撫養，待之如親子。孫權對賓客介紹這兩個小孩時，稱：

此吾虎子也。

孫權待凌統的情義及於晚輩。

蔣欽與周泰

蔣欽，字公奕，九江壽春人。

孫策還附於袁術下時，蔣欽是孫策身邊的隨從小官。孫策領父親舊部千人往江東後，令蔣欽為別部司馬。蔣欽隨孫策平丹陽、吳、會稽及豫章四郡，再調葛陽尉，及三縣長。

蔣欽與其他東吳的將領一樣，領大軍對外前，平定境內無止盡的賊盜及鎮壓原住民部落，成為要務，並且幾可視為練兵的實習戰。

從孫權征合肥前，蔣欽都在各地討剿群眾的盜賊。

孫權第一次征合肥，狼狽而還，蔣欽當時與甘寧、呂蒙、凌統等力戰曹軍，才使孫權脫困而回。

建安十七年（公元二一二年）曹操軍至濡須，孫權令蔣欽持諸軍節度，與蔣欽有心結的徐盛開始不安了。

蔣欽屯宣城討豫章賊的時候，當時任蕪湖令的徐盛曾上表要斬蔣欽，孫權沒有答應，此時徐盛見蔣欽握軍前大權，便害怕蔣欽借故對自己不利，惶惶恐恐，但是蔣欽常常稱讚徐盛的好處，並未懷有惡意。

孫權問蔣欽：

盛前白卿，卿今舉盛，欲慕祁奚邪？

蔣欽並沒有要學古聖人的意思：

臣聞公舉不挾私怨，盛忠而勤強，有膽

略器用，好萬人督也。今大事未定，臣當助國求才，豈敢挾私恨以蔽賢乎！

蔣欽一生平實，如他看待徐盛的直純。有一次孫權到蔣欽家裡，發現蔣欽：

> 母疏帳縹被，妻妾布裙。

孫權嘆蔣欽簡約。

建安二十四年（公元二十九年），孫權討關羽，蔣欽領水軍入漢水，死於還軍途中，蔣欽的兒子從父親腳步，而後在與魏軍交戰時，戰死。

周泰，字幼平，九江下蔡人。

如果說蔣欽是孫策的右手，周泰則是孫策的左手。周泰與蔣欽是「同期生」。

孫策征討山賊時，孫權在宣城，領兵自衛，兵眾人數不及千人，孫權大意輕忽，未經營防治，山賊數千人突然來攻，《三國志·周泰傳》中有一段周泰救孫權一命的記載：

> 權始得上馬，而賊鋒刃已交於左右，或斫中馬鞍，眾莫能自定。惟泰奮激，投身衛權，膽氣倍人，左右由泰並能就戰。

周泰雖勇，卻仍然重傷十二處，並調養許久。當時若無周泰，孫權大概命不保，孫策對周泰感激萬分，而周泰身上的傷不只有十二條。

建安十七年（公元二一二年）朱然與徐盛被播分在周泰手下，以抗曹軍，朱然與徐盛對此頗是不服氣，孫權因此親至濡須會諸將，請喝酒。

酒酣耳熱時，孫權拿著酒到周泰面前，要周泰脫下衣服，然後指著周泰身上的傷疤，一條條問傷疤如何而來，周泰在與孫權一來一往的問答間，一條條回想自己經歷的戰役，所得的傷跡。自此，沒有人再不服周泰，當天的酒，諸將大歡，喝到深夜時。

《三國志·周泰傳》引《江表傳》注：有一段孫權說的話，或可解釋眾人對周泰有所不服的原因：

> 幼平，卿為孤兄弟戰如熊虎，不惜軀命，被創數十，膚如刻畫，孤亦何心不待卿以骨肉之恩，委卿以兵馬之重乎！卿吳之功臣，孤當與卿衕榮辱，等休戚。幼平意快為之，勿以寒門自退也。

周泰，是老實人。

陳
武

　　陳武，字子烈，廬江滋人。

　　三國時期，一尺為十寸，一寸約為現今2.42公分，《三國志‧陳武傳》寫陳武身高七尺七寸，即186公分，很高大。

　　陳武十八歲的時候，在壽春投靠孫策，而後與孫策共赴江東。孫策擊敗劉勳後，得諸多廬江兵，孫策便將這些兵士交給陳武督管。孫權統事後，轉督五校。

　　陳武於建安二十年（公元二一五年）隨孫權征合肥時戰死。

　　歷史中所寫陳武本人的事跡極少，江東大事中，都沒有陳武的記錄，倒是兒子所留下的事比較多。或可自兩個兒子的事跡中窺得陳武的行事風格。

　　《三國志‧陳武傳》中記長子陳脩有乃父之風，而且陳脩治兵頗有能力：

　　時諸將新兵多有逃叛，而脩撫循得意，不失一人。

　　陳脩卒於黃龍年間。

　　陳武的兒子在史料中看來，似是一武一文。《三國志‧陳武傳》寫陳武：

　　仁厚好施，鄉里遠方客多依托之。

　　這些個性可以在次子陳表的記事中得見。《三國志‧陳武傳》中寫陳表：

　　少知名，與諸葛恪、顧譚、張休等並侍東宮，皆共親友。

　　孫權所任尚書暨艷與陳表是好朋友，而後暨艷因行事剛阿遭讒，孫權令他

自殺，當時的人大多自掃門前雪，雖相信暨艷確實是因讒言至罪，卻沒有人願意替為暨艷說公道話，唯獨陳表出頭，士人因此事重陳表。

外頭的事陳表行事直白，在家裡也一樣。

陳脩與陳表兄弟非一母所生，陳表的母親是妾室。陳脩死之後，陳表的母親不肯照顧元配夫人，陳表跟他的媽媽說：

兄不幸早亡，表統家事，當奉嫡母。母若能為表屈情承順嫡母者，是至願也；若母不能，直當出別居耳。

這個兒子的個性有夠硬。

而後陳表希望繼承父親為武將，向孫權求領五百人。陳表或得父親與哥哥的帶兵方法，於是：

欲得戰士之力，傾意接待，士皆愛附，樂為用命。

《三國志·陳武傳》中，有一段寫陳表收服施明的事。

士兵施明盜官家財物，施明壯悍，嚴刑拷打問不出個所以然。廷尉將這件事告訴孫權，孫權想到陳表能夠得到士兵們的心，於是將施明交給陳表。陳表待施明：

破械沐浴，易其衣服，厚設酒食，歡以誘之。

施明於是認罪，並招出同黨。而後孫權為保全陳表的名聲，赦免陳明，誅施明黨人。

陳表這一手，絕對是「污點證人」的老祖先。

陳表待事以直，不只兩件，孫權曾賜陳表二百家食邑，陳表看過這些人後，覺得：

皆堪好兵，乃上疏陳讓，乞以還官，充足精銳。

孫權回信：

先將軍有功於國，國家以此報之，卿何得辭焉？

陳表說：

今除國賊，報父之仇，以人為本。空枉此勁銳以為僮僕，非表志也。

陳表卒年三十四歲，家財盡用於養兵，《三國志·陳武傳》說他：

死之日，妻子露立。

太子孫登得知後，特別為陳表修屋。陳表終生或許堅持為報父仇，寧可窮困。

關羽

關羽（公元一六二年～公元二二〇年），字雲長，本字長生，河東解縣（山西臨猗西南）人。

關羽這個人，大家太熟了，熟到他用什麼兵器、看什麼書都清清楚楚。

在歷史上，關羽大露鋒芒的第一次，其實在官渡之役的前哨戰：白馬、延津之役。

此役中關羽勇殺顏良、文醜，並封曹操所賜諸物，告辭曹操，奔往袁紹軍中，投回劉備身邊，曹操留一句「各為其主」，使關羽與曹操之間的關係變成有空間的美談。

這段事，讓羅貫中在小說裡定下關羽「忠義」的個性，但史實中，關羽的性格頗多不同。

《三國志‧關羽傳》引《蜀記》：

初，劉備在許，與曹公共獵。獵中，眾散，羽勸備殺公，備不從。及在夏口，飄颻江渚，羽怒曰，往日獵中，若從羽言，可無今日之困。備曰，是時亦為國家惜之耳；若天道輔正，安知此不為福邪。

裴松對這段史料有一段評說：

備後與董承等結謀，但事泄不克諧耳，若為國家惜曹公，其如此言何。

劉備如何掩飾自己未殺曹操的原因暫且不說，但是曹操與關羽之間似乎只有曹操一廂情願，並未有惺惺相惜之事。

而且《三國志·關羽傳》中記寫多項關羽傲氣，不屈於人之下的事：

> 羽聞馬超來降，舊非故人，羽書與諸葛亮，問超人才可誰比類。亮知羽護前，乃答之曰，孟起兼資文武，雄烈過人，一世之傑，黥、彭之徒，當與益德並驅爭先，猶未及髯之絕倫逸群也。

> 羽美鬚髯，故亮謂之髯。羽省書大悅，以示賓客。

諸葛亮一邊想他的「隆中對」，還要一邊照顧關羽心情，好辛苦。

劉備封黃忠為後將軍時，關羽怒稱：

> 大丈夫終不與老兵同列！

關羽的驕傲在而後惹來禍害。

攻樊城一役，應該是關羽一生事業的最高峰。此時的關羽不可一世，孫權想交好關羽，為子求關羽女兒為親，關羽將孫權派來的使臣罵辱一頓。關羽明晃晃地得罪在荊州時可以依賴的朋友，打破魯肅、諸葛亮極力維持共同抗曹的外交關係，引呂蒙潛渡江陵。

當時的南郡太守是麋芳，麋芳與哥哥麋竺，自劉備在下邳時便以家產資助劉備，麋竺更將妹妹嫁給劉備，說來與劉備關係至親。

但是，呂蒙軍至江陵後，麋芳竟被呂蒙說服，開城投降。其來有自，《三國志·關羽傳》說：

> 南郡太守麋芳在江陵，將軍傅士仁屯公安，素皆嫌羽輕己。羽之出軍，芳、仁供給軍資，不悉相救。

> 羽言，還當治之，芳、仁咸懷懼不安。於是權陰誘芳、仁，芳、仁使人迎權。

《三國志·呂蒙傳》引《吳錄》：

> 初，南郡城中失火，頗焚燒軍器。羽以責芳，芳內畏懼，權聞而誘之，芳潛相和。及蒙攻之，乃以牛酒出降。

關羽驕傲得斷絕自己的後路，與曹軍對峙於襄、樊時，孫權已盡得江陵。

接下來是關羽敗走麥城，與子關平被斬於沮臨。

《三國志·關羽傳》引《蜀記》裡有一段關羽的夢：

> 羽初出軍圍樊，夢豬齧其足，語子平曰，吾今年衰矣，然不得還。

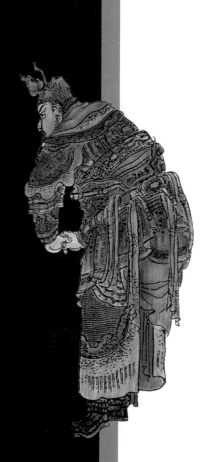

蜀國武將

張飛

張飛，字翼德，涿郡（河北涿州）人。年輕時劉備、關羽結識，有一段大家熟到不行的「桃園結義」。

張飛跟著劉備四處流浪多年，在普遍的印象中，此人赫赫有名，但張飛早年未有特殊表現。

初平二年（公元一九一年）：

備少與河東關羽、涿郡張飛相友善；以羽、飛為別部司馬，分統部曲。

這是張飛第一次登場。

建安元年（公元一九六年）：

袁術攻劉備以爭徐州，備使司馬張飛守下邳，自將拒術於盱眙、淮陰，相持經月，更有勝負。下邳相曹豹，陶謙故將也，與張飛相失，飛殺之，城中乖亂。袁術與呂布書，勸令襲下邳，許助以軍糧。布大喜，引軍水陸東下。備中郎將丹陽許耽開門迎之。張飛敗走，布虜備妻子及將吏家口。

張飛第二次出場就把嫂子給顧丟了。

建安十三年（公元二○七年）：

備於是與亮情好日密。關羽、張飛不悅。

第三次出場便是跟諸葛亮吃醋。

幾無所功的八年後，張飛在建安十三年（公元二○八年）當陽長阪才真正露了臉。《三國志·張飛傳》：

及於當陽之長阪。先主聞曹公卒至，棄

妻子走，使飛將二十騎拒後。飛據水斷橋，瞋目橫矛曰：身是張翼德也，可來共決死。敵皆無敢近者，故遂得免。

張飛一喝成名，赤壁之戰後，周瑜給孫權的信裡稱：

關羽、張飛熊虎之將。

建安十九年（公元二一四年）諸葛亮與張飛、趙雲逆江而上攻巴東。軍至江州，破巴郡，活抓太守嚴顏，《三國志·張飛傳》寫：

飛呵顏曰：大軍既至，何以不降，而敢拒戰。顏曰，卿等無狀，侵奪我州，我州但有斷頭將軍，無降將軍也。飛怒，令左右牽去斫頭。顏容止不變曰，斫頭便斫頭，何為怒邪。飛壯而釋之，引為賓客。

而後張飛所過之地無不功克，與劉備會於成都。

或許，張飛的前八年，一直沒有表現是因為與劉備輾轉浪流，沒有舞台。

劉備入蜀得益州後，以張飛為巴西太守。張飛的表現更與一般「莽夫」印象不同。漢中爭奪戰時，曹操破張魯，使夏侯淵及張郃守漢川，張郃領兵別攻巴西，張郃軍至宕渠山與張飛對峙五十餘日，張飛領精兵萬人，引張郃至山道交戰，山道狹窄，張郃人馬前後不能相顧，張飛攻破張郃軍。張郃只帶親兵十餘人棄馬沿山行，從小路逃還。而後張郃退兵，回南鄭。張飛守住巴西。

《三國志·張飛傳》形容張飛：

雄壯威猛，亞於關羽，魏謀臣程昱等咸稱羽、飛萬人之敵也。

羽善待卒伍而驕於士大夫，飛愛敬君子而不恤小人。

張飛脾氣不好，亦見於此：

先主常戒之曰，卿刑殺既過差，又日鞭撾健兒，而令在左右，此取禍之道也。飛猶不悛。

張飛好打兵，打掉自己一條命，劉備為關羽報仇，出兵伐吳時：

飛當率兵萬人，自閬中會江州。臨發，其帳下將張達、范強殺飛，持其首，順流而奔孫權。

趙雲，字子龍，常山真定（河北正定）人。

史載趙雲身高八尺，經換算，得其身高為193公分，莫說在當年，即便是現在，也是高大。

最初，趙雲領義從吏兵見公孫瓚，當時公孫瓚很擔心州內的人投附袁紹，見冀州人趙雲來附，多疑心地嘲問：

聞貴州人皆原袁氏，君何獨回心，迷而能反乎？

趙雲說：

天下訩訩，未知孰是，民有倒縣之厄，鄙州論議，從仁政所在，不為忽袁公私明將軍也。

劉備投靠公孫瓚時遇見趙雲，兩人一見如故，交談甚歡。趙雲於是隨劉備至平原，替劉備督掌騎兵。

趙雲一直跟著劉備，再出場時，劉備在當陽長阪敗得一塌糊塗。《三國志·趙雲傳》載：

先主為曹公所追於當陽長阪，棄妻子南走，雲身抱弱子，即後主也，保護甘夫人，即後主母也，皆得免難。

當時，有人說趙雲已往北投降曹操，劉備拿手戟砍人：

子龍不棄我走也。

果然不久，趙雲帶回劉備的妻兒。

《三國志·趙雲傳》本篇內容不多，

但裴松引《趙雲別傳》作注，留下八卦不少。

有一件事發生在趙雲領桂陽太守時。

桂陽太守原是趙範，趙範被趙雲擠下太守的位子後，想把他的寡嫂嫁給趙雲，趙雲說：不要。趙雲一開始的理由說得正義：

相與同姓，卿兄猶我兄。

有人以為趙雲太拘泥，勸趙雲納趙範嫂，趙雲才說出真正的想法：

範迫降耳，心未可測；天下女不少。

果然，趙範終是逃走，趙雲得幸未被捲入風波之中。

劉備入蜀之初，趙雲留守荊州，自葭萌攻劉璋時，召諸葛亮，諸葛亮便領張飛、趙雲西行，劉備奪下益州後，封趙雲為翊軍將軍。

而後趙雲的事還是《趙雲別傳》裡的小八卦有意思。

夏侯淵被黃忠砍死之後，曹操仍欲取漢中，運數千萬囊米經過北山下。黃忠覺得可將這批米搶來，於是趙雲跟黃忠一起去搶米。

黃忠超過約定的時間還沒有回來，趙雲領數十騎輕騎出圍柵外，察望黃忠的情況，結果曹軍掩至，趙雲遭遇曹軍前鋒，開戰不久，曹軍大軍到，情勢極不利，趙雲只得衝散曹軍的陣形突圍。

且戰且退時，曹軍重整，趙雲又陷於敵陣中，便再突圍。當時趙雲從將張著受傷，趙雲又策馬回救張著。

曹軍追到趙雲軍營的圍柵外，趙雲營中的張翼原想關起柵門拒守，但趙雲入營後，令人將柵門大開，偃旗息鼓。

曹軍懷疑趙雲設有伏兵，於是退兵。此時，趙雲下令擊鼓，鼓聲震天響，以戎弩追射曹軍。曹軍驚慌中，自相踐踏，落漢水中死者甚多。

劉備第二天到趙雲營中，視察昨日戰地，說：

子龍一身都是膽也。

趙雲一生最後一次領兵出征，卻是被罰。

蜀漢建興六年（公元二二八年），諸葛亮出祁山，放風聲要兵出斜谷道，派趙雲與鄧芝前往斜谷道牽制曹真，趙雲與鄧芝在箕谷兵敗。諸葛亮這次兵出祁山，以敗收。此役之敗非因趙雲，但戰事結束後，趙雲被貶為鎮軍將軍。

這是趙雲最後一戰，次年，趙雲去世。

蜀國武將

馬超

　　馬超，字孟起，扶風茂陵（陝西興平）人。

　　馬超是羌族人。父馬騰，一度霸西陲，曹操南征劉表前，使馬騰入朝為衛尉，並將馬騰的家屬盡徙於鄴城，但是馬超未隨家人同往鄴城，而是留在關西領父親所留部眾。

　　馬騰與韓遂共在關西，初甚相好，而後互相攻伐，當時的司隸校尉鍾繇與涼州牧韋端多所調停。

　　涼州各地的勢力因彼此不服，多分裂，但建安十六年（公元二一一年），曹操使鍾繇討張魯，令夏侯淵等人領兵出河東與繇會軍，來勢洶洶的氣氛製造涼州各地勢力重新團結的機會。

　　當時高柔曾勸曹操以其他方式收平關西：

　　大兵西出，韓遂、馬超疑為襲己，必相扇動。宜先招集三輔，三輔苟平，漢中可傳檄而定也。

　　曹操未接受高柔的建議，果然：

　　關中諸將果疑之，馬超、韓遂、侯選、程銀、楊秋、李堪、張橫、梁興、成宜、馬玩等十部皆反，其眾十萬，屯據潼關。

　　同年，八月曹操親征，與馬超戰於渭南。涼州諸將驃悍，戰初頻頻得利，但彼此間過去相爭的心結未解，終至為曹軍所離間而兵敗。

當時曹操軍在蒲阪時，欲渡河，馬超曾說韓遂一計：

初宜於渭北拒之，不過二十日，河東穀盡，彼必走矣。遂曰：可聽令渡，蹙於河中，顧不快耶！

馬超的計謀雖未得執行，但曹操得知馬超此計後說：

馬兒不死，吾無葬地也。

曹操對馬超小朋友再也不能放心。

渭南之戰後，馬超西逃，招聚當地戎族自保。曹操追到安定，卻因河間反叛，不得不退兵東回。

曹操將兵東還時，涼州刺史的屬下楊阜曾預言：

超有信、布之勇，甚得羌、胡心。若大軍還，不嚴為其備，隴上諸郡非國家之有也。

馬超果然領羌胡兵攻隴上，得隴上諸郡呼應。馬超殺涼州刺史韋康，據其地，併其眾。

馬超雖得胡羌的擁護，但未得漢族人的支持。楊阜、趙衢等韋康故吏，趁馬超出戰在外時，閉城門，馬超不得而入，只得奔往漢中，投奔張魯。

馬超投奔張魯後，張魯本人對馬超或能容納，但張魯身邊諸將則對馬超極為忌憚。《三國志·馬超傳》引典略注：

魯將楊白等欲害其能，超遂從武都逃入氐中，轉奔往蜀。

劉備此時正圍成都，拿到馬超的求降信後大喜：

我得益州矣。

劉備令人資馬超軍，令馬超引軍屯於成都北。馬超到成都十餘日，劉璋即被說服，開城投降。

建安二十二年（公元二一七年）劉備從法正之議攻漢中，使馬超與張飛屯軍於下辨，劉備欲取漢中為曹洪、曹休所破。

建安二十四年（公元二一九年）劉備稱帝，拜馬超為左將軍。

馬超自建安十九年（公元二一四年）投靠劉備後，人生未再如過去的精彩，及至蜀漢章武二年（公元二二二年）去世，此八年中除了官位一直晉升外，並無特別的實績。

馬超被列為蜀漢五虎將之一，卻未曾在投身蜀漢後虎嘯一聲。

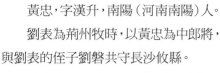

黃忠

黃忠，字漢升，南陽（河南南陽）人。

劉表為荊州牧時，以黃忠為中郎將，與劉表的侄子劉磐共守長沙攸縣。

建安十三年（公元二〇八年）曹操兵進荊州。曹操使黃忠假行裨將軍，黃忠屬長沙太守韓玄，一直到劉備與孫權分荊州後，黃忠才投於劉備手下。

而後黃忠隨劉備入蜀，至萌萌受劉備所任，攻成都。

《三國志・黃忠傳》寫黃忠：

常先登陷陣，勇毅冠三軍。

劉備得益州後，黃忠被封為討虜將軍。

建安二十四年（公元二一九年）定軍山一役，是《三國志》黃忠短短的傳記裡僅有的一役描述。《三國志・黃忠傳》寫：

於漢中定軍山擊夏侯淵。淵眾甚精，忠推鋒必進，勸率士卒，金鼓振天，歡聲動谷，一戰斬淵，淵軍大敗。

《黃忠傳》全篇二百四十二字，定軍山一役，記四十五字。大概與黃忠一生的重要事，比例相當。不過，斬夏侯淵，真的是一件大事。

黃忠最有名的事，不是戰役，而是被關羽嘲笑的難堪。

劉備在漢中稱王後，拜黃忠為「後將軍」，諸葛亮覺得這麼做會出事：

忠之名望，素非關、馬之倫也。而今便令同列。馬、張在近，親見其功，尚可喻指；關遙聞之，恐必不悅，得無不可乎！

劉備覺得不要緊，並拍胸跟諸葛亮保證他能調解。果然，劉備令費詩前往江陵授關羽印授，關羽得知黃忠之位與他並立，大怒：

大丈夫終不與老兵同列！

費詩勸解：

夫立王業者，所用非一。昔蕭、曹與高祖少小親舊，而陳、韓亡命後至，論其班列，韓最居上，未聞蕭、曹以此為怨。今漢中王以一時之功隆崇漢室，然意之輕重，寧當與君侯齊乎。且王與君侯譬猶一體，同休等戚，禍福共之。愚謂君侯不宜計官號之高下，爵祿之多少為意也。僕一介之使，銜命之人，君侯不受拜，如是便還，但相為惜此舉動，恐有後悔耳。

費詩爽快地要關羽自己想清楚，不接印綬拉倒無妨的態度，或許是劉備跟諸葛亮保證「吾自當解之」的授權。

是關羽太盛的傲氣令劉備難以再忍耐，還是劉備知道義弟終會乖乖伏命，任憑想像。

不過，此時的關羽也五十幾歲，說黃忠是「老兵」，黃忠應該真的很老了。六、七十歲的老先生能砍死正值盛年的夏侯淵，退一千步想，都是件了不起的事。

而劉備軍中，用老將於前線，其實也不單黃忠一人。

史料中未見其他人對黃忠位列後將軍有何意見。或許如諸葛亮所說，因眼見其功，而無可反對。也沒有記黃忠本人如何看待此事；只是，黃忠沒有當多久的「後將軍」，次年便去世了。

第五章

東漢末年的政治制度

中央行政與官僚制度

東漢末年「十常侍之變」後大亂起，其十常侍的官職為「中」常侍，意指「禁中」，即皇宮內。「中常侍」即是內朝的職位名稱。

《通典・卷二十二・職官》：

漢武帝遊宴後庭，始以宦者典事尚書。

漢代尚書的職責是為皇帝管理百官奏事，而後漢武帝在家裡玩樂不出門，尚書因不得進入宮中，無法將奏書交給皇帝，於是漢武帝將尚書工作交給禁宮中的宦官，於是在「尚書」之外出現「中書」。「尚書」在外，「中書」在內。

繼「中書」設置後，而後的皇帝開始設置身邊的近官，於是出現「中朝」。

也就是內朝，宮內小朝廷。

「中朝」各官參議政事，使原承秦制的「丞相制」，在「中朝」形成後，參與國事決策的權力漸漸受到掣肘。

武帝死後，繼位的昭帝只有八歲，由大將軍霍光輔政，大將軍成為內朝首領，

東漢・畫像石　投壺

這是個遊戲。《三國志・張郃傳》說張郃：「居軍中，與諸生雅歌投壺。」

《禮記》有《投壺經》：

「壺頸修七寸，腹修五寸，口徑二寸半，容斗五升，壺中實小豆焉，為其矢之躍而出也，以柘若棘長二八尺寸，無去其皮，取其堅而重投之，勝者飲不勝者。」

讀完遊戲規則，還是不會玩。以此賭酒，會被灌到醉死。只是，不知道漢武帝在家裡有沒有玩這個，誰灌他酒。

「中朝」設官不再限於宦者，也有士人官入中朝。及至衛青、霍去病等外戚領大將軍、車騎將軍職位，外戚成為中朝之首，便成慣例。

而後皇帝的權力漸漸傾落中朝外戚，以至王莽得漢。

光武帝重奪政權後，承西漢末所改變的中央制度組織，三公：「大司徒」、「大司馬」、「大司空」，以鞏固皇權。禁中悉用閹人，不再給予工作於禁中的宦者加官銜，至此罷去中朝，繼位的明、章帝承光武帝所訓竭力遏止外戚參政。但和帝起，屢為幼年皇帝登基，外戚參與政事的情況再度出現，而協助和帝自外戚手中奪回皇權的宦者，自此開始加官。

《後漢書‧宦者列傳》內有「中官」重新出現的記載：

> 和帝即祚幼弱，而竇憲兄弟專總權威，內外臣僚，莫由親接，所與居者，唯閹宦而已。故鄭眾得專謀禁中，終除大憝，遂享分土之封，超登宮卿之位。於是中官始盛焉。

此時「中朝」僅名義上不存在，其實際上外戚、宦官參政的政治模式與「中朝」並無不同，而助皇帝與外戚奪權的宦者，如「中常侍」等權力更甚於過去明置「中朝」的時代。

外戚與宦者，在無其名確有其實的「中朝」內爭權，有名無實的外朝三公九卿淪為形式，終至引發政治風暴。

東漢‧畫像石
儒學講經圖

漢靈帝少時並未太荒唐，對學經頗是有心。老師劉寬曾經醉酒於睡伏，靈帝問他是不是醉了，劉寬說：「臣不敢醉，但任重責大，憂心如醉。」好個「憂心如醉」。

159

行政組織與人事

漢光武帝承三公制後，三公名稱略有改變。光武帝將所有的「大」字除去，並將「大司馬」更名為「太尉」。三國時期中央官僚制度承漢光武帝後的三公九卿制，依功能各分職權，分下屬部門。

大概地以整體的組織功能來說，「三公」的職權掌事，多與社會功能有關，屬「行政」結構。而九卿的職掌功能大多與皇帝的身邊事有關，所以各下屬組織的設置功能則以「服務皇帝」為設置思考中心。兩者職事略有不同。

但至東漢末，「中朝參政」的形式早就架空「三公」的職權，各時期的「行政權」分落於「九卿」的組織中，甚至早在漢光武帝時，參與決策的行政中心已轉至「尚書台」，而後「少府卿」下的「中常侍」、「小黃門」更是大變的源頭之一。

曹操主掌朝政的時期，也是明顯地無視中央行政系統的分職功能，加官銜似乎僅於「獎賞」或「安插」的目的，不見「依法行政」或者「各司其職」的界限。

《三國志·郭嘉傳》曹操表郭嘉為「司空（軍）祭酒」。依《後漢書·百官一》載「司空」職事為：

掌水土事，凡營城起邑、浚溝洫、修墳防之事則議其利，建其功。

然而，在《三國志·郭嘉傳》中未見郭嘉所獻之議有任何與「水土事」相關的內容，而自領「司空」職的曹操所做所為與職掌相符者，大概皆如征呂布時引沂、泗兩水灌下邳，或攻鄴城時引漳水圍城的工程規劃才涉及「水土事」。

另則如「羽林監棗祗請建置屯田」。

依《後漢書·百官二》之「光祿勳卿」條內所記，「羽林軍」的工作是「宿衛侍從」。《漢官》記「羽林軍」的編制為九百人，設左、右二監，分掌羽林左、右騎。羽林監一職，人選提拔自羽林中有材者。

棗祗任「羽林監」依理應當自「羽林」出身，本職學能為「善騎」。結果，棗祗給曹操一個「屯田」之議，此議成為改變曹操所統地區經濟力的重要農業政策。這種感覺有點像「國防部裝甲師師長」向「內政部營建署」提出「經濟部農田開發企劃案」，而「行政院」交付執行。

當然，不可以今論古，尤其是以此時的行政概念看東漢末期崩毀的行政組織與官僚制度將徒增難以理解的困擾。

東漢末期的中央行政組織，以「三公」為首。《後漢書·百官一》載「太尉」條：

凡國有大造大疑，則與司徒、司空通而論之，國有過事，則與二公通諫爭之。

這是共議制，改變原來只由「丞相」一人專獨的行政結構。

三公之下依職能分置各「曹」。可由「各曹」的設置，相較「司空」及「司徒」的職能，得知「太尉」是三公之中確實掌有行政權的人。

太尉下設有「東曹」、「西曹」。

《後漢書·百官一》載：

西曹主府史署用。

西曹是太尉的個人幕僚室。同篇所記東曹則是密密麻麻依社會功能分類的掌職。

靈帝時，中央的行政組織功能雖早已崩壞殆盡，董卓入雒陽，廢少帝後，還是給自己「太尉」的職務，不過「太尉」這個官職似乎是「一人之下、萬人之上」的官，而此「一人」並非皇帝。

《資治通鑑·卷六十二》有一段曹操跟袁紹的角力：

戊辰，以紹為太尉，封鄴侯。紹恥班在曹操下，怒曰：「曹操當死數矣，我輒救存之，今乃挾天子以令我乎！表辭不受。」

袁紹不接受「太尉」的官銜，覺得自己當的官比曹操小，不幹。那麼曹操的官，一定比「太尉」更大。同條內容記：

操懼，請以大將軍讓紹。丙戌，以操為司空，行車騎將軍事。

原來是「大將軍」比較大。

三公的行政組職及職掌			
	太尉	**司徒**	**司空**
職掌	掌四方兵事功課。	掌人民事。	掌水土事。
郊祀	掌亞獻，大喪則告謚南郊。	掌省牲視濯，大喪則掌奉安梓宮。	掌掃除、樂器，大喪則掌將校復土。
說明	歲盡即奏其殿最而行賞罰。	凡教民孝悌、遜順、謙儉，養生送死之事，則議其制，建其度。凡四方民事功課，歲盡則奏其殿最而行賞罰。	凡營城起邑、浚溝洫、修墳防之事，則議其利，建其功。凡四方水土功課，歲盡則奏其殿最而行賞罰。
	凡國有大造大疑，則與司徒、司空通而論之。國有過事，則與二公通諫爭之。	凡國有大疑大事，與太尉同。	凡國有大造大疑，諫爭，與太尉同。

太尉府組織圖

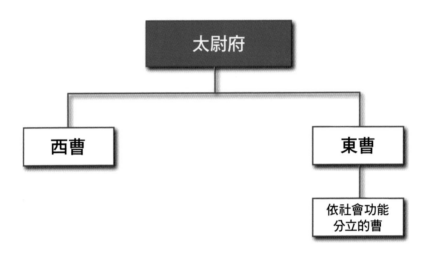

名稱	主掌事務	下屬部門	下屬部門組織功能
西曹	府史署用		
東曹	掌二千石長史遷除及軍吏	戶曹	民戶、祠祀、農桑
		辭曹	辭訟事
		尉曹	郵驛科程事
		法曹	卒徒轉運事
		賊曹	盜賊事
		決曹	罪法事
		兵曹	兵事
		金曹	貨幣、鹽、鐵事
		倉曹	倉穀事
		黃閣主簿	錄省從事

其實在漢代官制中，「大將軍」不是常設職。《後漢書‧百官一》載「將軍」條：

> 將軍不常置，掌征伐背叛，比公者四：第一大將軍，次驃騎將軍，次車騎將軍，次衛將軍。又有前、後、左、右將軍。

將軍的工作是「掌征伐背叛」，若常設，實在也很觸楣頭。依漢制，只有「出事」的時候，皇帝才將「將軍」銜加給領兵的人。「沒事」之後，領「將軍」銜的人要將官銜還給皇帝，有將「兵權」歸還的意思。

不過，同篇後的記注載有各時期「大將軍」與「三公」的地位時高時低的描述，或因此可見「大將軍」一職總是難免。而且到東漢末，皇帝楣頭低，「大將軍」一職幾乎變成常態設置：

> 自安帝，政治衰缺，始以嫡舅耿寶為大將軍，常在京都。順帝即位，又以皇后父、兄、弟相繼為大將軍，如三公焉。

東漢末年民變迭起，大將軍職一直都沒缺空，並因「中朝議政」的模式，讓領「大將軍」職的外戚架空「太尉」的功能。

「大將軍」就變成「最大大」。

其實曹操跟袁紹的「大將軍」或「車騎將軍」名份之爭，與現實的實力如何毫無關係。曹操並非不明白。

初得控制天子的權力，曹操就給袁紹一個沒用的空頭太尉，想用「君令不可違」的大帽子將他扣進京城。這種事，靈帝在位時，也拿來對付過董卓，無效。

曹操做一樣的事，應該不是笨得期待袁紹真會乖乖進京。或許，曹操給袁紹一份不會被接受的詔書，目的是想讓天下人看到曾經想另立劉虞為帝的袁紹，其「立帝」或「抗命」的行為與董卓一樣。

曹操給袁紹下一手「聲名」與「實權」不可兼得的難棋。袁紹回以「恥於班下」這種照顧面子的理由替代講不出自己與董卓有什麼不同的解釋，使聲名開始下滑。討董之初「豪傑既多附紹，且感其家禍，人思為報，州郡蜂起，莫不以袁氏為名」，以及韓馥「度德而讓」冀州的局面，漸去漸遠。

還有一個比三公更虛的職銜是「太傅」。漢時，每個皇帝即位後，就找個人當「高級顧問」，稱這個顧問為皇帝的「老師」，即是「太傅」。

《後漢書‧百官一》載有該職的情況：

> 每帝初即位，輒置太傅錄尚書事，薨，輒省。

太傅一職，不僅是非常設職，還可以「死掉就算了」，相對於「大將軍」的「最大大」，「太傅」是「最虛虛」。

有關九卿。「卿」是部門的主官官衛,「九卿」則有九個部門。這九個部門概可分成兩類。

其一類,因為皇宮禁中是個小社會,這個「小社會」裡的人身份特殊,吃喝拉撒睡、生老病死、拜拜過日子的事一般平民不同,概依社會功能,設立出「九卿」這樣適用於「禁中」小社會裡的組織。

好比:王公貴族犯法事,不為「太尉」下的「辭曹」或「決曹」管轄,而由「宗正」轄理。禁宮的治安事,不歸「賊曹」,禁宮有自屬的護衛武力。

另一類則與行政權相關。如:大鴻臚,為具有外交功能,但是不含祭祀事的社交部門。大司農,略似全國財政預算審計出納的部門。

不過,因為「三公」的共議制始終因「中朝議政」形式的存在而效能不彰時,全國行政權幾乎盡落於圍繞在皇帝身邊的「九卿」部門中,而九卿部門所統轄之事便掠出於禁宮之外,「少府」即是最明顯的例子。《後漢書·百官三》載少府的工作是:

掌中服御諸物,衣服寶貨珍膳之屬。

這樣的說法與定義,與現實的情況不同。好比宦官即歸屬於「少府」的編制,然而東漢外戚與宦官權爭,即是爭行政權,甚至僅僅只是人事權。

包括任命皇帝在內。

安帝時,外戚大將軍耿寶與皇后的哥哥大鴻臚閻顯相為一黨,殺太尉楊震後,將皇太子改為濟陰王,安帝崩,立北鄉侯為天子。閻顯等人獨專朝攻。

當時逢北鄉侯病重,宦官「中常侍」孫程便去見長者興渠:

王以嫡統,本無失德,先帝用讒,遂至廢黜。若北鄉疾不起,共斷江京、閻顯,事乃可成。

北鄉侯真的死了。閻顯欲使劉簡為繼承人,孫程等人在劉簡到洛陽前發動包括「羽林軍」、「虎賁軍」在內的軍事政變,迎濟陰王,即原來的皇太子即位,是為漢順帝。

少府所設的「中常侍」,用民間的說法近似「管家」。此時,皇帝的管家佣人與親戚爭人事權,兩者何方勝出,對實際的政治決策並無建樹,多是為想經由任命地方官吏而行征斂之私,以致東漢末年民變屢生,並使全國政務中心的「尚書台」功能衰弱不堪。

《漢官儀》中定義「尚書」一職的來源是:

秦代少府遣吏四,一在殿中,主發書,故號尚書。尚猶主也。漢因秦置之。

「尚書」最早的用途是幫忙跑腿送文件的收發小弟,而後有「文書起草」的

九卿的行政組織及職掌

太常卿	掌禮儀祭祀。每祭祀，先奏其禮儀；及行事，常贊天子。每選試博士，奏其能否。大射、養老、大喪，皆奏其禮儀。每月前晦，察行陵廟。
光祿勳卿	宿衛宮殿，門戶典謁，署郎更值，執戟衛門戶，考其德行而進退之。
衛尉卿	掌宮門衛士，宮中徼循事。
太僕卿	掌車馬，天子每出，奏駕上鹵簿，用大駕則執馭。
廷尉卿	掌平獄，奏當所應。凡郡國讞疑罪，皆處當以報。
大鴻臚卿	掌諸侯及四方歸義蠻夷。其郊廟行禮，贊導，請行事，既可，以命群司。諸王入朝，當郊迎，典其禮儀。及郡國上計，匡四方來，亦屬焉。皇子拜王，贊授印綬。及拜諸侯、諸侯嗣子及四方夷狄封者，台下鴻臚召拜之。王薨則使弔之，及拜王嗣。
宗正卿	掌序錄王國嫡庶之次及諸宗室親屬遠近，郡國歲因計上宗室名籍。若有犯法當髡以上，先上諸宗正，宗正以聞，乃報決。
大司農卿	掌諸錢穀金帛諸貨幣。郡國四時上月旦見錢穀簿，其逋未畢，各具別之。邊郡諸官請調度者，皆為報給，損多益寡，取相給足。
少府卿	掌中服御諸物，衣服寶貨珍膳之屬。

功能，並在「通奏章」抄錄副本時得皇帝的委任而漸漸開始經「納奏」審閱奏章，由「出令」涉議行政決策。

讓「尚書」發展成決策參與者的人就是賴在家裡不出門的漢武帝。

漢武帝晚期於政事慵懶，將部份的行政決策權交給尚書，此時「尚書」成為禁宮與朝廷間的中介。漢武帝而後懶在家中玩耍，設中朝，尚書的行政權移入中書手中。

而後無論「尚書」或「中書」均成為參與行政決策的代表，國家政務漸轉往尚書台。

《漢書·霍光傳》載「光秉政領尚書事」，便是替皇帝管理政務中心，處理國務。

《三國志·董卓傳》寫董卓權大時：

召呼三台尚書以下自詣卓府啟事。

董卓跟漢武帝一樣，不喜歡出門。當時密謀殺掉董卓的人之中，就有一個「尚書」楊瓚。董卓死後，雒陽大亂，其時為司徒王允「錄尚書事」。

此事，為全國最高「禮儀師」在董卓死後「兼任行政院長」。

再當「李傕郭汜報卓仇，殺王允大鬧長安」時，出此主意的賈詡屢次不肯受官，最後接下「尚書」，其動機無非正因「尚書」參與國務行政。

太常卿、太僕卿、廷尉卿行政組織與職掌

太常的行政組織與職掌	
太史令	天時星曆，日月星辰氣。 奏新年曆、良日、時節禁忌。凡國有瑞應災異掌記之。
祭酒	教弟子，國有疑事，掌承問對。
太祝	國祭掌讀祝及迎送神。
太宰	宰工鼎俎饌具之物。凡國祭掌陳饌具。
大予樂令	伎樂。

太僕的行政組織及職掌	
考工令	天時星曆，日月星辰氣。 奏新年曆、良日、時節禁忌。凡國有瑞應災異掌記之。
車府令	主乘輿諸車。
未央廄令	乘輿及廄中諸馬。

廷尉的行政組織及職掌	
正廷尉監	
左廷尉監	下有「左平」，掌平決詔獄。

賈詡並非有心爭天下的人，其一生，極清楚自己當為「幕僚」的角色。賈詡推掉「尚書僕射」的高官，僅領「尚書」職觀天下事，更是生平行事遵奉「老二哲學」的風格。果然，李傕、郭汜在長安期間，行「尚書事」者更迭不止。

再及曹操於雒陽迎漢獻帝時，獻帝「以曹操領司隸校尉、錄尚書事」。

這件事有點破格。

「司隸校尉」原來有點像首都的「警察局長」，及建武年間使「司隸校尉」領一州的行政權，提高「司隸校尉」的職權地位變成「省長」，但是這個職務終究不屬於「中央行政系統」。

此非常時期，漢獻帝給曹操當首都所在區的「省長」並「兼任行政院長」。

一心在外的曹操，不太可能坐辦公室裡處理國務，於是以荀彧為「漢侍中，

少府組織圖

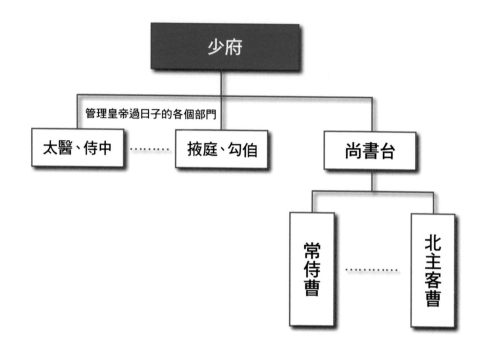

少府的行政組織及職掌		
管皇帝過日子的各個部門	掌吃喝拉撒睡、看花賞鳥養魚諸事	
尚書台	掌凡選署及奏下尚書曹文書眾事	
尚書台： 掌六曹	常侍曹	公卿事
	二千石曹	郡國二千石事
		刺史事
	民曹	主凡吏上書事
	南主客曹	主外國四夷事
	北主客曹	

守尚書令」，如《三國志·荀彧傳》所載：

太祖雖征伐在外，軍國事皆與彧籌焉。

曹操將全國行政事務交給荀彧。

至此，過去不管幾公幾卿的中央行政結構虛實如何都不再重要，尚書台，成為確實執行國家政務的部門。

九卿中包含皇帝的個人武力部門：「光祿勳卿」、「衛尉卿」。

此兩者分掌皇宮內外的安全。「光祿勳」的主要工作範圍在禁宮之內，下設各種武官，領「虎賁」、「羽林」兩軍掌理禁宮之內衛宿，「衛尉」則管理宮門宿衛事。

「十常侍之變」時，何進被殺，帶虎賁軍衝開長樂宮門的人便是「虎賁中郎將」袁術。

而後董卓進雒陽，李傕、郭汜鬧長安，「羽林軍」及「虎賁軍」幾乎解散。興平二年（公元一九五年）董承保護漢獻帝逃出長安時，兩軍人數合計不滿百。

及至曹操迎漢獻帝入許昌，兩軍規模恢復如何，未見明載。或許因為曹操不可能給皇帝軍權，無論規模如何，羽林軍終是無用花瓶，羽林監棗祇才會提議屯田，並轉任許昌的屯田都尉。

而後在東漢末年的史料中一直未見「羽林」、「虎賁」再成軍的記載，但宿衛之事應該不會廢除。

建安二年（公元一九七年）曹操東征袁術，許褚領從眾投奔曹操，曹操即拜許褚為拜都尉，並「引入宿衛，諸從褚俠客，皆以為虎士」。

因為許褚保護的對象是曹操而非漢獻帝，此處的虎士或可只能釋解為與「虎賁之士」類似的工作者，更或可能是曹操的私人護衛「虎豹騎」，而並非以許褚及其從眾成軍，恢復過去護衛皇宮的「虎賁軍」。

許褚的護衛工作非常盡職。官渡之戰時，許褚捕殺想要行刺曹操的刺客，或由此查得董承密謀誅除曹操的計劃。

董承在劉備出走後說服王子服時，王子服擔心「兵少」，而董承以「長水校尉」種輯與「將軍」吳子蘭是為心腹而令王子服答應。

《後漢書·百官四》記：「長水校尉，掌宿衛兵。」同條下《漢儀》記註：「掌烏桓胡騎七百三十六人。」

董承密謀時，種輯轄下是否仍領有這般規模的烏桓騎兵，未見史料。或許因為種輯所領兵員仍是為數不少的驃悍胡騎，才能使王子服感到放心而答應與董承合作，而使這件事成為曹操挾持漢獻帝後最大的政治危機。

與董承密謀的眾人，其身份是雖是

宿衛，卻並非「羽林」或「虎賁」的主官。「羽林」及「虎賁」正式再成軍，應當是曹丕奪漢之後的事。

依《漢官》及《漢儀》所載，「衛尉」的軍隊規模比「羽林」及「虎賁」的規模都大。但是在歷史上的演出似乎並不比「羽林」及「虎賁」來得精彩，或許因為「衛尉」在宮牆之外，待禁宮小社會裡林林種種事旋枝出牆時，「衛尉」諸君已無出場的餘地。

東漢時的官僚制度「三公」與「九卿」略有不同。「三公」的官僚結構為「長史」、「曹掾」、「令史」、「御屬」，分層理事。「九卿」下則大多為「令」、「吏」。其「九卿」所轄部門依工作需要另橫設「丞」，類似「祕書」的功能。

不過，東漢時的行政制度幾乎與官僚結構綁在一起。官僚的官銜，會含括行政結構中的某個部門的功能，並表現此一行政組織以及該組織與上、下轄屬的行政等級關係。人事結構與行政結構並不分開。

「光祿勳卿」與「衛尉卿」所轄兵士人數比較		
「光祿勳卿」：掌宿衛宮殿門戶，典謁署郎更值執戟。		
	主官	人數
虎賁宿衛	虎賁中郎將	500-1000
羽林宿衛	羽林中郎將	900
合計		1400-1900
「衛尉卿」：掌宮門衛士，宮中徼循事。		
	主官	人數
南宮衛士	南宮衛士令	537
北宮衛士	北宮衛士令	471
左都侯		416
右都侯		383
七座宮掖門	各門司馬	657
合計		3121

以「三公」、「九卿」為例，「公」、「卿」為官銜。「光祿勳卿」所掌行政業務部門，並不稱為「光祿勳」，其行政組織設置的概念由人事出發，而非組織功能。有些部門可稱為「府」，但並非每個部門都可以如此清楚的分辨。

再以「少府」為例。

「尚書台」並沒有「台」這個部門，而是因由「蘭台」這個「公文庫」，而統稱整個受皇帝委任的「尚書系統」為「台」。尚書令，為整個行政系統的最高長官，其副官為「尚書僕射」，自此以下，才是真正依行政功能分置的「曹」。

除與政務有關組織的官僚，另有一類官僚與政務無關，其設置目的僅為服務皇帝。

如同為「少府」所轄，職等與「尚書令」相同的「尚方令」。

「尚方令」掌管皇帝喜歡的刀劍，但是皇帝並沒有把砍人的事「稍加委任」於「尚方令」而發展出「尚方系統」。再如「掖庭令」掌後宮貴人采女事，要發展成「掖庭系統」皇帝大概也不答應。

這類「發展不開」的部門，如「中藏府令」、「內者令」等多是為服務皇帝所設，與行政執行無關，其下所屬結構就顯得輕小許多，主官即代表一個部門所有的功能。

中央官僚制度中還有一類為「高其地位」者。如「五官中郎將」及「左中郎將」、「右中郎將」，稱為「三署郎」。

這三位將軍在定義上像「侍衛長」但並不直接帶兵，「羽林」及「虎賁」各有其中郎將主官。而且規定凡五十歲以上的郎官歸「五官中郎將」所轄一事，讓「五官中郎將」聽起來像「退除役官兵輔導委員會主任」。

不過，東漢末年已經沒有「三署郎」的設置，直到建安十六年（公元二一一年）曹丕領五官中郎將的官銜，才再有「五官中郎將」的官員出現。這一年，曹丕二十四歲，曹操沒讓他做「退輔會主任」的閒差，而是實際行副丞相之職。曹丕開始在職實習培訓。

而後三國鼎立時期，吳、蜀漢依承漢官制各命自己的五官中郎將，但魏國未再有相同的官員。皇帝當過的官，就不能再有其他的人當了。

這也是糟糕。劉備賣過草鞋，不知道蜀漢一地的製鞋業是否因皇帝而終結。

尚書官僚結構與其他部門之比較

尚書行政系統的官僚組織

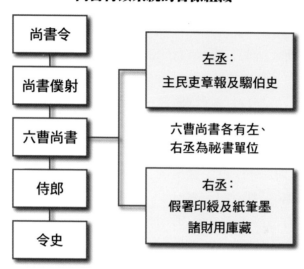

少府其他部門的官僚組織

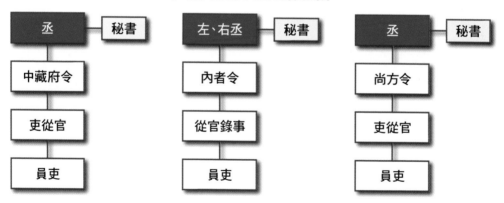

註：
中藏府令：掌宮中幣帛金銀諸貨物。
內者令：掌宮中布張諸衣物。
尚方令：掌御刀劍諸好器物。

地方行政與官僚制度

東漢後期所置地方行政州為十二州，及中央所在地「司隸」。各州主官，官銜為「刺史」。掌「司隸」地區行政主官為「司隸校尉」。

漢時因「郡縣」與「分封」並行，使「州」之下的地方行政單位為「郡」及「國」。「郡」為「州」的下級行政單位，較易理解，而「國」則是分封下的「諸王封地」，行政分級雖與「郡」平行，然而因為該地區的「所有人」為皇親貴族，則使「封國」在行政上又別出於「郡」的地位。

領「封國」者為王，但受封的王並非治理「國」的人，「國」的主官為「相」，「郡」的主官則稱「太守」。「相」與「太守」的行政地位並無二致。

不過，東漢末年的「王侯」情況糟糕。《資治通鑑》寫：

是時王侯無復租祿，而數見虜奪，或并日而食，轉死溝壑。

天子自己都保不住的時候，封為王侯者也很難風光。

「郡」、「國」以下設「縣」、「邑」，「縣」、「邑」下設「鄉」。

「鄉」不以地理區域規劃，而是以戶口人數為設置管轄的基礎。「鄉」之下有「里」，十里一鄉，百家為一里。

與「鄉」平行者，設有「警政單位」，稱為「亭」，凡十里設一「亭」。

各州之下如中央政務組織設有「曹」其功能與中央略同，下有「功曹」、「兵曹」、「簿曹」各掌理人事銓敘、兵事、及財務會計等事。各州雖因地方行政地位因京畿、邊州各有不同的組織，但概略相似。

各州的主官於每年八月巡行考察各郡，察查囚犯獄事，並考評各郡的業務執行狀況。每年歲末再將該州的行政情況上報「太尉府」，由「東曹」整理評鑑考評。然後，該升官的升官，該降職的降職。出事的官送「辭曹」、「決曹」、「廷尉」看該怎麼辦。

但是，東漢末的中央及地方人事行政命令幾乎不存在「任命」與「受命」的關係。多是「兵馬天下，占山為王」，而且不勝細數。

建安元年（公元一九六年）孫策取會稽郡，會稽太守王朗戰敗而降，孫策「自領」會稽太守。次年，袁術稱帝，曹操以詔書拜孫策為騎都尉，襲孫堅的爵位烏程侯，領會稽太守，以使孫策與呂布及吳郡太守陳瑀共討袁術。

曹操給發一封詔書，讓孫策的「會稽太守」就地合法。其考量或是征討袁術必須「正名」，否則孫策兵強馬壯「自領」太守，也沒人攔得住。

因為世道不靖，地方官的任命，也常有因佔地盤而鬧雙胞的事。

初平二年（公元一九一年）袁紹與公孫瓚搶佔青州時，公孫瓚命田楷為青州刺使，袁紹則命兒子袁譚為青州刺史，誰掌青州，皇帝連把兩個人叫來猜拳決定的能力也沒有，只能任由雙方以武力一決高下。被劉備拋棄的田楷比袁譚糟，袁譚初到青州時頗為經營，便將田楷趕出青州。

互相攻伐，自領地方官銜的事，送出不止，一直到三國政治勢力確定後，才逐漸消失。

地方州郡行政結構圖

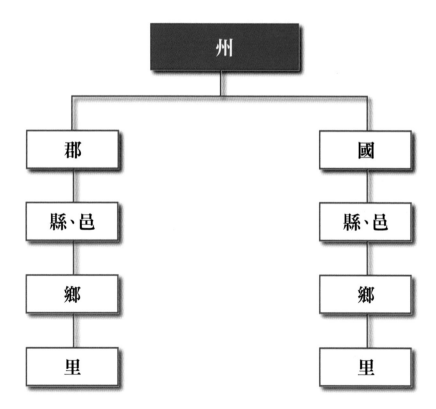

第六章
東漢末年的經濟與社會文化

社會狀況

不論是《三國演義》或者正史《三國志》，都將東漢末年這段時間寫得極精彩豐富，但是真正留給老百姓過日子的現實社會狀況並不存在英雄式的浪漫。

大抵上，觀察歷史中王朝的盛衰強弱以及社會的發展狀況，可將攸關生產力及軍事力的人口數量增減變化，作為參考衡量的指標。因此，透過觀察東漢末年的人口數變化，會比較容易理解當時社會的劇烈變動。

漢桓帝永壽三年（公元一五七年）中國戶口數為10,677,960戶，56,286,856人。及至晉武帝太康元年（公元二八○年）戶口數降為2,459,840戶，16,163,863人，其間人口劇減最顯著的情況在漢獻帝後至三國時期之間。

此一百二十年間，人口數成長率嚇人地為負百分之七十以上。《續漢書》中記錄當時人口銳減的劇變：

三十餘年，及魏武帝剋平天下，文帝受禪，人眾之損，萬有一存。

《三國志・張繡傳》也有相同的記載：

是時天下戶口減耗，十裁一在，諸將封未有滿千戶者。

人口是農業社會的重要生產力，人口減少便導致全國生產力下降的貧窮，《三國志・張繡傳》裡的記載更是描述一個不限於一般平民的貧窮社會：即使是上流權貴的「諸將」，也因社會的窮困而缺少可「魚肉」的鄉民。

當時軍閥相互殺戮的戰事使每次死亡人數以萬至數十萬計，是人口劇減的原因。《資治通鑑》中記載一些當時的情況：

董卓初死，三輔民尚數十萬戶，李催等放兵劫略，加以饑饉，二年間，民相食略盡。

坑殺男女數十萬口於泗水，水為不流。

戰爭使大量的人口死亡及流動，生

	戶數	人口數
公元一五七年	1067萬7960戶	5628萬6856人
公元二八○年	245萬9840戶	1616萬3863人
人口成長率	-0.77%	-0.71%

174

公元188-217天災		
公元	年號	天災
188	中平五年	山陽、梁、沛、彭城、下邳、東海、琅邪水災
189	中平六年	大雨八十餘日
194	興平元年	長安大旱，人相食、蝗災、地震
197	建安二年	漢水流域水災、五月蝗災
203	建安八年	旱災、蝗災
208	建安十三年	瘟疫
217	建安二十二年	瘟疫

產力因此劇減，於是棄耕的田地面積越來越大，最終導致糧食不足；然而，饑荒又可以讓握有糧食的地方勢力，得以隨時募得流民收聚數萬兵員相互征伐。《資治通鑑》裡有這樣的描述：

中平以來，天下亂離，民棄農業，諸軍並起，率乏糧穀，無終歲之計，飢則寇略，飽則棄餘，瓦解流離，無敵自破者，不可勝數。

袁紹與公孫瓚所置青州刺史田楷連戰二年，士卒疲睏，糧食並盡，互掠百姓，野無青草。

饑荒引發劫掠殺戮及逃亡流徙，而殺戮與流徙致使饑荒更形惡化。

整個東漢末年的社會狀況便是不斷反覆這樣的循環，貧窮社會所餘財富則因此集中於軍閥手中，而生產活動也以提供軍事行動需求為目的；軍事擴張與社會損耗相互交傷，使城市聚落內的經濟生活徹底破壞崩解。

除了軍閥間無止境的戰事消磨，天災不斷，更是推波助瀾的另一名殺手。《後漢書》、《資治通鑑》等史料，記有當時連綿不斷的天災。

東漢末年以中平起至建安終，天災與戰爭並行的時代僅三十餘年，對於生在當時的「普通人」來說，這段時間是一個荒涼凋敝的世道，若以「群魔亂舞」來形容或許也不失真。

雖說人活著就會有所作為，會在困難中思考解決問題的方法，不過窮東漢末年至三國建國間的歷史，經濟狀況確實乏善可陳；民間活力的疲乏，也使文化活動幾乎只存在於權貴之間。政治制度因漢祚未滅而依舊，但官員的任用流於形式，與中央政府運作的實際職務所要求的功能並不相符，中央集權的力量因地方武力割據早已崩解，以致於漢王朝吹燈熄火前的最後殘燭被混亂的社會急速燃燒，只短暫地點三十年。

農業開發

東漢末年,嚴重的糧荒為社會問題首要,尤其是在大旱大澇的北方。屯田,變成當時穩定經濟秩序的主要政策。

曹操屯田始於建安元年(公元一九六年),《三國志·魏·武帝記》:

> 是歲用棗祗、韓浩等議,始興屯田。

注引《魏書》,曹操說:

> 夫定國之術,在於強彊兵足食,秦人以急農兼天下,孝武已屯田定西域,此先代之良式也。是歲乃募民屯田許下,得穀百萬。於是州郡例置田官,所在積穀。征伐四方,無運糧之勞,遂兼滅群賊,克平天下。

不過屯田一事,並非棗祗、韓浩的「變法」。過去漢代的屯田施行於偏遠邊地區,大致上併附於邊防軍事中。東漢末,曹操迎天子至許都後,擁有足以自保的武力,便從棗祗、韓浩之議,重新聚民於農事,以解決一直以來糧食缺乏的問題,而曹操在解決糧食問題後,相對地加強保護與向外開發征伐的實力。

《三國志》中記有許多與屯田相關的事:

> 是時新牧民開屯田,民不樂,多逃亡,渙(袁渙)白太祖曰:「夫民安土重遷,不可卒變,易以順行,難以逆動,宜順其意,樂之者乃取,不欲者勿彊。」太祖從之,百姓大悅。

> 太祖欲廣置屯田,使淵(國淵)典其事,淵屢陳損益,相士處民,計民置吏,明功課之法,五年中,倉廩豐實。

許都屯田有成,曹操開始將這件事推行至所及各郡,並在郡縣中置設農官。

曹操的屯田制雖分為「民屯」與「軍屯」。但是主管屯田事的官僚皆為武官,加「典農」於官銜前以示其職務功能,如:「典農中郎將」。

典農官的業務不必知會郡縣,而由中郎將依軍中的組織結構層層管理。典農中郎將則直接向「大司農」述職。

應募而來的農民稱為「典農部民」,鄧艾年輕時候就是「典農部民」。

有關民屯的情況,諸典農官所領部民之數目及墾田面積,如今甚難自史料內統計,但軍屯的情況則可概略自《三國志·鄧艾傳》中讀得:

> 今淮北屯二萬人,淮南三萬人,十二分休,常有四萬人,且田且守。水豐常收三倍於西,計除眾費,歲完五萬斛以為軍資,六七年間,可積三千萬斛於淮上,此則十萬之眾五年食也。

《晉書·食貨志》也有記載軍屯的規模:

遂北臨淮水，自鍾離而南，橫石以西，四百餘里。五里置一營，營六十人，且田且守。兼修廣淮陽、百尺二渠，上引河流，下通淮潁。大治諸陂於潁南潁北，穿渠三百餘里，溉田二萬頃。

曹操的屯田政策結果如何，並未有直接的載述，但是自建安後，北方鮮少再見到「大饑」的記錄，這或許因為屯田有盈。

實行屯田政策者非僅曹魏，孫吳與蜀漢也行屯田，只是吳、蜀處豐饒之地，對於屯田諸事未如魏國的積極。

屯田收入是曹操的主要財政來源，並因隨農地的開發而建設許多大大小小的水利工程。夏侯惇作「太壽陂」。劉馥治「芍陂」，新建「茹陂」、「七門堰」。賈逵作「鄢如新陂」。

曹操之後，及三國分立，魏國仍繼續水利及土地開發，及至最後一任皇帝的曹芳時，仍然開發車箱渠，導高梁河水，

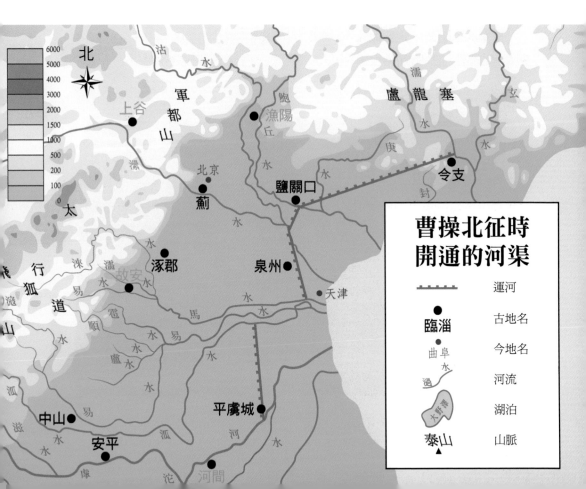

灌溉薊城西北、昌平，至漁陽潞縣東一帶的農田。

不過，曹操的水利工程多是斷水引流，急利一時的施工，為儲水而封掩的土地面積甚廣，人口增加後，開始出現耕地不足、陂堤因施工不嚴崩壞且難以修繕的問題。

及晉代，民已定戶，依當年粗陋的水利工程所開發的農地，問題叢生，修水利之事，除「茹陂」、「七門堰」外，所有工程幾乎重來。

曹操一邊打仗，一邊照顧肚子，想不到太遠的經營，把問題留給很遠的後人。

魏國祚甚短，司馬氏將水利事的燙山芋，整甕抱走，否則數代後的魏氏子孫必怨祖爺爺當年幹了什麼好事。

修築水利後，屯田還有一件事要克服，耕牛。曹操欲興屯田時，沒有被軍隊抓去運送輜重的牛早就吃光了，土地開發時遭遇「牛荒」。

河東地區是曹操較早得以掌握的地區，《三國志·杜畿傳》載，杜畿當太守之後：

漸課民畜牸牛、草馬，下逮雞豚犬豕，皆有章程。百姓勤農，家家豐實。

杜畿叫大家趕快養牛。

東漢畫像石·播種

經歷天饑人掠的關中地區更是如此。本是去關中地區安撫諸將的衛覬，看到當時關中的情形後寫一封信給荀彧：

關中膏腴之地，頃遭荒亂，人民流入荊州者十萬餘家，聞本土安寧，皆企望思歸。而歸者無以自業，諸將各競招懷，以為部曲。郡縣貧弱，不能與爭，兵家遂強。一旦變動，必有後憂。夫鹽，國之大寶也，自亂來散放，宜如舊置使者監賣，以其直益市犁牛。若有歸民，以供給之。勤耕積粟，以豐殖關中。遠民聞之，必日夜競還。又使司隸校尉留治關中以為之主，則諸將日削，官民日盛，此強本弱敵之利也。

衛覬建議以食鹽專賣的利益，補助官賣耕牛的損差，提供耕牛給回到關中地區重耕的農民。曹操雖同意衛覬的作法，但當時的關中仍在馬騰、韓遂的手中，執行這樣的事或有困難，以致馬超自關中敗逃後，顏斐為京兆尹時，民多無車牛。

《三國志·倉慈傳》注引魏略記顏斐做下列的事：

課民以閒月取車材，使轉相教匠作車。又課民無牛者，令畜豬狗，賣以買牛。始者民以為煩，一、二年間，家家有丁車大牛。

牛，一直很貴。依《晉書·食貨志》所

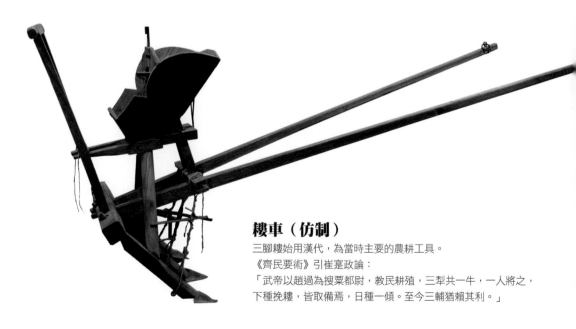

耧車（仿制）

三腳耧始用漢代，為當時主要的農耕工具。

《齊民要術》引崔寔政論：

「武帝以趙過為搜粟都尉，教民耕殖，三犁共一牛，一人將之，下種挽耧，皆取備焉，日種一頃。至今三輔猶賴其利。」

**東漢陪葬陶俑
牛車**

錄，一頭牛的價格是兩百斛穀粟，而兩百斛穀粟約是四十畝田的收成。

建安九年（公元二〇四年），曹操下令開始收田賦，規定「其收田租，畝四升」，一百升，為一斛。曹操的「稅」中含「絹二匹及綿二斤」，概以三分之一平均計算「個人所得稅」比例，則一頭牛的價格約是「個人所得稅」的七千倍。

各國「個人所得稅」稅率不同，不過以如今看得懂這本書的地方其基本工資略計算，一頭牛比現今一輛「藍寶堅尼」跑車還貴。

難怪「始者民以為煩」。被政府強迫買一台「藍寶堅尼」，一定很煩。

**東漢畫像石
舂米**

貨幣與物價

東漢末期物價貴，不只有牛。諸物皆貴，社會動亂使物貴錢輕是其中之一，但第一腳踢壞整個貨幣結構的人是董卓。

《三國志·董卓傳》寫董卓：

> 悉椎破銅人、鍾虡，及壞五銖錢。更鑄為小錢，大五分，無文章，肉好無輪郭，不磨鑢。於是貨輕而物貴，穀一斛至數十萬。自是後錢貨不行。

董卓沒有唸過經濟學，也不知道貨幣理論，可能以為「鈔票印得越多就會越有錢」，結果「錢貨不行」。「通貨膨脹」這種事，其實還蠻有時代感，於今不遠。

曹操當丞相後，廢董卓所鑄的小錢，重新發行「五銖」。《晉書·食貨志》說：

> 至魏武為相，於是罷之，還用五銖，是時不鑄錢既久，貨本不多，更無增益，故穀賤無已。

曹操大概也沒有唸過經濟學，不知道貨幣理論，可能以為「只要把多印的鈔票收回來，就可以解決通貨膨脹的問題」。結果因為「通貨緊縮」而致「穀賤無已」。

而後曹氏皇帝，一直在「設五銖」、「廢五銖」的事情上時廢時置。

東漢畫像石·市集（拓片）

於現在的知識來理解,能明白不穩定的「貨幣政策」對商業發展有害無一利,尤其曹操「挾天子」後成為中央政府的代表,其「貨幣政策」概對當時全部地區均有影響。

曹魏廢除使用貨幣,並非沒有貨幣政策,而是由「銅錢」變成「布、米」,市場計價以「穀」、「帛」為計。

小二,結帳。

客倌,您這桌酒,一合米又六寸布。

一合米,剛才吃掉了,現在剪兩個衣服下擺給你。

這當然是件很奇怪的事,用這種方法,很難過日子。

不過「絹」似乎確實是當時的「基準貨幣」,《三國志》中有許多以「絹」做為「貨幣」的描述:

<曹洪傳>引魏略注:

文帝在東宮,嘗從洪貸絹百匹,洪不稱意。

曹丕欠「錢」,曹洪不借。「借錢」的標的是「絹」。

<田豫傳>引魏略注,說田豫罷官離開汝南:

汝南為具資數千匹,遣人餉豫,豫一不受。

汝南人送給田豫的盤纏,也是「絹」。

《三國志·王昶傳》的注裡有一段講「任嘏投資」以「絹」計價的描述,可以看到當時「貨幣政策與物價間的互動」:

與人共買生口,各雇八匹。後生口家來贖,時價直六十匹。共買者欲隨時價取贖,

吳·大泉五百

通典食貨志:「吳孫權嘉禾五年,鑄大錢一當五百。文曰大泉五百,徑一寸三分、重十二銖。」
依三國時期度量衡換算:
一寸＝2.42cm　一分＝0.242cm
一銖＝0.66g
大泉五百:直徑:3.146cm　重:7.92g

蝦自取本價八匹。共買者慚，亦還取本價。

　　任蝦與朋友「共同投資」，無論「匹」是「絹」或「生口」的計算單位，因其關係為正比，故可先設「匹」為「絹」的計量單位。所以「生口」自「八匹」絹升值為「六十匹」絹。

　　依最簡單的「供需理論」觀察，「生口」可能因為「供應減少」而使價格上揚7.5倍，或者「絹」這個「通貨」產量增加而使「購買力」降低。

　　不過，此時的貨物「生口」無論是指「奴僕」或是「牛馬」，即是增加「絹產量」的生產財，倘若生產財減少，則產品價格應上揚，當產品A即為產品B的生產財時，其兩者價格關係為正比。故依此觀

察，此一時期當為生產財「勞力」或「貨物產量」並未減少，而是「絹」產量增加，以致「通貨過剩」而發生的「通貨膨脹」現象，同時也可以發現社會生產力在慢慢恢復中。

　　蜀、吳各國稱號後，各鑄有銅錢。不過，劉備鑄錢的本意並非便民於商。《三國志·劉巴傳》引零陵先賢傳載：

　　初攻劉璋，備與士眾約，若事，府庫百物，孤無預焉。及拔成都，士眾皆捨干戈赴諸藏，競取寶物，軍用不足，備甚憂之。巴曰：易耳，但當鑄直百錢平諸物價，令吏為官市。備從之，數月之間，府庫充實。

　　劉巴是「拿磚頭換金條」的詐騙集團始祖。劉備鑄錢的動機已經糟糕時，

蜀·直百錢

《三國志旁證·卷二十四》：「蜀直百錢，建安十九年劉備鑄，舊譜云，徑七分，重四銖。」
文粗易制，不過，蜀漢的貨幣政策很寬鬆，不禁民間鑄錢，乃有大小不一的直百錢。
或説「直百錢」本來就只是「磚頭」。不要緊。
依《三國志旁證·卷二十四》規格，蜀直百：直徑1.694cm　重：2.64g

發行「蜀元」無利工商。

　　至於東吳的貨幣，在當時屬於「購買力」較差的幣別。「購買力」不佳的原因，可能與因「盜鑄」而致「貨幣濫發」有關。《三國志·孫權傳》有嘉禾五年的描述：

　　春，鑄大錢，一當五百。詔使吏民輸銅，計銅畀值，設盜鑄之科。

　　孫權有「管制貨幣」的概念，但是，《三國志·朱據傳》說：

　　嘉禾中始鑄大錢，一當五百。後據部曲應受三萬緡，工王遂詐而受之，典校呂壹疑據實取，考問主者，死於杖下。

這應該不是第一個做「偽鈔」的案例。東吳的「大泉」錢，只有正面有「文」，其背後無文。於今留下的東吳古錢中，有許多同幣值卻大小不等的「大泉錢」，這應該是「偽鈔」製量太多。

　　東吳而後又發行「大泉當千」及「大泉五千」，則「貨幣貶值」。貨幣貶值後，市場又以實物交易。《三國志·朱桓傳》寫朱桓死後：

　　家無餘財，權賜鹽五千斛以周喪事。

　　別鬧。孫權的意思是拿「鹽」換喪事所需之物品，不是「醃起來」。

東漢光武帝建武十七年鑄錢銅範
這是鑄模，鑄成的五銖錢如右圖。
雖確實鑄成銅錢，但仍然會聯想紅豆餅。

建安文學

明明是紛亂不止、饑饉並行的時期，中國文學在不應繁華的時候，進入重要的轉折，建安時代。

就中國文學史來分類，建安文學有別於兩漢時期的形式，是為晉代文學的起始。特別是詩歌的發展，將突破四言詩體例的五言詩歌，發揮得淋漓盡致。

《文心雕龍‧明詩》如此評述建安時期的詩歌：

暨建安之初，五言騰踊。文帝、陳思，縱轡以騁節；王、徐、應、劉，望路而爭驅，並憐風用，狎池苑，述恩榮，敘酣宴；慷慨以任氣，磊落以使才。不求纖密之巧；驅辭逐貌，唯取昭晰之能。

當然，讀白話文的現代人看劉勰評建安詩歌的這篇《明詩》，會比讀詩更抓頭。簡單地解釋劉勰的意思是說建安詩歌「質樸剛健」，不作做。

如果「質樸剛健」是建安文學的特色，那麼東漢末年來自亂世時的醒思則是育養建安文學的養份。

建安詩歌承襲漢代「樂府」體例，寫下許多描述當時社會情況的敘事詩。這些敘事來自文人敏感的觀察，以及被解放的感情。

此時期的賦及散文，更脫離兩漢時期附屬於經學下的次文化產品，開始自由地發展為一項文學體例。

魏晉　龜形銅硯滴
硯滴又稱「書滴」，貯存硯水供磨墨用。
今人上書法課，買一組「文房四寶盒」，裡頭也有「硯滴」，盒中硯滴為塑膠製品，上貼有警語：「請勿與眼藥水放置一處，以免混淆」。

這是歌詞

漢代「樂府」,源自於「樂府」這個公家單位去民間採集來的民間歌謠。

好一朵美麗的茉莉花,好一朵美麗的茉莉花,芬芳美麗滿枝椏,又香又白人人誇。

這段歌詞如果發生在漢代,被「樂府」的官吏聽見,刻在竹板上送交中央保存,《茉莉花》就成一篇「樂府」。

「樂府」官署的設立始於喜歡在家中玩耍的漢武帝,《漢書·禮樂志》寫漢武帝:

采詩夜誦。

以李延年為協律都尉,多舉司馬相如等數十人造為詩賦,略論律呂,以合八音之調,作十九章之歌。

漢武帝收集民間歌謠後,兼差當音樂製作人,出張專輯叫《祭天》,裡頭有十九首歌,作曲:李延年,作詞:司馬相如。

收集民間歌謠的文化保存工作越做越多後,建安年間,文人發現樂府的渲染力而開始大量仿寫民謠而作「樂府」歌詞,漸成「樂府詩」的體例。然而,東漢末年的民間活動力為戰亂及天災所消耗,官方組織的運作著重於軍事擴張,之於民間歌謠,不管是創作力或者採集均不如過去的繁盛與積極,此時仿寫的樂府詩多出自官僚文人,而非民間作品。

由於樂府詩的特色是以寫實為主,有故事情節,發源即是《漢書·禮樂志》上所說:

三國·神獸鏡

追女人這件事,歷經兩千年不變。
羽林郎想交女朋友,得「銀鞍翠蓋」,把「名車」、「名牌」顯出來,再送名貴禮品。
結果,羽林郎還是被發好人卡了。

感於哀樂，緣事而發。

或因其創作精神的根源來自寫詩人因目見所及的事實而生的感觸，所以建安時期的樂府詩，多是描寫景物後的抒情之作。

陳琳所寫的《飲馬長城窟行》講一對夫妻因修長城分別兩地的故事，是敘事詩的寫實代表作。陳琳以他眼中所見的世界入詩，述寫他牽馬在長城下喝水時偶然聽見的事，以此衍生一段有感而發的小故事。《飲馬長城窟行》有完整的故事結構，當屬「微小說」的始祖之一。

漢代樂府更有名的大長篇《孔雀東南飛》已經不「微」，若似「歌劇」，讓而後的傳統戲曲依《孔雀東南飛》的內容發展出表演戲劇。如《孔雀東南飛》一樣述寫愛情的樂府詩，另有一首《羽林郎》，其文如題名，正是講宮廷禁軍「羽林郎」如何追求女性的故事。

> 昔有霍家奴，姓馮名子都。
> 依倚將軍勢，調笑酒家胡。
> 胡姬年十五，春日獨當壚。
> 長裾連理帶，廣袖合歡襦。
> 頭上藍田玉，耳後大秦珠。
> 兩鬟何窈窕，一世良所無。
> 一鬟五百萬，兩鬟千萬餘。
> 不意金吾子，娉婷過我廬。
> 銀鞍何煜爚，翠蓋空踟躕。
> 就我求清酒，絲繩提玉壺。
> 就我求珍餚，金盤膾鯉魚。
> 貽我青銅鏡，結我紅羅裙。
> 不惜紅羅裂，何論輕賤軀。
> 男兒愛後婦，女子重前夫。
> 人生有新故，貴賤不相踰。
> 多謝金吾子，私愛徒區區。

羽林郎沒有成功地追到有夫之婦。東漢民俗對於男女之間的社會關係應較之明清時代相對地更自由。於史書上看，於文學上看，他們都這樣。

曹操父子在建安年間寫有不少的詩歌。建安十二年（公元二〇七年）曹操北征烏桓，《資治通鑑》寫其當時情景：

> 時天寒且旱，二百里無水，軍又乏食，殺馬數千匹以為糧，鑿地入三十餘丈方得水。

曹操辛苦的要命，寫《步出夏門行》五首，說他經過「水竭不流，冰堅可蹈」之處，並留一句「老驥伏櫪，志在千里」的成語給大家讀。

《步出夏門行》不只是樂府，還是老人家出門的辛苦，跟著一起北征的曹植也寫文詠慨，十五歲的少年家的心情就跟爸爸不同。曹植寫了《白馬篇》：

> 白馬飾金羈，連翩西北馳。
> 借問誰家子，幽并游俠兒。
> 少小去鄉邑，揚聲沙漠垂。

宿昔秉良弓，楛矢何參差。

控弦破左的，右發摧月支。

仰手接飛猱，俯身散馬蹄。

狡捷過猴猿，勇剽若豹螭。

邊城多警急，胡瞄數遷移。

羽檄從北來，屬馬登高堤。

長驅蹈匈奴，左顧陵鮮卑。

棄身鋒刃端，性命安可懷？

父母且不顧，何言子與妻？

名在壯士籍，不得中顧私。

捐軀赴國難，視死忽如歸。

曹植武俠小說看太多，不將爸爸「殺馬得食」、「鑿地求水」的事當成苦頭，反而在出征中得其壯志之樂。

「樂府」與「五言古詩」的不同在於「樂府」入曲，「古詩」只用以吟詠。不知道曹植寫《白馬篇》這首樂府時時，是一邊唱哼一邊比劃，還是教部眾唱軍歌。

不過，這就是青春。

曹家父子中除了曹彰覺得筆重於刀外，大哥曹丕也很能寫。

曹丕十五歲的時候，正值官渡之戰。曹丕從征，沒有寫詩，而是種了一棵柳樹。官渡之戰時的曹丕正在寫少年日記，這些日記的內容而後集結為《典論》一書。

這一年，二十一歲的曹丕從征烏桓，除了與曹操一起寫看到大海有所感觸的

《滄海賦》之外，還寫下一首很有名的情詩《燕歌行》：

秋風蕭瑟天氣涼，草木搖落露為霜，

群燕辭歸雁南翔，念君客遊多思腸。

慊慊思歸戀故鄉，君何淹留寄他方！

賤妾煢煢守空房，憂來思君不敢忘。

不覺淚下沾衣裳，援琴鳴弦發清商。

短歌微吟不能長，明月皎皎照我床。

星漢西流夜未央，牽牛織女遙相望。

爾獨何辜限河梁？

這是會在卡拉OK裡有極高點播率的一首歌，曹丕不往流行音樂界發展，很可惜。

建安十二年（公元二〇七年）的大事，不單只有征烏桓。在這一年間，被稱為建安七子的文人先後為曹操所延攬，自此到建安二十二年（公元二一七年），王粲、徐幹、陳琳、應瑒、劉楨相繼去世的十年間，為東漢末年文風最盛的時代，如曹丕《典論·論文》所言各展風華。

此十年間的曹植正是十五到二十五歲的精華人生，與文人相交，作品華麗雄壯。把老是以為兒子找槍手代寫的曹操嚇一跳的著名《登台賦》便是成於這一段時期。

銅爵台完成後，曹家父子常常一起玩樂。曹操好色，喜歌妓，而且沒有道貌岸然地作做禁止兒子一起玩。曹家兄弟

都好此道，銅爵台上大概如繁欽幫曹丕選歌妓時所說：

　　宴喜之樂，蓋亦無量。

　　朱門酒肉餵養銅爵台上一首接一首的詩歌。建安年間的大文豪在銅爵台上彈棋、鬥雞、狎戲女子，寫下一首首彈棋、鬥雞、狎戲女子的詩歌，將縱情玩樂事寫得鉅細彌遺。曹植在《妾薄命》中描寫與父兄同歡的樂宴場面，更是毫不忌諱。

　　建安七子相繼辭世的那一年，也是曹丕被立為太子的同年。

　　曹植成熟並動人的作品大多出自於確定曹丕為曹操的繼位者之後。曹植於繼位之爭敗下，曹操便開始清除過去給曹植抬橋子的黨人，如懂得啃雞胸骨的楊修。

　　曹操死後，曹丕下手更狠。丁儀、丁廙兄弟被處死，再是自己的弟弟曹彰，而後曹植被一貶再貶，及曹丕去世，繼位的侄子對叔叔也不曾有好臉色，曹植最後鬱鬱而終。

　　著名的《七哀》無論是當單戀的情詩讀，或者衍伸他借此感嘆與曹丕兄弟情薄，都是經典。

　　明月照高樓，流光正徘徊。

　　上有愁思婦，悲歎有餘哀。

　　借問歎者誰？言是宕子妻。

　　君行踰十年，孤妾常獨棲。

　　君若清路塵，妾若濁水泥；

　　浮沈各異勢，會合何時諧？

　　願為西南風，長逝入君懷。

　　君懷良不開，賤妾當何依！

　　曹植在人生最潦倒的時候寫下最樸實的感情。至今兩千年，無需解說或推敲，便能聽見他心裡的聲音。

東漢・陶俑

漢墓出土的陪葬品中有很多樂舞俑，墓室中的畫像石更不乏宴樂的主題。死者將生時的喜好帶進墓穴中，陪他不致於孤獨，同時像想死後的日子，必需要有豐富的想像力。

如上圖俑，在發揮想像力上起了一定的作用，從而彰顯墓主的特色。

189

這是文章

今人看建安文學的詩歌或散文，其印象多來自《昭明文選》所選入的詩文，而建安時期的文人確實也多是圍繞在曹氏父子身邊。

不過，這些文人作品所多失佚，今人不見得能讀到與當時評價等齊的文章，以致在建安文學上翻來翻去總是特定的幾篇。研究這段時期文章的內容，多是依後人的評論去揣磨作者的風格。東漢末年經排名為寫散文第一把好手的孔融便是明顯的一例。

孔融的作品傳世極少，曹丕在《典論‧論文》中評孔融的文章「體氣高妙」。

先不論孔融的作品如何，光是弄懂曹丕說的「體氣高妙」對現在讀白話文的人來說，壓力就很大，不過，在有名的《薦禰衡表》裡，可得見孔融用典對句的姿勢很華麗。

這是否即為曹丕所說的「體氣高妙」，看駢文，壓力還是很大，今人於欣賞之時，可以確定的是駢文體絕對不適用於工學類技術知識之操作手冊撰寫。

寫文章時「用典」的功力來自於看很多書，知道很多古人的事，從小讀很多書又喜歡「邏輯辯論」的孔融將「用典」及「邏輯辯論」的功力兩者並發，寫下《難曹公表制酒禁書》。

孔融在《難曹公表制酒禁書》一文中，舉古時因「女人」、「謙讓」、「儒學」等原因而失國的例子，譏曹操不禁「婚姻」、「謙退」、「文學」等古者因此害國的事，反而拘泥於幾顆米急著「禁酒」。

這種辯論邏輯跟「食品添加物」含量的想法略同。政府並未規定在食品中放多少「大便」將危害健康，但是沒有人會將「大便」當成「食品添加物」。

孔融將兩碼子不相干的事放在一起講，與曹操討論「牛肉麵裡應該放多少大便」，胡攪蠻纏，如今看孔融，當為「論壇鄉民」之祖。不過，孔融的挑釁也讓曹操氣得下令砍人。

曹丕說孔融「體氣高妙」的境界太深奧，但是說他「不能持論，理不勝詞，以至乎雜以嘲戲」，就可以從這篇「鄉民文體」的《難曹公表制酒禁書》看懂。孔融被殺之前寫下字句憤恨的《臨終詩》。寫完絕筆，孔融就被曹操鎖帳號了。

建安七子中留下的散文並不多，即使劉勰在《文心雕龍‧書記》中說：

公幹箋記，麗而規益，子桓勿論，故世所共遺。

東漢・畫像石

上為「機織」，下為釀酒，這張圖中「馬車」、「牛車」、「兵器」盡在其中。一般畫像石中所見的元素在此圖中包含豐富。

也因為劉楨的文章傳下甚少，不太容易看出劉勰反駁《典論・論文》為劉楨翻案的原因。結果，發生在劉楨身上最有名的事，變成因為貪看曹丕老婆甄宓的美貌，而被曹操按個「不敬之罪」抓去關的這檔八卦。

陳琳也是散文寫到有名的人，官渡之戰前，袁紹公諸天下討曹的檄文，便是出自陳琳之手。袁紹勢力崩解後，陳琳投附曹操。陳琳是曹操的「文膽」之一，據說他的文章好到可以給曹操治頭痛，而且公文寫完後曹操欲修動一字皆不能。此外，陳琳隨曹操四處徵戰時，還練就另一個本事：能騎在馬背上援筆成篇。曹營中的馬，避震器太好了。

另一個跟陳琳一樣很會寫「開戰文」的人是阮瑀，阮瑀寫過有名的《為曹公作書與孫權》，阮瑀在這封代筆信中幫曹操塗牆壁，貶抑周瑜的功勞，說赤壁之敗是：

遭離疫氣，燒舡自還，以避惡地，非周瑜水軍所能抑挫也。

幸虧當時未有戰地記者一職，否則著名文章可能會因為「造假」而少一篇。

陳琳與阮瑀在文學上以寫「奏章」出名，《典論・論文》稱讚：

琳、瑀之章表書記，今之雋也。

曹植則在《與楊祖德書》裡更直白地說陳琳不善長寫辭賦。

不過，陳琳及阮瑀如今廣為人知的作品並非散文，而是樂府詩。阮瑀所寫《駕出北郭門行》，講孤兒被後母虐待的事，與陳琳的《飲馬長城窟行》一樣是「有劇情」的小故事。

終究，細數人家姥姥三代有沒有醜事或者瞎編戰況的文章，讀來並不符合大眾流行的口味，陳琳與阮瑀的「開戰文」及「代筆信」還是不如講故事來得有趣。

三國時期能為文膽的人，不僅於建安七子的陳琳、阮瑀。張紘也是，張紘應該就是幫孫策寫斷交信給袁術的執筆者，張紘讀陳琳的文章，嘆其文美，而陳琳表示自己的文章不如張昭與張紘。

張昭晚年辭官替經書寫注，著作已佚。張紘的文章可在《三國志・孫策傳》裴松注內讀得。文采如何，以今人之豆目，唯壓力大耳。

魏、蜀、吳三國得文采者，再一個凡經歷過中國文學教科書的人都能背到熟、忘到乾淨的《出師表》外，幾乎另無其他，而《昭明文選》中所取錄三國時期的詩文，曹植作品佔去大半。

東晉謝靈運說天下才有十份，曹植拿八份。謝靈運的說法是「國人自讚」，姑且當賣瓜。及至元朝，有個被賈似道

為掩飾謊話而抓起來關十年的蒙古人郝經，此人說他讀曹植的詩文「未嘗不為流涕」，這是「外國人」的推崇，所以，頒獎吧。

曹植最有名的散文是「洛神賦」，這篇被選進《昭明文選》的賦文，之所以出名到沒讀過也是耳熟能詳的原因，大概不因文采，而多半與被編進傳統戲曲裡的《曹植與甄宓》有關。

甄宓是魏明帝曹叡的媽媽，與小叔間是否有私情，現在是問不出個所以然了。《三國志‧陳思王傳》說曹植「任性而行」，究竟任性到什麼樣的程度，也沒寫清楚。不過，如果曹植保下一命沒死，被貶出京就國，還能在路上想著美麗的甄宓，寫賦留下證據，那麼曹植將不是陳壽所說的任性，而是無知。

無知的文豪應該寫不出《七哀》，為避免建安文學一夜崩潰，有些事，放在那裡任它美麗就好，不要細問。

東晉‧顧愷之　洛神賦圖（局部）

顧愷之所畫＜洛神賦圖＞描繪曹植行至洛水。水面上有女神梳高髻，飄浮而來。
洛水女神在天空、在山間舒袖歌舞，曹植攜從相送。
而後女神坐在異獸駕馭的車上，乘風而去。曹植一行站在渡河的樓船內凝目遠視，最終乘車離開。
《洛神賦圖》在宋代摹本頗多，現共存三卷，但以此卷最為完整。

第七章

三國時期的戰術與兵器

兵器與甲冑

兵器

漢末三國時期的常用兵器,有長短格鬥武器和遠射兵器兩種。

長短兵器以矛、戟、刀為主。

矛是一種直而尖形的刺殺武器,後部有骹,以安裝竹、木等長柄。安裝短柄,稱為手矛;矛柄兩端各安矛頭,稱兩頭矛。矛用於步戰和騎戰。

如建安四年(公元一九九年)孫策攻黃祖時,劉表派劉虎和韓晞率長矛兵救黃祖。張飛在當陽長板斷後時,立與橋頭,瞋目橫矛,曹軍不敢靠近。

《三國志·公孫瓚傳》載:公孫瓚率數十騎出行塞,見鮮卑數百騎,便「自持矛,兩頭施刃,馳出刺胡。」

東漢·銅持矛騎兵俑

東漢・鐵戟

東漢時鐵戟形制略有不同，整體為
「卜」字形，鋒端有環形鈎刀。
此形制廣泛使用於中原戰場。

　　戟是古代將矛、戈兩種兵器合為一
體，使其兼具勾和刺的功能。起初，戟是
矛頭旁鑄一勾刺，形狀近似「卜」字。三
國時，戟頭橫出小支逐漸彎曲上翹，減弱
了勾的功能，增強了刺和叉的功能。戟分
長戟、短戟和雙戟三種。

　　長戟，柄長，又稱大戟。短戟為可單
手握持的短柄戟，又稱手戟。雙戟則為雙
手持的短柄戟。《三國志・典韋傳》記錄
魏將典韋曾「提一雙戟八十斤。」。

　　短戟和雙戟隨身攜帶，可向敵方投
擲，不用時插在項背上。

　　《三國志・呂布傳》內有董卓曾因呂
布有個小小過失，便「拔手戟擲布」的形
容。

　　《三國志・張遼傳》載，建安二十年
（公元二一五年），孫權圍合肥，魏將張
遼「披甲持戟」攻孫權，權退至一山坡
上，以「長戟自守」。

刀是用於劈砍的單面側刃兵器,由刀身和刀柄構成。三國時開始出現長刀,《三國志·典韋傳》寫魏將典韋「好持大雙戟與長刀」。

今發掘出土的三國刀是環首刀,直體長身,薄刃厚脊,短柄,柄首加有扁圓狀的環。這種刀經過多次淬火,刃部非常鋒利,稱百鍊刀。

曹植在《寶刀賦》一文中,說它「陸斬犀革,水斷龍舟」。諸葛亮命蒲元造刀三千口,用這種刀砍劈內裝鐵珠的竹筒,如同斬草一樣。

還有一種供帝王公卿佩帶或將領防身用的佩刀,如魯肅與關羽會談時,「諸將軍單刀俱會」,即允許將領帶佩刀赴會。

劍、斧等兵器此時已不作為格鬥武器,主要用於護衛或饋贈品。

漢·環首鐵刀

三國・銅弩機

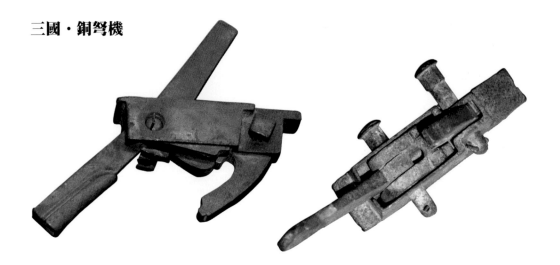

遠射兵器以弓弩為主。弓是彈射武器。

漢代有虎賁弓、雕弓、路弓等，因其輕巧靈便，能在較遠距離射擊敵方，故為士卒常備武器。

弩是一種利用機械力量發射箭的兵器，命中率和射程都超過弓，其關鍵組件弩機，多有出土。

如南京石門坎出土魏正始二年（公元二四一年）弩機，四川郫縣出土蜀漢景耀四年（公元二六一年）弩機。

三國時期裝有連射機械的弩，稱「連弩」或「積弩」，眾多連弩可齊發，形成箭雨。《三國志・王昶傳》載，江陵之戰中，魏將王昶「使積弩同時俱發」，擊破吳軍進攻。

弩還可同弓、石塊並用，綜合拋射功能，形成矢石相加。《太平御覽・兵部》引《會稽典錄》描述孫吳有神鋒弩，射程達三里，可貫穿三、四匹馬，騎兵不敢靠近。

箭，古稱矢，是一種以弓弩發射具有強大殺傷力的遠射武器。箭由長柄和鏃所組成，鏃用銅、鐵或青石製成尖形狀。在其上面塗上毒液，為「毒箭」，人中必死。如在其上綁縛浸滿油脂的麻布等易燃物，點燃發射，稱為「火箭」。

《三國志・明帝紀》注引《魏略》寫陳倉戰役，守將郝昭「以火箭逆射」諸葛亮攻城的雲梯，致使「梯燃，梯上人皆燒死」，迫使諸葛亮退兵。

三國・諸葛弩（複製品）

圖左為單發弩，圖右為有「彈匣」的諸葛弩複製品。

諸葛亮發明的連弩，稱為元戎弩這種兵器很早就有。《墨子》說：「二步一木弩，必射五十步以上」。

諸葛亮在原有弩機的基礎上加以改進，創製一種新式連弩，稱為「元戎」。《三國志・諸葛亮傳》注引《魏氏春秋》描述這種連弩：

以鐵為矢，矢長八寸，一弩十矢俱發。

該弩機由瞄準器「望山」、勾住弓弦的「牙」、以及扳機「懸刀」等零件組成。發射時先將弓弦拉開，扣在「牙」上，把箭放在弩臂的溝槽裡，經過「望山」瞄準後，扳動「懸刀」，「牙」鬆開弓弦，將箭射出。

諸葛亮發明的這種連弩，一次能發射出十支箭，射擊力大，殺傷力強，時人稱為「神弩」。

甲冑

三國時所用的防衛武器主要是鎧甲、鐵蒺藜等。鎧甲是披在將士身上的防護裝備。用皮革制的叫「甲」，用鐵製的叫「鎧」。

「鎧」或「甲」均根據人的體形預先製成若干小的皮革片或鎧片，鑽上孔後用繩子或金屬絲等連綴而成。

《太平御覽‧兵部》引《魏武軍策令》寫官渡之戰時，袁紹就有「鎧萬領」，而曹操只有「大鎧二十領」。

三國時期出現一些新型鎧，如玄鎧、明光鎧、兩當鎧、環鎖鎧、馬鎧、筒袖鎧。

玄鎧即鐵鎧，有黑光，又名黑光鎧。《三國志‧諸葛亮傳》注引《漢晉春秋》記：蜀漢建興九年（公元二三一年），諸葛亮在鹵城（甘肅天水、伏羌間）大破魏軍，獲「玄鎧五千領」。

明光鎧是因為該鎧胸前、背後兩面各有金屬圓護，在陽光反射下，發出明亮的光而得名。

筒袖鎧是蜀漢諸葛亮執政時所製作，這種鎧非常堅硬，《宋書‧殷孝祖傳》形容：

二十五石弩射之不能入。

《宋書‧王玄謨傳》內更有南朝宋明帝將「筒袖鎧」作為貴重物品賜給領水軍南討戰將王玄謨的記錄。

此外，兜鍪、盾等為將士一般防衛裝具。

漢‧鐵鎧甲（複製品）

通長49公分，鐵片共709片，以絲帶穿結而成。

三國・箭鏃

三國・鐵蒺藜

本件文物，出土於定軍山。
但是，上頭未查有諸葛亮
的指紋。

鐵蒺藜，又稱扎馬釘，是作戰中使用的一種暗器，以其設置障礙而禦敵。因狀若荊刺，用銅鐵鑄成，故學名鐵蒺藜。它有四個鋒銳尖爪，隨手一擲，三尖撐地，一尖直立向上，推倒上尖，下尖又起，其尖呈三角錐形，亦有圓錐形，尖爪間每個夾角一百三十度。

大鐵蒺藜約十五克，尖長二點七至三公分；小鐵蒺藜約八克，尖長一點五公分。佈防時將這種暗器撒在戰地、險徑，用來刺傷敵方馬匹和士兵。

《諸葛亮集・製作篇》引《稗史類編》記：蜀漢建興十二年（公元二三四年），諸葛亮第五次北伐，在五丈原與司馬懿相持。諸葛亮逝世，蜀軍退兵時，司馬懿派兵追擊，「長史楊儀多布鐵蒺藜」以阻之。

騎兵與步兵

騎兵

騎兵是古老的傳統兵種。其特點是速度快，機動性強，衝擊力大，尤其在平川作戰中，其優勢要比步兵顯示得更加優越。

三國中，魏國騎兵的量與質都超過吳、蜀。這主要是因為魏國所控制地區大多數是廣袤的平原和丘陵，而且隴右、河套、遼東等地又都是產馬地區，加上北方常受擁有強悍騎兵的各少數族侵擾，因而魏國不得不利用即有的條件建立起強大的騎兵。

當時騎兵配備有馬鞍，尚無馬鐙，騎士使用弓戟和弓矢，披著鐵製鎧的「鐵騎」、「馬鎧」，作為重裝甲騎兵。

良馬產地主要是幽州和涼州。《後漢書·蔡邕列傳》記載：「幽冀舊壞，鎧馬所出。」《三國志·胡綜傳》記：吳將胡綜曾假託魏都督河北振威將軍以吳質名義作偽降書，

該信中曾提：「及臣所在，既自多馬」。曹丕在《典論》一文中也說「燕、代獻名馬」。燕、代地屬幽州。

《漢書·地理志》說，涼州：

> 習俗頗殊，地廣民稀，水草宜畜牧，故涼州之畜馬天下饒。

《後漢書·陳龜傳》也說：

> 今西州邊鄙，土地墝埆，鞍馬為居。

此「西州」即涼州，涼州人自古就以習馬為生。居於涼州隴西洮州的董卓能「雙帶兩鞬，左右馳射。」，李賢在《後漢書·董卓傳》注引《方言》中解釋：

> 藏弓謂之「鞬」。

也就是董卓身懷兩弓騎馬奔馳之時，能左右張弓射箭。

以董卓為首的涼州軍事集團成員如李傕、郭汜、張濟、賈詡、段煨、樊稠等個個都善於騎射。

曹魏有一隻強大的鐵騎，《三國志·曹仁附曹純傳》注引《魏書》記：曹仁的弟弟曹純，「所督虎、豹騎，皆天下驍銳」。

《三國志·蜀書·先主傳》寫這支虎豹騎在南征荊州時，「一日一夜行三百餘里」，在當陽長坂擊敗劉備，「大獲其人

東漢畫像石・步吏與騎吏

眾輜重」。

建安十六年（公元二一一年）。《三國志・武帝紀》寫：曹操征討關中馬超、韓遂時，「列鐵騎五千為十重陣，精光曜日，在與其作戰時，先以輕兵挑之。戰良久，乃縱虎騎夾擊，大破之。」

蜀漢利用南中地區出產戰馬的條件，建立一部分騎兵。《三國志・姜維傳》說：大將軍姜維曾「整勒戎馬」，蜀漢的宿衛軍中也有虎騎營，但其平均素質不能和曹魏相比。

再因蜀漢北伐曹魏，要走險峻的秦嶺，沿途穿越狹窄崎嶇的山谷棧道，不便於使用騎兵，故蜀漢以步兵為主，尤其擁有一支強大的弩兵。

吳國孫權雖極力想建立騎兵，並先後向魏、蜀兩國買馬，派使者向遼東公孫淵求馬，又從交州獲得貢馬等，但因缺乏可靠的戰馬資源，故該國缺少騎兵。

漢末三國時期各地都先後組建人數不等的騎兵。曹仁的「虎豹騎」，公孫瓚的「白馬義從」等皆是。但這些騎兵都是和步兵相組合，所進行的大小戰爭，也都是步騎協同作戰，漢末三國時期是沒有敵我雙方均為騎兵，完全純粹意義上的騎兵戰。

初平三年（公元一九二年），公孫瓚與袁紹合戰於界橋南二十里（河北威縣東）。

瓚步兵三萬餘人為方陣，騎為兩翼，左右各五千餘匹，白馬義從為中堅，亦分作兩校，左射右，右射左，旌旗鎧甲，光照天地。

公孫瓚其鋒甚銳。

紹令麴義八百兵為先登，強弩千張夾承之，紹自以步兵數萬結陣於後。

瓚見其兵少，便放騎欲陵踏之。義兵皆

伏楯下不動，未至數十步，乃同時俱起，揚塵大叫，直前衝突，強弩雷發，所中必倒，臨陣斬瓚所署冀州刺史嚴綱甲首千餘級。

瓚軍敗績，步騎奔走，不復還營。義追至界橋。瓚殿兵還戰橋上，義復破之，遂到瓚營，拔其牙門，營中餘眾皆復散走。紹在後，未到橋十數里，下馬發鞍，見瓚已破，不為設備，惟帳下強弩數十張，大戟士百餘人自隨。瓚部迸騎二千餘匹卒至，便圍紹數重，弓矢雨下。

（紹）強弩乃亂髮，多所殺傷。瓚騎不知是紹，亦稍引卻。

公孫瓚最終為紹軍所擊敗。

潼關渭南之戰也是如此。

馬超、韓遂長起以來盤距關西，牽制曹操進攻江東和益州。

因關西諸將不可信任，為解除後顧之憂，司隸校尉鐘繇請求率兵三千入關，以進討關中張魯為名，向諸將索取質任。

建安十六年（公元二一一年）三月，曹操遣鐘繇征討漢中張魯，使征西護軍夏侯淵等率兵出河東，與鍾繇會合。

關中諸將懷疑曹軍是藉機襲擊，便聯軍十萬屯據潼關。因「關西兵精悍」，曹操指示曹仁「堅壁勿與戰」。

八月，曹操至潼關與馬超等夾關對峙，做出將與馬超決戰模樣，暗中派徐晃、朱靈率步騎四千從河東渡過蒲阪津（山西永濟西黃河渡口），據河西為營。

修築塹柵還未完成時，關西將梁興率步騎五千夜襲徐晃，徐晃將其擊潰。

閏八月，曹操自潼關北渡河，馬超得知便率步騎萬餘人攻曹操，矢如雨下，曹操猶據胡床不動。許褚為曹操擋箭，丁斐放出牛馬誘敵，曹操才得以渡至黃河北岸。

曹操又西渡黃河，抵達渭水南岸，馬超夜襲渭南曹營，被伏軍擊破。馬超求和，送任子。

曹操用離間計，挑起馬超與韓遂不和。事成，曹操與馬超約期會戰。曹操先以輕兵挑戰，而後出動虎豹騎夾擊，馬超等大敗，逃奔涼州，曹操佔領關中。

再如樂嘉之戰。這是一場曹氏與司馬氏之間所進行的爭權。魏正元二年（公元二五五年）正月，齊王曹芳被司馬師廢後三個月，鎮東將軍毌丘儉，揚州刺史文欽，假傳太后詔令，聯合起兵於壽春（安徽壽縣），發檄文傳各州郡，討伐司馬師。

大軍進至許昌東南項縣（河南沈丘），由毌丘儉駐守，文欽在外機動，並派人聯絡鎮南將軍諸葛誕、兗州刺史鄧艾共同行動，遭拒，使者被斬首。

司馬師不顧眼疾率軍討毌丘儉、文

欽。鄧艾率兵萬餘人進駐樂嘉（河南周口市東南），毌丘儉使文欽率兵襲鄧艾，文欽猝見大軍，驚愕不知所為。

文欽子文鴦，年十八，勇力絕人，向欽建議乘司馬師軍尚未安定，一舉擊破。於是商定兵分二隊，乘夜兩面夾擊。

文鴦領兵先到，鼓譟進攻，司馬師軍中震擾，司馬師驚駭。文欽失期未應，天明，文鴦勢孤撤退。司馬師認為文鴦失去接應，其勢已去，令騎兵追擊。

文欽正要退兵，文鴦率十多名驍騎摧鋒陷陣，所向披靡，然後退兵。司馬師急派左長史司馬班率驍騎八千，張開兩翼追擊，文鴦單騎入數千騎中，殺傷百餘人乃出，如此反覆六七次，追騎不敢逼近。毌丘儉見文欽失利退卻，恐懼，連夜退兵，部隊潰散。毌丘儉逃至慎縣（安徽穎上北），被安風津都尉部民張屬射死。文欽降吳。

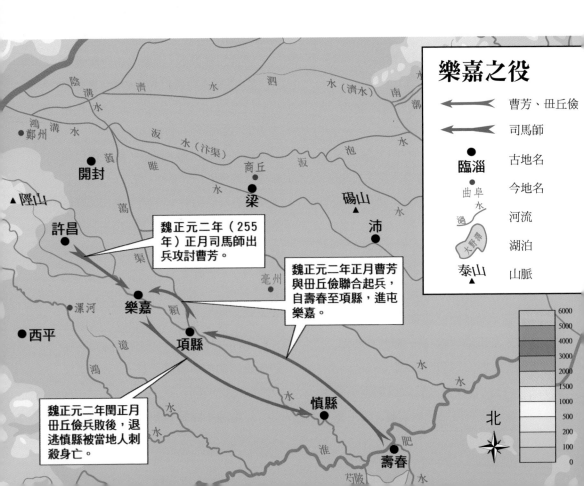

樂嘉之役

魏正元二年（255年）正月司馬師出兵攻討曹芳。

魏正元二年正月曹芳與毌丘儉聯合起兵，自壽春至項縣，進屯樂嘉。

魏正元二年閏正月毌丘儉兵敗後，退逃慎縣被當地人刺殺身亡。

阻馬車陣

　　漢末三國時期給敵人騎兵設置障礙，以限制其高速、機動、衝擊力強的優勢，阻擋其前進，最好的辦法是以車陣對付騎兵。

　　《三國志·任峻傳》寫官渡之戰時，袁紹派騎兵寇抄曹軍，斷絕糧道。負責軍器糧運的典農中郎將任峻便把糧車編成陣，千輛車為一部，「十道方行，為復陣以營衛之，賊不敢近。」

　　《三國志·田豫傳》記：建安二十三年（公元二一八年），曹彰征討代郡時，軍隊駐紮在易水以北，受胡人騎兵的襲擊，「軍人擾亂，莫知所為」。田豫憑藉地形，用車輛構成陣外環形障礙，「弓弩持滿於內，疑兵塞其隙，」致使「胡不能進，散去」。

　　諸葛亮要求步兵在無有利地形可用時，用車蒙陣來對付敵人騎兵的夾擊，他在《賊騎來教》中說：

　　若賊騎左右來至，徒從行以戰者，陟嶺不便，宜以車蒙陣而待之。

　　在車陣後面，還藏有步兵、弓弩手等，這樣既可遲滯、阻礙敵騎的衝擊，擾亂他們的陣勢。同時，隱蔽在車後的步兵和弓弩手又可有效殺傷近處和遠處的敵人。

三國·指揮車銅俑

步兵

步兵是漢末三國時期的基本兵種。身披鎧甲、兜鍪,手持矛、戟、刀、弓矢、弩、盾等武器的士卒,稱為甲卒、甲士,為重裝甲步兵;不披鎧甲的稱為輕裝步兵。

除這些參與戰鬥的士卒外,還有掌幡旗、傳將令的幡兵,搭橋修路的治道兵,專運輜重的車兵和耕種田地的屯田兵等。

漢末三國時期的主要集兵方式是招募而不再是徵發。這是因為這一時期頻繁的戰亂,迫使大批居民到處流亡,一些豪族和軍閥為擁兵割據,便出資募集流民中強壯者為兵,這些兵依附於僱主,成為私人武裝。

他們把當兵作為自己的職業,甚至是終身性地,與募主形成人身從屬與依附關係。三國時期的各地割據勢力,面對人口銳減,兵源匱乏的嚴峻形勢,在廝殺中逐漸壯大的一些統治者,為保障兵源,便將召募來的職業兵同一般民戶分離,另立戶籍,以其家屬集中居住作為人質,並令他們父死子繼,世代為兵,這樣便出現士家制度。《三國志·武帝紀》載:

初平元年,太祖兵少,乃與夏侯惇等詣揚州募兵。

曹操的兵源是由召募而來,即使後來收受三十萬降卒組成的「青州兵」,因未改變其原來編制系統和多方給予優待,仍屬於召募類型。

這種依附於固定將領的「親兵」、「家兵」等私兵,實際上已經成為私人的世襲兵。

剛開始兵士的家屬可隨營居住,後來曹操將所有兵士家屬集中居住地,與長期作戰在外的兵士分離,這是以兵士家屬作為人質,以防止兵士逃亡與反叛。隨後制定士家內部配婚制,目的在穩定國家兵源。

孫吳士兵,大都來源於召募。《三國志·孫堅傳》記孫堅「以郡司馬募召精勇,得千餘人」。

孫權及所部諸將之兵,大多來自於被征服的山越人。《三國志·陸遜傳》有「強者為兵,羸者補戶」的記載。《三國志·全琮傳》:「吳奮威校尉全琮征討山越後,因開募召,得精兵萬餘人」。

孫吳所召募來的兵不同於義務性的徵兵,而是職業兵,並與一般民戶分離,固定屬於某一將領指揮,形成世襲領兵制。

劉備最初所率士卒,也主要來源於

召募。《三國志·蜀書·先主傳》注引《英雄記》載：

> 靈帝末年，備嘗在京師，後與曹公俱還沛國，募召合眾。

這些士卒家屬也是隨軍行動。《三國志·先主傳》注引《英雄記》載劉備攻擊呂布失敗後。布「發遣備妻子部曲家屬於泗水上」。

蜀漢也實行將領與兵士家屬質任制，《三國志·劉封傳》記：建安二十四年（公元二一九年），「上庸太守申耽舉兵降（蜀），遣妻子及宗族詣成都。」

諸葛亮執政時組建一支以少數民族連弩士兵為主的南蠻特種部隊，稱為「赤甲軍」。

赤甲軍常在涪陵郡「取其民」充當。

《華陽國志·巴志》說諸葛亮為丞相時，「亦發其勁卒三千人為連弩士」，並將其家屬移至漢中集中居住，以作為人質。

《華陽國志·南中志》載：蜀漢建興三年（公元二二五年），諸葛亮南征越嶲、益州、永昌、牂等四郡取勝後，「移南中勁卒青羌萬餘家於蜀（成都）」，將其中強壯男子編成軍隊，為五部，號為「飛軍」。這支由青羌人組成的部隊，善於弩射，作戰十分勇敢，「所當無前」。

此外，諸葛亮還召募兩千僚人組成僚兵，由邛人七個部落中強壯男子組成「七部營軍」，由「五谿蠻」人組成的「五谿蠻兵」，由馬超、白虎文等人降蜀後所帶來的西羌兵等。這些少數族組成的部隊是蜀漢軍隊中的中堅力量。

東漢畫像石

圖中士兵配有「弓」及「盾」。

水軍

水軍是漢末三國時期主要兵種。《三國志·周瑜傳》記：劉表上任荊州牧時，就「治水軍，艨艟鬥艦，乃以千數」，同書寫曹操攻下江陵後，收編劉表水軍，「艨艟鬥艦，乃以千數，操悉浮以沿江」。

赤壁之戰後，曹操率軍到譙縣時，「作輕舟，治水軍」、「建安十四年，王師東征，泛舟萬艘。」

《三國志·蜀書·先主傳》：劉備攻打東吳時，遣「將軍吳班、陳式水軍屯夷陵，夾江東西岸」。

《三國志·孫權傳》注引《吳書》描述在江東立國的孫權，水軍力量更強：

吳王浮江萬艘，帶甲百萬。

三國時期的主要戰船有：

樓船：上下五層，又名五樓船，為水上作戰大型指揮船。列有女牆，樹立幡旗，開設弩窗、矛穴，形狀象城壘。因樓層高，穩定性能差，遇暴風易翻船。《三國志·董襲傳》載：

曹公出濡須，（董）襲從權赴之，使襲督五樓船住濡須，夜卒暴風，五樓船傾覆。

艨艟艦：是以生牛皮蒙船覆背，兩廂開鑿棹孔，左右有弩窗、矛穴，敵人無法逼近，矢石不能毀壞的一種防守進攻兩用戰艦。

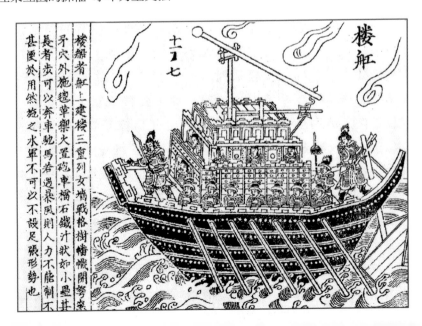

鬥艦：該艦上設女牆，高三尺，牆下開鑿棹孔，又修建船棚，同女牆齊高，棚內高五尺，棚上又建女牆，上面不建頂棚，前後左右樹立牙旗、幟幡、金鼓。為專用於進攻的戰艦。

走舸：該船舷上立女牆，置棹夫多，戰卒少，皆選勇力精銳者，往返如飛鷗，乘人之所不及。金鼓旗幟，列之於上。這是一種速度快，進攻力強的戰船。

油船：一種輕型運兵船。它外裏牛皮作為裝甲，再在牛皮上塗上桐油，以防敵方弓弩的射擊。

連舫：一種雙體船。船體龐大，載重量多。晉武帝伐吳時，王浚「乃作大船連舫。方百二十步，受二千餘人。以木為城，起樓櫓，開四出門，其上皆得馳馬來往」。

舸艫：是一種大型的扁舟。平時為民船，戰時可作戰船偷襲敵方。建安二十四年（公元二一九年）十月，呂蒙襲取關羽時，便率軍「至尋陽，盡伏其精兵舸艫中，使白衣搖櫓，作商賈人服，晝夜兼行，至羽所置江邊屯候，盡收縛之，是故羽不聞知」。

三國時期造船技術有很大進步。戰船船舷配備有錨，船艉有舵，船體中有橈、帆、棹、櫓、石碇等，配備有稱為「緪繩」的纜繩。作戰士卒裝備有弓弩、戈、矛和甲冑等。

建安十三年（公元二〇八年），孫權攻黃祖時：

> 祖橫兩艨衝挾守沔口。以栟閭大絏系石為錠，上有千人，以弩交射，飛矢雨下，軍不得前。（董）襲與淩統俱為前部，各將敢死百人，人披兩鎧，乘大舸船，突入艨衝裡。

水軍作戰中，遠射實施弓弩，形成箭雨，以阻擋住前進的戰船；而近距離水戰，則是乘大船，身披兩副鎧甲，手持戈矛，衝入敵船。水軍還可上岸投入陸戰。

如呂蒙同黃祖作戰時，是水上作戰，而西取長沙、零陵、桂陽三郡時，是陸上作戰。後偷襲江陵時，白衣渡江，又投入水上作戰。這說明水軍與步軍之間的區分不嚴格，沒有單一的職業水軍。

水軍發展的另一個層面是海上交通。

孫吳利用其海岸線長和造船業發達的有利條件，大力發展海上交通。

吳嘉禾二年（公元二三三年），將軍賀達等率兵萬人，浮海到遼東。次年，孫權派遣使者謝宏、陳恂到達高句麗（朝鮮），「拜宮為單于，加賜衣物珍寶」。句麗王回送「上馬數百匹」。因當時謝宏「船小」，只得「載馬八十匹而還」。

孫權還積極發展與南海諸國的海上交通。吳黃武五年（公元二二六年），他派宣化從事朱應、中郎康泰到達扶南（柬埔寨）、林邑（越南）、堂明（泰國）等南海諸國。

歸國後，他們將沿途所見所聞寫成書，朱應的《扶南異物誌》，康泰的《吳時外國傳》記載中國與南海諸國經濟文化交流的情況。

吳赤烏五年（公元二四二年），孫權遣將軍聶友、校尉陸凱以兵三萬遠航到達珠崖、儋耳（海南島）。

孫吳與大秦（羅馬帝國）也有交往。吳黃武五年（公元二二六年）大秦商人秦論來到交阯。交阯太守吳邈遣送詣孫權，權問方土謠俗，秦論具以事對。康泰《吳時外國傳》稱：

從加那調州，乘大海舶，張七帆，時風一月餘日，乃入秦，大秦國也。

這裡載明開船的起點，船帆數和船行經過的時間，如無頻繁的海上交通往來，就不可能有如此清楚明白的記述。

曹魏主要是與日本有海上交通，彼此貿易往來頻繁。

魏景初三年（公元二三九）至魏正始八年（公元二四七年），九年中，日本就先後四次派使節來魏，魏也派使節回訪，互

贈方物。

三國時期，日本稱為邪馬臺國，下轄有三十餘個小王國，該國女王叫卑彌呼。魏景初三年（公元二三九年）六月，卑彌呼女王遣大夫難升米、次使都市牛利一行至洛陽進貢，曹魏嘉次其逾遠渡海，乃厚加封賞。

次年，曹魏派特使奉詔書、印綬、金帛、刀、鏡等物詣倭國，賜給倭女王。魏正始四年（公元二四三年），卑彌呼女王又遣大夫伊聲耆等八人向魏齊王曹芳獻倭錦、絳青縑等。魏正始八年（公元二四七年），卑彌呼女王與所屬國發生紛爭，曹魏特派出使臣渡海進行調停。新上任的女王為答謝曹魏又「貢白珠五千」，異文雜錦二十四」等物。

從上述兩國往來情況來看，可知彼此政治經濟文化聯繫密切，往來友好。

城池攻守器具

古代中國在帝王都城或軍事重鎮的四周興築用土夯實堅硬的牆垣，稱為城。沿著城牆開挖幾十公尺寬、十公尺深的壕溝，並灌上水，稱為池。城池便組成了京都或軍事重鎮堅強的防禦體系。

三國時築城是以都邑築城為主，大多在新的邊防重鎮、重要的郡縣治所和軍事戰略要地等處興建新城。

如孫權鎮丹徒時所築的京城，劉備東征孫吳時在秭歸所建的新城、諸葛亮在沔陽築漢城，在成固築樂城，並以此二城作為漢中的左右翼，分兵駐守，以成犄角之勢。

攻取城郭是古代戰爭中很重要的一環，隨著城郭的興建，攻守城池的器械和設施也隨之出現，主要有雲梯，衝車，樓櫓，井闌和地道。

雲梯是一種爬城用的攻城工具，它是用轉軸將兩個各長兩丈以上的梯子連結在一起，並固定在裝有輪軸的車架上。為防止敵方發射矢石，毀壞梯子，車架上特設一木棚，外面蒙上牛皮，兵士可在棚內推車向城牆邊靠近。

為防止敵人自雲梯爬上城牆，防守者往往向雲梯拋下石頭，砸死敵兵，或用火箭射向雲梯，使其燃燒，至梯毀人亡。

雲梯

蜀漢建興六年（公元二二八年）諸葛亮用雲梯攻陳倉城時，魏將郝昭就以火箭逆射其雲梯，梯燃，梯上人皆燒死。

衝車，是攻城器具，它堅硬而且體積大，以強大的撞擊力把城牆撞開大洞。諸葛亮攻打陳倉城時，除了使用雲梯外，還使用了衝車。魏將郝昭命士兵用粗繩子拴住石磨盤，瞄準衝車往下砸，將蜀軍的衝車砸壞。

吳黃武元年（公元二二二年），魏將曹休派臧霸用五百艘快船運送敢死將士萬人，偷襲徐陵，燒毀吳國的「攻城車」，殺略數千人。此處的「攻城車」即衝車，這種攻城器具是交戰雙方都想事先摧毀的目標。

樓櫓，古代軍中用以觀察、防禦或攻城的高臺，亦稱望樓。望樓設置在土山上，觀察員在望樓上偵察敵城中軍隊部署情況和士卒備戰情況。土山上的弓弩手便根據所得情報向敵城發射箭矢。

官渡之戰中，袁紹「為高櫓，起土山，射（曹）營中，營中皆蒙盾」。曹操針鋒相對，「乃為發石車，擊紹樓，皆破」。

井闌，是用木材製作高百尺的制高塔，站在塔上，向敵人發射箭矢，可居高臨下，壓制敵軍，作用類似土山。

諸葛亮攻打陳倉時，便命蜀軍在城外搭起高高的木架，讓弓箭手站在架子上向城內猛射，然後命令士兵背著土袋，在城下堆成個土坡，想利用土坡跨越登上敵方城牆。魏將郝昭便命曹兵在形成土坡的城牆段把牆加高。土坡加高，牆亦加高，蜀兵始終無法利用土坡登上敵方城牆。

地道，是在敵方城牆較近地帶從地下挖掘一條穿越敵方城牆，伸入城內的軍事工程。如官渡之戰中，袁紹「起土山、地道」，曹操便「於為長塹以拒之」。

諸葛亮圍陳倉時，命士兵挖地道，從城外挖到城裡。魏將郝昭就命士兵在城內橫著挖一條深溝，使蜀兵的地道通入溝中，截斷蜀軍進入城內的通道。

三國·衝車頭

著名的城池攻防戰

易京之役。

初平四年（公元一九三年）公孫瓚誣殺劉虞，據有幽州。劉虞素有恩信，部下多欲為之復仇。

興平二年（公元一九五年），劉虞部屬鮮于輔等率州兵並召聚烏桓及漢民數萬人，與公孫瓚所置漁陽太守鄒丹戰與潞（北京通縣東）北，斬鄒丹等四千餘人；袁紹又派遣部將麴義率兵十萬與劉虞之子劉和及烏桓、鮮卑數千騎兵等在

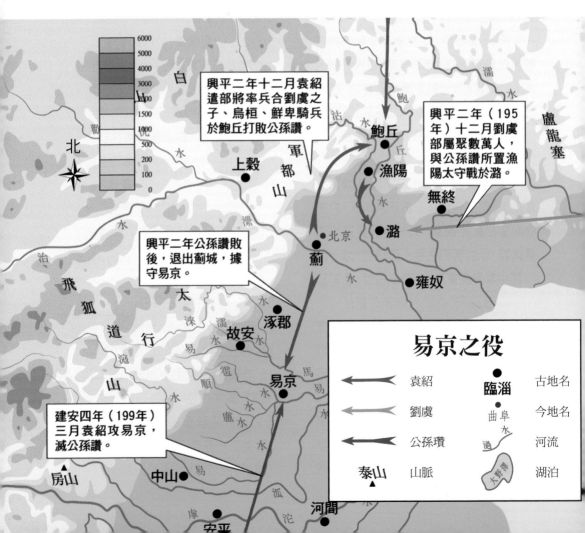

興平二年十二月袁紹遣部將率兵合劉虞之子、烏桓、鮮卑騎兵於鮑丘打敗公孫瓚。

興平二年（195年）十二月劉虞部屬聚數萬人，與公孫瓚所置漁陽太守戰於潞。

興平二年公孫瓚敗後，退出薊城，據守易京。

建安四年（199年）三月袁紹攻易京，滅公孫瓚。

易京之役

←	袁紹	● 臨淄	古地名
←	劉虞	曲阜	今地名
←	公孫瓚	水	河流
▲ 泰山	山脈	大野澤	湖泊

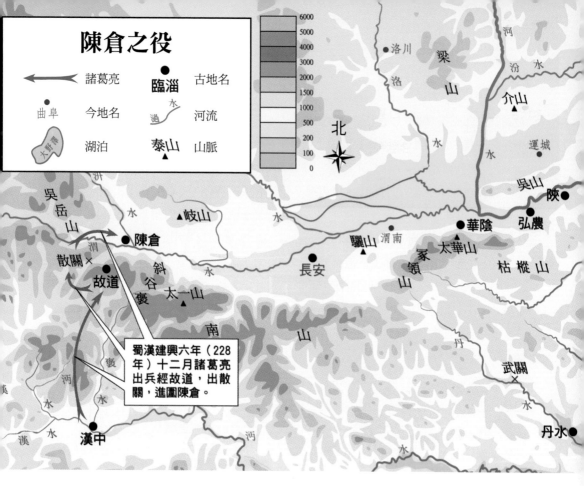

陳倉之役

諸葛亮	臨淄 古地名
曲阜 今地名	河流
湖泊	泰山 山脈

蜀漢建興六年（228年）十二月諸葛亮出兵經故道，出散關，進圍陳倉。

鮑丘（北京密雲）打敗公孫瓚。

　　公孫瓚撤出薊城，退守易京（河北雄縣西北）。公孫瓚在易京四周挖十道壕溝，在溝裡興築高大土丘，每個土丘有五六丈高，並在土丘上蓋高樓。位於中間壕溝裡的土丘最高，足有十丈，公孫瓚住在裡面，稱為中京。

　　公孫瓚積穀三百萬斛，各部將所築高樓，數以千計。瓚自言：

　　兵法百樓不攻。今吾樓櫓千重，食盡此穀，足知天下之事矣。

　　建安四年（公元一九九年），袁紹率

軍北上，對公孫瓚的眾多樓臺發起總攻，袁軍以衝車、雲梯等多種攻城器具從地面和空中進攻，又組織兵力挖地道從地下進攻，挖到樓臺的下方，便支上木柱支撐，達到一半時，便燒毀所支之柱，地上的樓臺頃刻倒塌。

　　次年春，袁軍逼近公孫瓚所住的中京。公孫瓚自知無救，乃盡殺其妻子，然後自焚。袁紹據有幽州。

　　陳倉之役。

　　蜀漢建興六年（公元二二八年）十二月，諸葛亮得知魏將曹休攻吳失敗，張郃

被調往東部支援，關中力量虛弱，便趁機率兵經故道，出散關（陝西寶雞西南），圍陳倉（陝西寶雞市東）。

陳倉在關中西端，占據陳倉，東可進兵關中，西可進逼隴右。

諸葛亮此次進兵，戰略上指向虛弱的關中，符合乘虛而入的原則。但諸葛亮未料到魏大將軍曹真早已預測蜀軍祁山受挫後，再進攻必出兵陳倉，早已派將軍郝昭、王生守衛陳倉，並增築陳倉城，使防守力量更強。

諸葛亮的進攻遇到堅城，又是有備之敵，迫使諸葛亮改變戰略戰術。諸葛亮兵臨陳倉城下，得知不能速克，便一方面將城圍住，另一方面勸降。

諸葛亮派郝昭的同鄉靳詳在城外喊話，勸郝昭投降，為郝昭所拒。又派靳詳第二次進行勸說。

郝昭再次拒絕，並對靳詳說：「我識卿耳，箭不識也。」

這時諸葛亮自以為有兵數萬，而郝昭才千餘士卒，又估計魏國援兵一時不能趕到，便下令攻城。

蜀兵冒著石矢，把雲梯立在城牆上，沿著梯子攀登。郝昭則命曹軍用火箭射燃雲梯，梯燃起大火，梯上士卒有的被燒死，有的被摔傷。蜀兵又推來衝車撞城牆，曹兵又用粗繩拴住石磨盤，對準衝車往下砸，將蜀軍衝車全部砸壞。

一計不成，又來一計。諸葛亮又組織士兵伐木，搭起百尺井闌，在井闌上弓弩手猛射城內，又命士兵用土袋在城下堆成土坡，企圖沿坡攀城，曹兵則加築高牆，致使蜀兵利用土坡登城失敗。

諸葛亮再令士卒深挖地道，想從地道突入城內，郝昭命士兵在城內橫挖深溝，堵截蜀兵。就這樣雙方晝夜攻戰二十多天，諸葛亮始終未能破城。

此時，蜀軍糧食已經用盡，曹魏援軍正朝陳倉方向開來，諸葛亮於是退兵回來漢中。

合肥新城之戰。

合肥位於自淮入江的水道上，上下繫帶芍陂和巢湖，是淮南的重鎮。官渡之戰後，吳、曹，分占淮南。

淮南巢湖以北包括壽春和合肥屬曹，巢湖以南臨江百里狹長地帶屬吳。曹魏以合肥為軍事重鎮，派將領率重兵把守，以保衛徐、兗、豫等州。而孫吳為保衛江東的安全，防禦曹軍奪取入江口和制江權，便不斷出擊合肥。

從建安十七年（公元二一二年）到魏太和五年（公元二三一年），吳、魏雙方為爭奪合肥發生大小戰爭十幾次。

由於孫權連續不斷地發兵進攻合肥，魏青龍元年（公元二三三年），魏征

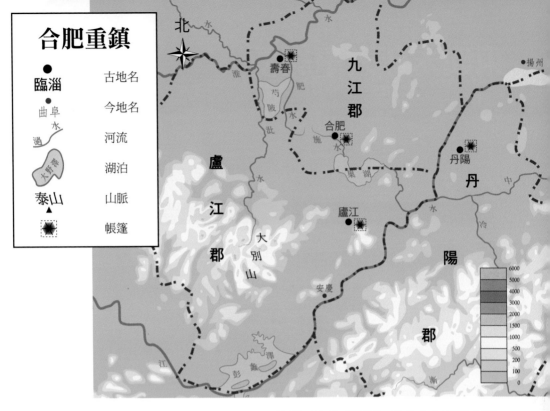

圖例

● 臨淄　　古地名

　曲阜　　今地名

水　遾　　河流

　　　　　湖泊

▲ 泰山　　山脈

★　　　　帳篷

東將軍滿寵上疏魏明帝，提出：

合肥城南臨長江和巢湖，北邊遠離壽春二百多里，吳軍圍攻合肥時，可依靠江湖之水這一有利條件，而我去救援合肥，必須擊破吳國大軍，然後才能解圍，吳軍攻合肥很容易，而魏軍去解救就很難。為此建議轉移城內之兵，在城西三十里有奇險可憑藉之地，重建新城以固守，這樣就可引誘吳軍離開水路到平地以斷其退路，予防守大計更合宜。

在尚書趙咨的支援下，滿寵的計謀獲得魏明帝的批准，急速興築新城。

這年，孫權親自出征，企圖圍攻合肥新城，因新城距水路較遠，等待二十多天不敢下船。滿寵向諸將指出：「孫權知道我們已遷移到新城，他必定在軍隊中誇耀自己。現今大舉進攻是想馬到成功，雖然他不敢攻城，必定會上岸炫耀武力，以示他們力量有餘。」

於是滿寵派六千步騎兵，埋伏在合肥舊城隱蔽之處等待。

孫權果然捨船上岸炫耀武力，滿寵伏兵突然發起襲擊，斬首數百，混亂中甚至有吳兵自溺水中。

第二年，孫權自己帶兵，號稱十萬，攻打合肥新城。滿寵召募數十名壯士，以松樹枝作火把，灌以麻油，從上風放火，將吳軍攻城器具焚燒殆盡，並射死孫權弟弟的兒子孫泰，吳國敗退軍。

東漢末年大事紀要

漢靈帝

光和七年（公元184年）	
二月	・黃巾起義
三月	・以河南尹何進為大將軍，將兵屯都亭，以鎮京師。置函谷、太谷、廣成、伊闕、轘轅、旋門、孟津、小平津等八關都尉。 ・大赦黨人。 ・發全國精兵。遣北中郎將盧植、左中郎將皇甫嵩、右中郎將朱儁分擊黃巾。 ・南陽黃巾張曼成殺太守褚貢。
四月	・太尉楊賜免，以太僕鄧盛為太尉。司空張濟罷，以大司農張溫為司空。 ・潁川黃巾波才敗朱儁。汝南黃巾敗太守趙謙於郡陵，廣陽黃巾殺幽州刺史郭勳及太守劉衛。
五月	・皇甫嵩敗波才。騎都尉曹操軍援皇甫嵩，合攻黃巾軍，波才軍大敗，戰死數萬人。
六月	・南陽太守秦頡擊斬張曼成。 ・賈琮撫定交趾。 ・皇甫嵩、朱儁分別擊破南陽、陳國黃巾軍。 ・盧植圍張角於廣宗。小黃門左豐誣奏盧植作戰不力，靈帝以中郎將董卓代盧植。
七月	・張修以五斗米道起事，攻據巴郡。
八月	・董卓攻張角不能勝，以皇甫嵩代卓，皇甫嵩與黃巾軍戰於蒼亭，獲其帥卜己。 ・黃巾軍首領張角病死。
十月	・張梁戰死，黃巾軍死者三萬人。
十一月	・張寶戰死，黃巾軍死者十萬人。 ・湟中胡人北宮伯玉與先零羌叛，共擁邊章、韓遂為帥，攻殺護羌校尉冷徵、金城太守陳懿。 ・朱儁破黃巾於宛。
十二月	・改元中平。

中平二年（公元185年）	
二月	・稅天下田，畝十錢，以修宮室，鑄銅人，又詔發州郡材水文石，統送京師。令刺史，兩千石及茂才、孝廉遷除，皆貴助軍、修宮錢，大郡至兩、三千萬，餘各有差。 ・常山褚飛燕聚眾據黑山，後降，拜平難中郎將，使領河北諸山谷事。司徒袁隗免。
三月	・冀州崔烈因傅姆入錢五百萬，得為司徒。 ・北宮伯玉等攻三輔，詔左車騎將軍皇甫嵩擊之。
五月	・太尉鄧盛罷，以太僕張延為太尉。
七月	・左車騎將軍皇甫嵩免。
八月	・以司空張溫為車騎將軍，擊北宮伯玉。
九月	・以特進楊賜為司空。
十月	・楊賜死，以光祿大夫許相為司空。
十一月	・張溫破邊章、韓遂於美陽，遣將追擊之，圍榆中，又遣破虜將軍董卓討先零羌，皆無功。 ・鮮卑攻幽、并二州。 ・靈帝造萬金堂於西園，儲公私錢，復藏寄小黃門，常侍家錢各數千萬，又於河間買田宅，起第觀。

中平三年（公元186年）	
二月	・江夏兵趙慈等叛，殺南陽太守秦頡。 ・太尉張延罷，遣使者持節就長安拜張溫為太尉，三公在外始於溫。 ・修南宮玉堂殿，鑄銅人四，黃鍾四，又鑄天祿、蝦蟆吐水於平門外橋東，轉水入宮，又作翻車、曲桶，用灑南郊路。
六月	・荊州刺史王敏擊斬趙慈。
十月	・武陵蠻叛，郡兵擊破之。
十二月	・鮮卑攻幽、并二州。 ・召張溫還京師。
中平四年（公元187年）	
二月	・滎陽民殺中牟令叛。
三月	・河南尹何苗擊破滎陽民。
四月	・韓遂等攻三輔。 ・太尉張溫免，以崔烈為太尉。
五月	・以司空許相為司徒，光祿勳丁宮為司空。
六月	・漁陽人張純與同郡張舉及烏桓大人丘力居等聯盟，劫掠薊中，殺校尉，太守，舉稱天子，純稱彌天大將軍、安定王攻幽、冀二州。
九月	・令天下繫囚罪未決者，入縑贖。
十月	・長沙人區星，零陵人觀鵠叛，自稱將軍，進攻桂陽。長沙太守孫堅擊平之。
十一月	・太尉崔烈罷，以大司農曹嵩為太尉。
十二月	・屠各胡叛。 ・賣關內侯，值五百萬錢。
中平五年（公元188年）	
正月	・屠各胡攻西河，殺郡守邢紀。
二月	・黃巾餘眾郭大等起事於西河白波谷，攻太原、河東。
三月	・屠各胡攻殺并州刺史張懿。 ・改刺史為州牧。 ・詔發南匈奴兵助擊張約，單于羌渠遣騎詣幽州，匈奴內訌，右部醢落與屠各胡合，攻殺羌渠，立其子右賢王於扶羅為單于。
四月	・太尉曹嵩罷。 ・汝南葛陂黃巾攻占郡縣。
五月	・以永樂少府樊陵為太尉。
六月	・益州黃巾馬相等起義於綿竹，攻殺刺史郤儉，自稱天子。進擊巴郡、犍為，有眾數萬。益州從事賈龍擊之，殺馬相。
七月	・以射聲校尉馬日磾為太尉。
八月	・被置西園八校尉。 ・司徒許相罷，以司空丁宮為司徒，光祿勳劉弘為司空。
九月	・南單于與白波黃巾合攻河東。
十月	・青、徐黃巾復起。

十一月	· 王國圍陳倉，遣皇甫嵩、董卓共擊之。 · 遣下軍校尉鮑鴻擊葛陂黃巾軍。 · 巴郡板楯蠻又起，遣趙瑾擊定。 · 騎都尉公孫瓚大破張純、丘力居於石門，純棄妻子，逾塞走，瓚深入無繼，為丘力居等圍於遼西管子城，兩百餘日，糧盡眾潰，士卒死者過半。

中平六年（公元189年）

二月	· 左將軍皇甫嵩大破王國於陳倉。
三月	· 幽州牧劉虞購斬張純首，純客王政殺純，送首詢劉虞。
四月	· 太尉馬日磾免，以幽州牧劉虞為太尉。 · 靈帝死，皇子辯嗣位，尊皇后為皇太后，太后臨朝，改元光熹。 · 以後將軍袁隗為太傅，與大將軍何進錄尚書事。 · 上軍校尉宦者蹇碩謀殺大將軍何進，立陳留王協，事覺，被殺。
七月	· 司徒丁宮罷。
八月	· 袁紹誅宦官。 · 少帝還宮，改元昭寧。 · 司空劉弘免，董卓自立為司空。
九月	· 獻帝立。 · 詔除公卿以下子弟為郎。 · 以太尉劉虞為大司馬，董卓自為太尉，以太中大夫楊彪為司空，豫州牧黃琬為司徒。
十月	· 白波軍攻河東，董卓遣將擊之。
十一月	· 董卓自為相國。
十二月	· 以司徒黃琬為太尉，司空楊彪為司徒，光祿勳荀爽為司空。 · 詔除光熹、昭寧、永漢三號。復稱中平六年。 · 省扶風都尉，置漢安都護，總統四方。 · 東郡太守橋瑁詐作京師三公移書與州郡，告董卓罪惡，袁紹、曹操等出走，謀討董卓。

漢獻帝

初平元年（公元190年）	
正月	・關東州起兵討董卓，推袁紹為盟主。 ・董卓使郎中令李儒鴆殺弘農王劉辯。
二月	・太尉黃琬、司徒楊彪免，以光祿勳趙謙為太尉，太僕王允為司徒。 ・董卓遷都長安。
三月	・董卓以袁紹之故，殺太傅袁槐，太僕袁基及其家大小十餘人。
四月	・以幽州牧劉虞為太傅。
五月	・司空荀爽死。
六月	・以光祿大夫種拂為司空。 ・董卓壞五銖錢，更鑄小錢，由是錢賤物貴，穀石至數萬錢。
冬	・公孫度為遼東太守。

初平二年（公元191年）	
二月	・董卓自為太師，位在諸侯王上。 ・袁紹等議欲立劉虞為帝，遣樂浪太守張岐等上尊號，虞固拒之，紹等乃止。 ・孫堅大破董卓兵，入洛陽，得傳國璽於南甄城宮井中。
四月	・董卓還長安。
七月	・司空種拂免，以光祿大夫淳于嘉為司空。太尉趙謙罷，以太常馬日磾為太尉。 ・袁紹逐韓馥，自領冀州牧。 ・曹操破於毒等黑山軍於濮陽。 ・南單于扶羅叛袁紹，附董卓。
十月	・青州黃巾攻泰山，太守應劭擊破之。
十一月	・青州黃巾攻渤海，公孫瓚破之於東光，殺三萬餘人，溺死數萬，被俘者七萬餘人。 ・公孫瓚攻冀州，諸郡多背袁紹，瓚署置將帥，以劉備為平原相。 ・益州牧劉焉使督義司馬張魯，別郡司馬張修合兵掩殺漢中太守蘇固。

初平三年（公元192年）	
正月	・袁術遣將孫堅攻劉表於襄陽，堅戰死。 ・袁紹大破公孫瓚於界橋。 ・曹操擊眭固及匈奴於扶羅於內黃。
四月	・王允殺董卓。 ・蔡邕被殺。 ・青州黃巾殺兗州刺史劉岱，州使迎曹操領兗州刺史，曹操擊黃巾於壽張東，不利，乃明設賞罰，承間設奇，黃巾退走。
六月	・董卓部將李傕、郭汜等攻陷長安，殺司徒王允，司隸校尉黃琬等，並滅其族。 ・以前將軍趙謙為司徒。
七月	・以太尉馬日磾為太傅，錄尚書事。
八月	・以車騎將軍皇甫嵩為太尉。
九月	・司徒趙謙罷，以司空淳于嘉為司徒，光祿大夫楊彪為空，並錄尚書事。 ・李傕、郭汜等自為將軍。
十二月	・太尉皇甫嵩免，以光祿大夫周忠為太尉，參錄尚書事。 ・曹操收降青州黃巾。

初平四年（公元193年）	
正月	・黑山別部及南匈奴於扶羅附袁術，術屯封丘為曹操所破，走據淮南。
三月	・魏郡兵結黑山於毒等數萬人攻破鄴城，殺太守。
六月	・太尉周忠免，以太僕朱儁為太尉，錄尚書事。 ・下邳闕宣聚眾數千人，自稱天子，徐州牧陶謙擊殺之。 ・黑山於毒、左髭丈八等，為袁紹所敗，袁紹又破劉石、青牛角，黃龍左校，郭大賢，李大目，於氐根等，斬數萬級。
秋	・曹操擊陶謙。
九月	・試儒生四十餘人，上第賜位郎中，次第賜太子舍人，下第年逾六十者亦予官。
十月	・司空楊彪免，以太常趙溫為司空，錄尚書事。 ・公孫瓚殺大司馬劉虞。
十二月	・司空趙溫免，以衛尉張喜為司空。
興平元年（公元194年）	
正月	・改元興平。
二月	・平原相劉備援陶謙，謙表備為豫州刺史，曹操擊陶謙軍食盡，引兵還。
三月	・馬騰、韓遂與李傕戰於長平觀，馬騰、韓遂敗走涼州。
四月	・曹操再攻陶謙，略地至琅邪、東海，所過殘滅，陳留太守張邈迎呂布，拒曹操。
六月	・分涼州河西四郡為雍州。
七月	・太尉朱儁免，以太常楊彪為太尉，錄尚書事。 ・三輔大旱，自是年四月至七月，穀一斛值錢五十萬，長安中人相食。
八月	・馮翊羌攻屬縣，郭汜、樊稠等率眾破之。 ・曹操與呂布戰於濮陽，相持百餘日，以糧盡，各引去。
九月	・司徒淳于嘉罷。
十月	・以衛尉趙溫為司徒，錄尚書事。
十二月	・分安定、扶風為新平郡。 ・益州牧劉焉死，以子璋嗣。 ・徐州牧陶謙死，劉備代領州事。
是歲	・孫策據江東。
興平二年（公元195年）	
正月	・曹操敗呂布於定陶。 ・拜袁紹為右將軍。
二月	・李傕殺樊稠，攻郭汜，劫帝入其營，燒宮殿，掠宮人。
閏四月	・李傕自為大司馬，位在三公之上。 ・曹操攻呂布，布奔劉備。
六月	・李傕、郭汜和，各以女為質。
七月	・獻帝東歸，楊奉、董承等從。
十月	・曹操為兗州牧。
十一月	・李傕、郭汜等追獻帝，戰王師於弘農東澗，王師敗績，百官士卒死者不可勝數。楊奉、董承引白波帥胡才、韓暹及南匈奴右賢王去卑軍擊破李傕等。

十二月	・李傕等復來追戰，王師大敗，死者甚於東澗，獻帝夜渡黃河，駐安邑。 ・劉虞從事鮮于輔等結烏桓，鮮卑及袁紹將麴義，合兵十萬，大破公孫瓚於鮑丘，斬首兩萬餘級。 ・南匈奴單于於扶羅死，弟呼廚泉立，居於平陽。

建安元年（公元196年）

正月	・改元建安。
二月	・汝南、潁州黃巾何儀等擁眾附袁術，曹操擊破之。
六月	・袁術攻劉備，備自將拒術於盱眙，相持經月，互有勝負，呂布取下邳，備附於布，遂與呂布、劉備合兵擊術，布復以備為豫州刺史，自稱徐州牧。
七月	・獻帝還洛陽。 ・袁術欲稱帝，聞孫堅得傳國璽，拘堅妻而奪之。孫策與術書斷交。 ・曹操入朝，自領司隸校尉，錄尚書事。
九月	・曹操遷帝於許。 ・孫策取會稽，太守王朗降。 ・司徒淳于嘉、太守楊彪、司空張喜皆罷。
十月	・以袁紹太尉，紹恥班在曹操下，表辭不受，操懼，請以大將軍讓紹，操自為司空，行車騎將軍，百官總己以聽。 ・曹操屯田許下。 ・呂布攻劉備，備奔曹操，操以為豫州牧。

建安二年（公元197年）

正月	・曹操表鍾繇為司隸校尉，督關中諸軍，繇至長安，移書馬騰、韓遂等，為陳禍福，馬騰、韓遂各遣子入侍。 ・袁術稱帝。
三月	・袁紹為大將軍，兼督冀、青、幽、并四州。
五月	・袁術因呂布毀婚，遣大將軍橋蕤等擊呂布，為布所敗。
九月	・曹操攻袁術，擊斬術將橋蕤等，術走淮南。
十一月	・曹操擊張繡，攻拔湖陽、舞陰。
是歲	・江淮饑，民相食。

建安三年（公元198年）

三月	・曹操圍張繡於穰。
四月	・使謁者僕射裴茂詔關中諸將段煨等討殺李傕，夷三族，時郭汜已為部下所殺，董卓之黨，於是盡矣。
五月	・劉表遣兵救張繡，曹操大破之。
十月	・曹操圍呂布於下邳。
十一月	・大司馬張揚為部將楊醜所殺。
十二月	・曹操殺呂布。 ・孫策遣張紘獻方物。 ・袁紹圍公孫瓚於易京。

建安四年（公元199年）

三月	・袁紹為地道攻公孫瓚，瓚自焚死，紹以烏桓相助，賜烏桓大人蹋頓等以單于印綬。
四月	・曹操遣將擊破眭固於射犬，固敗死。 ・以衛尉將軍董承為車騎將軍。

六月	・袁術死。
八月	・袁紹圖攻許，曹操進軍黎陽。 ・曹操使衛覬鎮撫關中，覬上書荀彧，請置使者監鹽官以招歸民。
九月	・曹操還許，分兵守官渡。
十一月	・張繡歸降曹操，操拜繡揚武將軍。
十二月	・劉備攻據徐州。
是歲	・置尚書左右僕射。

建安五年（公元200年）	
正月	・董承等謀誅曹操，事洩，被殺，夷三族。 ・曹操擊破劉備，獲其妻子，進拔下邳，擒關羽，備奔袁紹。
二月	・袁紹攻曹操，進軍黎陽。
四月	・斬顏良、誅文醜。 ・孫策為刺客所殺，孫權領其眾，周瑜以中護軍與張昭共掌眾事。
七月	・汝南黃巾劉辟等附袁紹，紹遣劉備將兵助辟，備攻略汝、潁之間，自許以南，使民不安。曹操使騎兵破走之。 ・曹操部將蔡陽為劉備所殺。
九月	・詔三公舉至二人，九卿、校尉、郡國守相各一人。 ・官渡之戰。 ・曹操表孫權為討虜將軍，領會稽太守。 ・孫權屠皖城。 ・劉表攻占長沙。 ・張魯據漢中，與劉璋為敵。
是歲	・鄭玄死。

建安六年（公元201年）	
四月	・曹操揚兵河上，破袁紹軍於蒼亭津。
九月	・曹操擊劉備於汝南，備奔劉表，表益其兵，使屯新野。 ・曹操遣夏侯淵、張遼圍昌狶帥泰山屯於東海，昌狶降操。 ・趙韙隨劉焉入蜀，焉死，韙圍劉璋於成都，敗死。
是歲	・趙岐死。

建安七年（公元202年）	
正月	・曹操治睢陽渠。
五月	・袁紹死，子譚與尚爭立。 ・于闐國遣使奉獻。
九月	・曹操數敗袁譚、袁尚。 ・曹操使司隸校尉鍾繇圍南單于於平陽，袁尚遣將郭援救之，為鍾繇所敗，南單于降。 ・曹操下書責孫權任子，權不受命。

建安八年（公元203年）	
二月	・曹操敗袁譚、袁尚於黎陽。
五月	・袁譚攻袁尚，敗走南皮。
八月	・曹操擊劉表，軍於西平。 ・袁尚破袁譚，譚求救於曹操。

十月	・置司值官，佐丞相，督中都官，舉不法。 ・孫權遣將擊平鄱陽、會稽等地山越宗帥，又使南郡都尉擊建安、吳興、南平。
是歲	・華佗死。

建安九年（公元204年）

正月	・袁尚在鄴，曹操攻之，遏淇水東入白溝以通糧運。
四月	・曹操攻鄴，下邯鄲、涉等縣。 ・黑山帥張燕求助於曹操，拜平北將軍。
五月	・曹操鑿塹圍鄴，引漳水灌城。
八月	・曹操攻破鄴城，袁尚奔中山。
九月	・曹操自領冀州牧。
十月	・并州刺史高幹降於曹操。 ・袁譚攻袁尚於中山，尚敗奔幽州，依袁熙。
十二月	・曹操擊袁譚於平原，破之。 ・曹操結遼東太守公孫度斷袁尚歸路，公孫度卒，子康嗣位。 ・曹操使人招慰烏桓峭王。 ・孫權部將嬀覽等殺丹陽太守孫翊，欲附曹操，覽欲逼娶翊妻徐氏，為徐氏定計所殺。

建安十年（公元205年）

正月	・曹操破袁譚於青州，斬之。 ・曹操赦陳琳。 ・袁熙為其將焦觸、張南所攻，與袁尚俱奔遼西烏桓。
四月	・黑山軍帥張燕率其眾十餘萬降曹操。
八月	・故安趙犢，霍奴等殺幽州刺史及涿郡太守，三郡烏桓攻漁陽太守鮮于輔於獷平，曹操擊斬犢等，殘部逐走烏桓。
十月	・并州刺史高幹反，河內張晟等攻崤、澠間，弘農張琰起兵以應之，皆與高幹通，曹操征召關中諸將馬騰等擊斬張琰等。

建安十一年（公元206年）

正月	・曹操自將擊高幹，圍壺關。
三月	・高幹敗死，并州平。
七月	・武威太守張猛殺雍州刺史邯鄲商，州兵討誅之。
八月	・北海管承攻陷郡邑，曹操遣將擊破之，承走入海島。 ・昌豨復叛，曹操遣將擊之。 ・袁熙、袁尚結遼東烏桓蹋頓屢擾邊塞，曹操謀擊之，鑿平虜渠、泉州渠，以通糧運。

建安十二年（公元207年）

八月	・曹操平定烏桓。
十月	・黃巾殺濟南王劉贇。
十一月	・公孫康殺袁尚，袁熙及速僕丸，函首送詣曹操。 ・代郡烏桓單于普富盧、上郡烏桓單于那樓會曹操於易水。
是歲	・諸葛亮談隆中對。

建安十三年（公元208年）	
正月	· 司徒趙溫辟曹操子丕，操表「溫辟臣子弟，選舉故不以實」，策免之。 · 孫權擊江夏太守黃祖，破斬之。
六月	· 罷三公官、復置丞相、御史大夫，曹操自為丞相。操以崔琰、毛玠典選舉，所舉用皆清正之士，由是天下之士莫不以廉節自勵。
七月	· 曹操南擊劉表。
八月	· 以光祿勳郗慮為御史大夫。 · 曹操殺孔融。 · 劉表死，子琮嗣。
九月	· 曹操進兵荊州。
十月	· 赤壁之戰。
十二月	· 劉備徇定荊州四郡。 · 孫權遣將破丹陽郡黝縣起義首領陳僕、祖山等。
建安十四年（公元209年）	
正月	· 劉備領荊州牧。
七月	· 曹操開芍陂屯田，陂周一百二十餘里。
十二月	· 廬江人陳蘭、梅成據潛、六，曹操遣張遼擊斬之。 · 周瑜破曹兵，攻占江陵。 · 荀悅死。
建安十五年（公元210年）	
春	· 曹操下唯才是舉令。
冬	· 曹操作銅爵台於鄴，台高十丈，有屋百餘間，蓋曹操寵妾所居。
十二月	· 孫權以荊州借劉備。 · 孫權以步騭為交州刺史，略定嶺南。
建安十六年（公元211年）	
正月	· 曹操以世子丕為五官中郎將，置官屬，為丞相副。
三月	· 曹操遣司隸校尉鍾繇擊張魯，使征西護軍夏侯淵等將兵出河東，與繇會。韓遂、馬超以為襲己，結涼州吏豪，聚眾十萬，屯據潼關。
七月	· 曹操自將兵擊韓遂、馬超等。
九月	· 曹操進軍渭南，與韓遂、馬超克日會戰，大破之。韓遂、馬超奔涼州。
十二月	· 劉備入蜀。 · 劉璋益劉備兵，厚加資給，使擊張魯。
建安十七年（公元212年）	
正月	· 加曹操贊拜不名，入朝不趨，劍履上殿，如蕭何故事。 · 河間民田銀、蘇伯擾亂幽冀，五官將曹丕遣將擊平之。
五月	· 曹操殺衛尉馬騰，夷三族。
七月	· 曹操遣夏侯淵擊斬馬超部將梁興，餘黨悉平。
九月	· 孫權徙建業。
十月	· 曹操東擊孫權，向濡須，荀彧從至壽春，飲藥卒。

十二月	・劉備斬劉璋部將楊懷、高沛，進據涪城。 ・阮瑀死。
建安十八年（公元213年）	
正月	・并十四州為兗、豫、青、徐、荊、揚、冀、益、雍九州。 ・曹操進軍濡須口，號步騎四十萬，攻破孫權江西營，獲其都督公孫陽。權率眾七萬禦之，相持月餘，操撤軍還。
五月	・曹操自立，加九錫，以丞相領冀州牧如故。 ・劉璋遣將吳懿、李嚴、費規等拒劉備，敗績，皆降。備進圍雒城。
八月	・馬超入冀城，殺刺史韋康，稱西將軍，領并州牧，督涼州軍事。
九月	・涼州別駕楊阜與撫夷將軍姜敘起兵攻馬超，超敗奔張魯。
建安十九年（公元214年）	
春	・馬超圍祁山，夏侯淵擊走之，淵進破長離諸羌及韓遂軍。
三月	・魏王曹操進位諸侯王上。
閏五月	・劉備領益州。 ・諸葛亮以嚴治蜀。
十月	・曹操平隴右。
十一月	・曹操以皇后伏氏與父伏完書密令圖己，使御史大夫郗慮、尚書令華歆勒兵入宮，收后下暴室獄，以幽死，滅其族及兩皇子。
建安二十年（公元215年）	
三月	・曹操自統兵擊張魯，遣張郃等攻破白馬氏於武都。
五月	・曹操攻殺氏王竇茂於河池。 ・孫、劉分荊州。
七月	・曹操破漢中，張魯遁，徙漢中民八萬餘口於洛、鄴。
八月	・孫權圍合肥十餘日，被張遼等擊退，無功而還。
九月	・巴、賨夷帥朴胡等舉眾附曹操，於是分巴郡為三，分以朴胡等為太守。
十一月	・張魯降於曹，操拜魯鎮南將軍。 ・劉備遣將黃權擊破朴胡等，曹操使張郃督諸軍徙三巴民於漢中，為張飛所破。
建安二十一年（公元216年）	
四月	・曹操進號為魏王。
五月	・代郡、烏桓兩大人皆稱單于，恃力驕恣，曹操以裴潛為太守，潛撫以恩感，單于折服。
七月	・南匈奴單于呼廚泉來朝，曹操留之，使右賢王去卑監其國，單于羅給如列侯，子孫傳襲其號，分其眾為五部，各立其貴人為帥，選漢人為司馬以監督之。
八月	・魏以鍾繇為相國。
建安二十二年（公元217年）	
二月	・曹操進軍擊孫權。
三月	・曹操留夏侯惇、曹仁、張遼等屯居巢。
四月	・曹操設天子旌旗，出入稱警蹕。
六月	・魏以華歆為御史大夫。

十月	· 曹操冕十有二旒。 · 魏以五官中郎將曹丕為太子。 · 劉備率諸將進兵漢中，曹操遣曹洪拒之。 · 魯肅死，孫權以呂蒙代其職。 · 孫權命陸遜擊破丹陽帥費棧及山越。 · 京兆尹金禕與少府耿紀等謀殺丞相長史王必，挾獻帝以攻曹操，並引關羽為援。
是歲	· 王粲、徐幹、陳琳、應瑒、劉楨皆疫死。

建安二十三年（公元218年）

正月	· 少府耿紀、丞相司馬直畫晃起兵誅曹，不克，夷三族。
四月	· 代郡、上谷烏桓無臣氏等叛，曹操遣子曹彰擊之。
七月	· 曹操自將擊劉備。
九月	· 曹彰破烏桓。
十月	· 南陽苦於徭役，宛守將侯音叛，逐南陽太守。

建安二十四年（公元219年）

正月	· 曹仁屠宛，侯音敗死。 · 劉備破斬夏侯淵。
三月	· 曹操至漢中，劉備將趙雲擊其軍，敗之。
五月	· 曹操與劉備相守積月，魏軍士亡。曹操悉引出漢中諸軍還長安，劉備遂有漢中。 · 曹操遣雍州刺史張既徙武都氐五萬餘落出居扶風、天水界。 · 武威顏俊、張掖和鸞、酒泉黃華、西平麴演等各據郡稱將軍，互相引戰。 · 劉備遣將攻下房陵、上庸。
七月	· 劉備立為漢中王，上還左將軍，宜城亭侯印綬，立子劉禪為王太子，還治成都。
八月	· 關羽大破曹軍。
九月	· 魏相國西曹掾魏諷謀襲鄴，事洩被殺，連坐者數千人，相國鍾繇免官。
十月	· 陸澤民孫狼等起兵應關羽，羽威震華夏，曹操議從許都以避之。 · 孫權使呂蒙襲取江陵，關羽南走，權以呂蒙為南郡太守，劉備所置宜都，太守及諸城長吏，皆降於權。
十二月	· 關羽敗死。 · 孫權稱臣於曹操。
是歲	· 張仲景死。 · 呂蒙病死。

魏·黃初元年（公元220年）

正月	· 曹操死，曹丕繼位。 · 改元延康。
二月	· 曹彰等皆就國，貶曹植為安鄉侯。誅丁儀、丁廙等曹植黨友。
六月	· 曹丕引軍南巡。
七月	· 孫權遣使奉獻。
十月	· 漢獻帝禪位予魏。

魏‧黃初二年（公元221年）	
三月	• 復五銖錢。
五月	• 劉備即皇帝位於武擔之南，改元章武。
七月	• 孫權自公安徙都鄂，更鄂名為武昌。
八月	• 孫權遣使稱臣，卑辭奉章，並送于禁等還。 • 曹丕遣太常邢貞奉策即拜孫權為吳王，加九錫。 • 以穀貴，罷五銖錢。 • 涼州盧水胡治元多等反，河西大擾。曹丕召鄒岐還，以京兆尹張既為涼州刺史。
十一月	• 張既大破盧水胡，平河西。 • 孫權遣中大夫南陽趙咨入謝。 • 曹丕遣使求雀頭香、大貝、明珠、象牙、犀角、玳瑁、孔雀、翡翠、鬥鴨、長鳴雞於吳，孫權皆具以與之。
十二月	• 曹丕以平虜校尉牽招為護鮮卑校尉，南陽太守田豫為護烏桓校尉，使鎮撫遼東。
魏‧黃初三年（公元222年）	
正月	• 劉備軍自巫峽建平連營至夷陵界，立數十屯，以馮習為大督，張南為前部督。
二月	• 鄯善、龜茲、于闐王各遣使奉獻。是後西域復通，置戊己校尉。 • 劉備自稱歸將進擊吳。
五月	• 劉備遣吳班將數千人於平地立營誘敵。陸遜不攻。劉備知其計不行，乃引伏兵八千從谷中出。
閏五月	• 陸遜進攻劉備軍，火燒連營，劉備大敗。
九月	• 曹丕命征東大將軍曹休、前將軍張遼、鎮東將軍臧霸出洞口，大將軍曹仁出濡須，上軍大將軍曹真、征南大將軍夏侯尚、左將軍張郃、右將軍徐晃圍南郡。 • 吳建威將軍呂範督五軍，以舟軍拒休等，左將軍諸葛瑾、平北將軍潘璋、將軍楊粲救南郡，神將軍朱桓以濡須督拒曹仁。
十月	• 曹丕自許昌南征。
十一月	• 暴風吹吳呂範等船，綆纜悉斷，直詣曹休等營下，斬首獲生以千數，吳兵迸散。曹丕令諸軍促渡江。軍未時進，吳救船遂至，收軍還江南。

國家圖書館出版品預行編目(CIP)資料

決戰三國 / 苗龍等著.徐楓主編 -- 第二
版. -- 臺北市 : 風格司藝術創作坊出版
: 紅螞蟻圖書發行, 2014.09
　　面 ；　　公分
ISBN 978-986-6330-63-6(平裝)

1.三國史 2.戰史

622.3　　　　　　　　　　　103007519

歷史群像 02 決戰三國

發　行　人／謝俊龍

作　　　者／余鵬飛、黃山松、陳斯風、吳錚強 、
　　　　　　陸敏珍、童聖江、黃權、陳葉、苗龍

編　　　輯／張初圻、李旦

美　　　術／周家慧、林宜潔

地圖繪製／陳怡璇、林宜潔

表格製作／王以柔

繪　　　圖／周孟璇

出　　　版／風格司藝術創作坊

　　　　　　106台北市大安區安居街118巷17號

　　　　　　Tel：(02)8732-0530 Fax：(02)8732-0531

發　　　行／紅螞蟻圖書有限公司

　　　　　　114台北市內湖區舊宗路二段121巷19號

　　　　　　Tel：(02)2795-3656 Fax：(02)2795-4100

出版日期／2014年09月　二版一刷

定　　　價／380元

E-mail　／mrbhgh@gmail.com